U0862758

中文社会科学引文索引来源集刊CSSCI

经济法学评论

Economic Law Review

中国人民大学经济法学研究中心主办

史际春 主编

VOL.19

（2019）No.2

中国法制出版社
CHINA LEGAL PUBLISHING HOUSE

图书在版编目（CIP）数据

经济法学评论．第19卷，2019年．第2期／史际春主编．—北京：中国法制出版社，2020.10

ISBN 978－7－5216－1311－7

Ⅰ.①经…　Ⅱ.①史…　Ⅲ.①经济法－法的理论－文集　Ⅳ.①D912.290.1－53

中国版本图书馆CIP数据核字（2020）第191019号

责任编辑　周琼妮　陆紫薇　　　　封面设计　周黎明

经济法学评论 第19卷（第2期）

JINGJIFAXUE PINGLUN DI-19 JUAN（DI-2 QI）

主编/史际春

经销/新华书店

印刷/北京京华虎彩印刷有限公司

开本/710毫米×1000毫米　16开　　　　印张/16.75　字数/236千

版次/2020年10月第1版　　　　2020年10月第1次印刷

中国法制出版社出版

书号 ISBN 978－7－5216－1311－7　　　　定价：65.00元

北京西单横二条2号

邮政编码 100031　　　　传真：010－66031119

网址：http：//www.zgfzs.com　　　　**编辑部电话：010－66010406**

市场营销部电话：010－66033393　　　　**邮购部电话：010－66033288**

（如有印装质量问题，请与本社印务部联系调换。电话：010－66032926）

CONTENTS | 目录

立法评议

调查研究

讲　座

他山之石

卷首语

Economic Law Review

转换视角论“平等保护民营企业”

转换视角论“平等保护民营企业”

姚海放*

庚子鼠年春节，我因新型冠状病毒疫情而宅居家中，颇为关心三个事项：第一，疫情走势及防控。每天从官方媒体和自媒体上接收大量关于疫情的信息及评论，但个人于此方面事务并非专业，仅属关心但缺乏专业评判能力。第二，何时开学开课。预测会采用网络授课的方式，则需要做好相应软硬件的充分准备。第三，复工复产。既因为北京这样的超大型城市人员流动情况复杂，担心过早复工复产会带来疫情防控的困难，又矛盾于疫情对整体经济的影响以及对中小微企业主的重压而盼望尽快复工复产。

此次战疫，诸位也必定有各种分析和看法。相较而言，当下涉及的主要问题大致在一般法治、宪法行政法以及应急法治范围内，与经济法相关的民生、财税、金融等法律问题仍未摆在最突出的位置上。不过，伴随着疫情逐步消退，恢复生产生活正常秩序也会逐渐摆上议事日程，疫情过后经济社会恢复正常秩序也是必然。这其中，事关经济法理论与实践的一项话题，即民营企业保护的问题，仍值得关注。尽管本文是在疫情期间撰写，但并非缘起于疫情之下中小企业的巨大困境，而主要是思虑一段时期以来及今后我国民营企业法治或权益保护中的若干问题。讨论中兼或涉及疫情下民营企业帮扶措施等，但仍以常态经济社会秩序为基本前提。

保护民营企业的话题，部分缘起于2018年9月的一篇网络文章。该文提出“私营企业离场论”，引起官商学各界的全面驳斥和批判。2018年11月1日，习近平总书记发表《在民营企业座谈会上的讲话》，充分肯定我国民营经济的重要地位和作用，明确“民营经济离场论”“新公私合营论”等说法“是完全

* 中国人民大学经济法学研究中心研究员，中国人民大学法学院副教授、法学博士。

错误的，不符合党的大政方针”。[①] 此后，最高人民法院“加大涉产权刑事申诉案件清理力度，再审改判张文中无罪，依法甄别纠正一批涉产权冤错案件，发布两批13个典型案例，传递党中央依法保护产权和企业家人身财产安全的强烈信号，稳定社会预期”。[②] 最高人民检察院也发布了涉民营企业司法保护典型案例，为各级检察院保护民营企业合法权益、服务和保障非公有制经济健康发展提供参考和指引。[③] 在为此次快速且共识性地采取保护措施的做法点赞之余，仍有必要反思一个问题：据作者的有限记忆，这些年保护民营企业合法权益的话题不时兴起，但仍不时有在认识上、实践中歧视非公经济、损害民营企业合法权益甚至对民营企业家滥用法律制裁的问题存在。例如，改革开放后出现的一批私营企业因挂靠而成为“红帽子企业”，在20世纪末21世纪初的“摘帽”过程中，引起对企业性质和企业家人身财产保护等话题的关注。[④] 2013年，“太子奶”创始人李纯途从看守所出来后直言：“我目睹许多中国民营企业家把企业一做大便被抓，上市几乎等于进牢狱。”[⑤] 而民营企业发展实践中所面临的“玻璃门、弹簧门、旋转门”等现象，更是各界时常谈起的话题。因此，我们需要考虑，为什么法律和政策上倡导平等保护公有和非公经济，落实到实践中却会走形？如何进行相应的改进？

一、民营企业保护话题的视角转换

谈及民营企业，观念上往往将其等同于“中小微企业”或与公有制企业相对的弱势方，但如此笼统的认识并不利于分析问题。

与民营企业较接近的概念是非公有制企业，其与公有制企业概念相对，是

① 习近平：《在民营企业座谈会上的讲话》，载新华网 http://www.xinhuanet.com/politics/2018-11/01/c_1123649488.htm，访问时间：2020年2月5日。

② 《2019最高法工作报告：依法平等保护民营企业和企业家合法权益》，载中国法院网 https://www.chinacourt.org/article/detail/2019/03/id/3754201.shtml，访问时间：2020年2月5日。

③ 《最高检发布首批涉民营企业司法保护典型案例——为各级检察院保护民营企业合法权益、服务和保障非公有制经济健康发展提供参考和指引》，载最高人民检察院网 https://www.spp.gov.cn/xwfbh/wsfbt/201812/t20181219_405690.shtml#1，访问时间：2020年2月5日。

④ 孔志国：《沉重的“红帽子”》，《法人》2006年第10期。

⑤ 《李途纯：许多民企老板做大就被抓 上市等于坐牢》，载人民网 http://society.people.com.cn/n/2013/0909/c136657-22857299.html，访问时间：2020年2月5日。

指非公有的经济成分占据主导或相对主导地位的企业。非公有制企业主要包括民营企业和外资企业，其投资人可能是我国公民、非公有企业或经济组织，或者是外国（包括港澳台地区）的公司、企业、其他经济组织或个人。与非公有制企业相对，公有制企业包括国有企业和集体企业。此外，还存在上述各所有制类型企业的联合即混合所有制企业或公司。因此，以所有制为标准对企业分类，包括国有企业、集体企业、民营企业、外资企业以及混合所有制企业。简单将国有企业和民营企业作为公有或非公企业代表的二分法，并以此凸显民营企业的弱势地位，有可能与公有和非公有企业的现实情况不完全相符。事实上，同属非公有制企业，外资企业在一段时期内享受超国民待遇，使其拥有较一般国有企业更为优越的地位。

另一分类以企业规模为标准，依照工信部、国家统计局、发改委和财政部联合发布的《关于印发中小企业划型标准规定的通知》以及国家统计局《关于印发〈统计上大中小微型企业划分办法（2017）〉的通知》，按照行业门类、大类、中类和组合类别，依据从业人员、营业收入、资产总额等指标或替代指标，将我国企业划分为大型、中型、小型、微型四种类型。

上述按照所有制和企业规模为标准的分类，在民营企业保护研究中可能造成似是而非的错觉。如上所述，不少人会认为，国有企业受各种政策照顾，外资企业甚至享有一定程度的超国民待遇，而集体企业和民营企业相对较弱。但这种认识不仅是根据过往经验的推断，不代表当前和今后的发展方向，而且是相对笼统的，未能结合个别企业实际进行判别。近年来，我国在内外资平等待遇方面付诸了许多努力，如在合同、所得税、企业组织形式等方面的立法上逐渐并轨：2020 年开始实施《外商投资法》消弭内外资企业的制度差异；以《公司法》《全民所有制工业企业法》《企业国有资产法》等为主体的法律对国有企业的规制也是中性的，并未给予国有企业特殊的地位；而以民营企业为主体的中小企业群体，在《中小企业促进法》等法律中明确规定了包括“财税支持、融资促进、创业扶持、创新支持、市场开拓、服务措施、权益保护”等促进措施，不可谓不全面。在政策层面，基于《反垄断法》实施和公平竞争审查机制的建立，以及各地推进优化营商环境举措的落实，明显基于所有制而区分国有或民营企业的政策被确认违法。

事实上，国有和民营企业都分布有大中小微型企业，通常国有企业相对规模较大，民营企业以中小微企业更为常见，但也非必然。将民营企业简单等同于中小微企业的分析方法，其精确性存在一定的误差，将导致对问题分析的笼统。有必要将民营企业进一步细化或者类型化，以便更好地接近问题的本质。可能的方法是参考社会学、管理学等学科研究成果，引入“政治关联”概念来分析企业行为。政治关联指企业与政府部门或拥有政治权力的个人之间形成的较为特殊的政企关系，表现为企业高层管理人员（董事长、CEO、董事）及大股东有在政府部门任职经历，通过公益事业及人际关系网络建立起与政府的密切联系等，但是因政府参股而形成的关系不属于此范畴。[①] 政治关联的表现既可以是较为正式的关联，如企业负责人担任人大代表、政协委员等，或者聘请具有一定政府背景的人员在公司担任独立董事等职务，从而建立与政府较为密切的关系；也可以表现为非正式的关联，如通过加强与特定政府人员的人际关系，或者通过积极参与公益慈善活动等扩大声誉资本进而获得政府好感。有学者根据企业家与现有政治体系的关联渠道、关联紧密程度、关联建立难易而将政治关联类型分为三类：非正式的政治关联，是企业家通过社会关系与政府官员保持惯常联系而形成的关联；半正式的政治关联，是企业主通过加入跟政府关系比较密切的工商联、行业协会和商会等半官方组织而形成的政治关联形式；正式的政治关联，是企业家成为执政党的党派成员，承担执政党的领导职务，或直接成为政府部门的官员和政治决策机构的代表等形成的关联。[②]

“政治关联”概念的引入，提供了近距离观察民营企业的一种视角，有助于全面认识企业地位。正是基于建立政治关联渠道的多样、关联程度相对较高等原因，国有企业拥有了较高的地位，这是政治关联概念对企业地位解释的有力之处。同时也需要看到，在解释民营企业地位方面，上述社会学研究将政治关联关系限定于企业家层面，则缩小了政治关联的考察范围，进而可能影响该概念对民营企业社会地位解释的有效性。一方面，是企业家为寻求建立与政府的正式或非正式关系，谋求政治关联以获得更好的保护或照顾；另一方面，是政府基于业绩需求，或者政府官员基于考核升迁压力，积极与企业建立联系，

---

① 王利平、高伟、张学勇：《民营企业政治关联：一个多视角的分析》，《商业经济与管理》2010年第12期。

② 何晓斌、郑刚、滕颖：《民营企业家的政治关联类型与企业绩效——基于2014年全国私营企业调查数据的实证检验》，《学海》2019年第6期。

为企业提供服务。于后一方面，按照媒体报道和作者观察，企业是否为本地税收、就业和产业发展等有较大贡献，成为主要的区分标准。尽管有不少对官员晋升的GDP锦标赛模式的研究，但事实上，是否能通过招商引来重大项目、企业是否为纳税大户，是否为本地财政作出贡献、是否有足够的工作岗位容纳众多就业需求、是否符合国家或本地产业发展规划而能成为明星企业、是否上市等，进而包括是否能够形成配套的产业供应链条、是否有助于打造本地产业特色名片和国内外知名度等因素，都是地方政府区别不同企业进而采取不同对待的标准。这些标准中，是否为国企或民企可能有影响，但绝不是最重要的。由此，可以尝试根据企业与地方政府的关系而将其区分为以下类型：（1）高政治资源企业，即企业获得所在地方政府的高度重视，能够主动为其提供优质的政府公共服务。例如，浙江省政府与阿里巴巴集团多次召开战略合作会议，体现了政企之间密切合作关系。高政治资源企业甚至可能游说政府动用公权力不恰当地为其“保驾护航”，应当引起警惕。例如，2018年鸿茅药酒事件中，内蒙古乌兰察布市凉城县警方跨省抓捕广州医生谭秦东引起公众关注，在最高人民检察院和公安部介入下，由内蒙古自治区检察院指令凉城县人民检察院退回公安机关补充侦查并变更强制措施，最终双方和解并由凉城县公安局撤案。鸿茅药酒是当地纳税大户，2016年凉城县公共财政预算收入为4.08亿元，2017年鸿茅药业上缴税收达3.5亿元；[①] 解决当地百姓就业；还被评为中华老字号品牌、国家级非物质文化遗产等。（2）中政治资源企业，即企业与当地政府关系良好，在经营中或多或少受到地方政府关照，甚至在出现问题时能与当地政府有效沟通，共同致力于问题的解决。（3）低政治资源企业及无政治资源企业，即企业并无可靠的政府关系，甚至在经营中可能遭遇执法严苛或故意刁难。

保护民营企业的话语路径不仅局限在国企和民企之间的比较，也同样存在于高中低政治资源的民企之间。问题的本质不仅局限在区别对待不同所有制企业，更是政府、各类经济主体如何平等对待各个与政府具有不同程度联系的企业的问题。在强调平等对待之时，要求消除所有制区别、消除“政治关联”差别，规则面前各类主体平等。例如，在企业经营中政府命令或要求的朝令夕改

① 张丰：《鸿茅药酒的后劲：凉城“美景梦”要凉?》，载每经网 http：//www.nbd.com.cn/articles/2018-04-18/1209518.html，访问时间：2020年2月6日。

是最让企业无所适从的，具有政治关联的企业常常能通过关联渠道与政府沟通意见而缓解政令频繁变动对企业的影响，而不具有政治关联的企业只能随时遵守政令而承担变化的成本，这就形成了企业间的不公平。当然，抽象地强调平等对待还要求允许因具体差异所引起的合理区别，这也符合形式正义和实质正义的基本要求。例如，民营企业发展中时常面临融资难的问题。如果是商业银行等金融机构因为国企或民企的企业性质不同，或者是基于放贷给国有企业所形成的呆坏账在责任承担方面可能较轻的理由，而歧视或者拒绝向民营企业放贷，这是不应当的。但部分民营企业因开办时间、资产财务状况、信用程度等方面原因致使商业银行不愿向其放贷，则属于商业银行的经营自主判断，难以认为是对民营企业的不公平。如果强令要求形式平等，反而可能造成金融风险。

二、优化民营企业治理也是民营企业保护的题中之义

习近平总书记《在民营企业座谈会上的讲话》中指出："当前，我国民营经济遇到的困难也有企业自身的原因。在经济高速增长时期，一部分民营企业经营比较粗放，热衷于铺摊子、上规模，负债过高，在环保、社保、质量、安全、信用等方面存在不规范、不稳健甚至不合规合法的问题，在加强监管执法的背景下必然会面临很大压力。"① 民营企业保护或平等对待民营企业的问题，一方面，固然需要改观外界对民营企业的整体看法；而另一方面，民营企业优化企业治理，也显得非常重要。

传统上认为民营企业的合法合规意识较弱，较容易出现违法行为，究其原因包括：第一，民营企业出于成本考虑而淡化合法合规管理。例如，在安全生产、产品质量、知识产权、环境保护、劳动用工等方面，民营企业更容易出现违法违规行为，这种违法所得收益和所受处罚的成本效益比较可以解释企业的动机。同时，企业经营在效率思维主导下，合法合规往往被认为是经营资源的消耗，最起码在企业发展早期不受重视；实践中，民营企业主往往将法律仅视为产生纠纷后聘用律师解决问题的成本，而不重视事前的合法合规操作。第二，

① 习近平：《在民营企业座谈会上的讲话》，载新华网 http：//www. xinhuanet. com/politics/2018 - 11/01/c_ 1123649488. htm，访问时间：2020年2月5日。

民营企业的治理机制不完善。与公有制企业不同，民营企业违法行为的收益直接归属于企业主，因而其更具违法动机。同时，民营企业家族化经营、家长制作风等特点，既有易于团结团队、提升经营效率的优势，又有可能因缺乏权力制衡而导致难以阻止违法行为的弊端。第三，事实上民营企业的社会地位决定其难以组建优质的内控合规部门。民营企业主要招募优秀的合规人才需要花费更大的成本，而所招募人才能否真正发挥作用相当程度上也取决于其是否真正获得民营企业主的支持。相对而言，民营企业主高度重视企业合规并能招揽优秀人才进行合规管理的可能性较低。

上述原因导致民营企业更容易出现违法行为的结果，并使其社会信誉度相对较低，进而对融资、人才招揽、项目获取等方面产生不利影响，这也是社会现实。近年来，部分民营企业的合法合规状况逐渐得到改善，表现为：第一，头部民营企业因上市或成为行业标杆等原因，日益重视合法合规经营。这些民营企业或因监管驱动，或因衡量守法成本收益，已经主动或被动地接受合法合规经营的治理理念。第二，互联网公司因业务创新等需要较为重视法律。无论是阿里巴巴成立之初就引入蔡崇信对公司进行规范化运作，还是因“3Q大战”等事件推动使腾讯等互联网公司大力加强法律和合规部门建设，互联网企业相对传统民营企业在法律合规方面的努力更为显眼。无论出于何种动机，互联网企业基于发展需要而在知识产权、数据保护、竞争法治、互联网金融、电子商务等诸多领域越来越注重合法合规，并且对相应的法治领域发展做出了一定贡献。第三，由于互联网等技术发展引发信息传播更为便捷高效，民营企业家也能通过各种媒体获取法律、政策、案例等信息，对其规范经营产生一定的影响。

上述变化是部分行业和民营企业中正在发生的，而强调平等保护民营企业，“打铁还需自身硬”，还是需要强调依靠制度建设使民营企业充分认识到治理与合规的重要性，而不仅仅依托外部压力或民营企业家的自觉。企业合规不仅是金融机构、央企、涉外企业的专属，更是包括民营企业在内的所有中国企业生死存亡的关键。① 为此，需要按照法律设计在民营企业中落实相应的制度安排。

---

① 朱国华、蒋鑫涛：《第四届浦江法治论坛暨中国上市公司合规战略论坛会议综述》，史际春主编：《经济法学评论》（第19卷第1期），中国法制出版社2019年版。

以公司制度为例，首先，需要使参与治理与合规建设的部门各司其职，包括股东会、董事会、监事会等参与公司治理的法定机构，以及党委会、总经理办公会、工会乃至法定代表人等机构也均需明确其职责，切忌在民企中混为一谈，缺乏有效的分工。其次，需要在各自分工负责的基础上，做好协调和衔接工作。尽管参与公司治理和合规的机构或部门各司其职，但其都是公司内部机构，更应在相互协作基础上开展工作的衔接协调。企业中的党委会、监事会、独立董事或外部董事、内控合规或审计部门等都涉及对企业经营管理的监督，不仅应区分监督对象、监督环节和监督重点，也应当保持密切联系和沟通。最后，做到有效制衡。尽管民营企业存在一定的家长制或家族企业的风格特点，但其管理体制转型，即“由家长集权式的人治体制向现代企业治理体制和管理方式的转变”① 将是必然。

在此，还需强调一点，企业治理与合规是要求按照符合理性逻辑的法律规则进行管理控制，而不是通过欺诈、游说政府或打擦边球的方式来获得合规。现实中，民营企业为获得生存发展空间或牟取更多利益，骗取政府补贴、游说政府降低监管标准、虚假宣传迷惑消费者等行为，终究不是企业长久发展之计。特别是在新经济条件下，借助概念包装“创新”商业模式、外部投资疯狂烧钱炒作概念等行为，在潮水退去之后的“一身烂泥”终究会显露无疑。因此，对民营企业发展而言，踏实经营是保护其合法权益的根本，要求外界不得歧视而应公平对待民营企业，“打铁还需自身硬”也是非常重要的。

三、民营企业家的保护

保护民营企业还有一项重要的话题，即如何保护民营企业家人身财产权益的问题。基于民营企业和民营企业家的紧密关系，这实际上是个“一体两面”的问题。实践中，对民营企业违法行为的制裁，往往同时包括了对企业主的行政处罚或刑事责任追究。颇受关注的是对企业家追究刑事责任的领域，“从二审或再审对这些案例予以改判或部分改判的事实可见，刑法的适用有些操之过

---

① 罗能生：《中国民营企业现代转型的多位思考——转型、创新与民营企业的持续发展》，《求是学刊》2008年第5期。

急”，因此“刑法的适用就像我们行至红绿灯路口，需要一慢二看三通过，切忌贸然行事，切忌与行政法和民法抢道”。[①]

除强调刑法谦抑性和谨慎适用刑法外，对民营企业家的保护还大量存在于其他法律领域当中。例如，当前越来越普遍使用信用手段约束企业诚信经营，如法院系统的失信被执行人制度、市场监督管理部门的黑名单制度、环境保护失信黑名单、拖欠农民工工资黑名单、社会保险领域严重失信黑名单等。但在有效约束民营企业合法合规经营的同时，也需要防范滥用黑名单手段产生的问题。一方面，既需要防范因规避“黑名单”制度带来的不利后果而产生的“影子董事”或“挂名法定代表人”问题。另一方面，也需要防范不当使用黑名单制度造成对民营企业家的不利影响。实践中不仅有因法院错误调解和执行案件导致民营企业法定代表人被列入失信被执行人，企业业务无法正常运转的情形，[②] 也有地方政府与企业发生纠纷时直接动用失信黑名单制度打压民营企业家的例子。[③]

针对此种法律处罚或制裁措施的滥用，一种直观的回应是倡导依法执法、加强包括法律和媒体等方式的监督等。而从保护民营企业角度考虑，健全民营企业治理机制也非常重要。试想，一旦民营企业主遭遇错误的刑事制裁或行政处罚，现实的结果往往是企业倒闭、员工失业。这种结果的出现，是民营企业在很大程度上单独依靠民营企业主个人坚持经营的表现，也是民营企业未能建立有效企业治理机制所带来的不良后果。假设民营企业具有良好的治理机制，企业内各机关、部门分工负责、相互配合，即使民营企业家个人出现问题可能会给企业带来一定的冲击，但依靠制度的力量应当能够更为平稳地度过危机。由此，在我们呼吁对民营企业家的法律保护，以保护民营企业的合法权益的同时，也需要关注民营企业的治理机制建设，用制度替代人的作用使企业能够更长久平稳地发展。

---

① 王秀梅：《民营企业平等保护意识的前置与刑罚适用的滞后》，《法律适用》2019 年第 14 期。

② 李维、王丽坤：《案件改判，企业终于走出失信“黑名单”——青海：充分发挥检察职能护航民营企业发展》，《检察日报》2019 年 12 月 6 日。

③ 柴海亮、刘懿德：《优秀企业家为何成“老赖”》，《瞭望》2019 年第 30 期。

* * * * * * * * * * * * * * * *

本期“专题”栏目聚焦税收法治领域，收录了五篇论文。廖呈钱讲师的论文《人之图像变迁与纳税人权利保障》说明人之图像的预设是各种法律制度构建及法学研究的逻辑起点；在财税法领域，对纳税人图像的勾画，是纳税人权利保障模式抉择和制度建构的逻辑起点。作者概述了我国纳税人图像从附属的义务者向强而智的革命者，进而向强而智的理性人转型的过程，并判断当前纳税人的图像是强而智的理性人和弱而愚的社会人并存状态。伴随社会发展及其基本矛盾变化，我国纳税人之图像也悄然发生变化，纳税人权利保障的原点从保护财产权变迁为对人格尊严的保护，税收法律制度的基本理念应从国家主义转为纳税人本位，在具体权利面向上应注重对生存权和税收教育权的保障。

税梦娇博士生的论文《税法漏洞填补的原理及规则》，首先阐明了税法漏洞填补与狭义税法解释、税法价值补充概念之间的关系，认为税法漏洞填补是狭义税法解释的赓续，税法价值补充是税法漏洞补充的一种方式。在论述税法漏洞填补的必要性、合理性和正当性之后，文章认为税法漏洞填补应当在税收法定范围内，遵循“以纳税人为本”的法治理念主线，秉持“税收正义”的评价标准。税法漏洞填补应秉持法律保留原则、法安定性原则所要求的界限，禁止创设或加重纳税人负担。在适用税法漏洞补充技术时，原则上应穷尽狭义的税收解释方法，应符合税法立法目的，应遵循既定的时空顺序，应对税务机关和司法机关漏洞填补权进行必要的平衡与限制。

黄家强博士生的论文《税率确定和调整之法治：规范解读与再造》首先揭示了税收法定原则下税率确定的要求与承担调控功能税种的税率具有设置灵活性特点之间的矛盾，在梳理当前税收法律（或法律征求意见稿）及条例等规范中规定税率及其调整权的条款类型时，指出税率条款立法规范上的表现形式不一致、税率确定和调整权主体多样性、授权国务院行使的税率调整权转授财税部门代行等问题。作者分别从法律保留和授权行政立法、中央统一立法和地方自主抉择、备案与审查机制三个维度，提出税率确定和调整权配置的合理方式，提倡采用“人大立法+纵横授权+双重备案审查”的模式。

邹新凯博士生的论文《地方附加税法何以正当：理论拓补与制度调适》提

出对地方附加税的正名和改进，将其视为一种有效的央地财权调和工具，对完善分税制、实现财税法治及实现尊重地方的良法善治具有重要意义。论文首先考察改革开放以来我国典型地方附加税的发展过程，考虑当前附加税可能成为地方财政自主权扩围的一种方案，提出附加税立法存在目的明确、计税依据选择、税率选择以及税收优惠等方面的难题，需要理论解释。其次作者使用可税性理论、课税禁区理论和税收构成要件理论作为分析工具，说明论证主税或附加税正义及设计的技术路线，并专门针对附加税拓扑了可税性理论论证。最后论文以《城建税征求意见稿》为例，分别从可税性理论、课税禁区理论和税收构成要件理论层面进行了验证。

黄心怡硕士生的论文《房地产税法中量能课税原则的适用》认为作为税法基本原则的量能课税原则落实在房地产税法治中，存在房产收益能力与税负能力关联弱、房产价值与收入能力存有差异、筹集财政收入的定位与量能课税原则的扞格等冲突，因此需要构建房地产税负担调节机制。该机制的内容包括税制要素设计和税制运行调节两个方面。在税制要素设计中，主要涉及对计税依据、免征额的制度设计；在税制运行调节中，需要注意确立调节标准、调节中介和调节工具，以使税收负担和实质负税能力相匹配。

“论坛”栏目收录了三篇论文。陈鹏博士生的论文《“竞争中立”的社会本位考量》首先介绍了“竞争中立”的起源，点明美国奉行此政策以保护其利益的意图，指出竞争中立政策必须与各国国情相结合才能获得普遍认同。竞争中立并非要排除政府对市场的调节，而是强调尊重政府与市场间的正当关系。在我国社会主义市场经济体制下，适用竞争中立的竞争政策，应当在社会本位理念指导下，通过维护公平竞争以实现公共利益最大化。

沈斌博士生的论文《人大预算问责法律制度建构论》首先明确了预算责任的性质与类型，认为其包括政治责任和法律责任。人大适合作为问责主体，追究以单位为责任主体的纠正责任以及以个人为责任主体的惩罚责任。其次文章按照预算政治责任和预算行政责任二分类别，分别就作为其构成要件的责任主体、违法行为、主观过错、损害结果以及因果关系进行剖析；并且按立案、调查、质询、决议、执行的环节进行了程序描述。最后文章就保障人大预算问责落实的配套制度，即完善预算公开、绩效预算和审计独立制度提出了建议。

彭雨晨博士生的论文《家族信托永续传承的法律立场》基于我国对家族信

托制度与实践的客观需求，选择以家族信托是否永续传承为研究对象。论文首先阐释了英国衡平法院长期禁止家族信托永续传承的立场，说明反永续原则中“反对永久归属”“反对资本转以限制”和“反对收入（过度）积累”的具体内容。其次作者以美国为例，说明废止或变相废止反永续原则的变化及原因，主要是1986年美国联邦开征隔代遗产税并设置高额免征规则。在税收的刺激下，州法“朝底竞争”，纷纷废止或变相废止反永续原则，可能引发诸多社会问题，由此引起反永续原则的再度复兴。最后作者联系我国国情，建议我国应秉持反对家族信托永续传承的立场，在《信托法》中规定反永续原则，并完善税法及相关制度。

“立法评议”栏目中收录了张力毅助理研究员的论文《政策性保险的理论定位与法制化关键问题分析》。论文首先指出政策性保险在传统商业保险和社会保险二分格局中逐渐独立的趋势，其次以农业保险和交强险为第一方保险和第三方保险的典型论述其作为政策性保险的特点。基于政策目标对政策性保险内容设计的直接影响，需要平衡特定群体利益保护、投保人保费负担及保险业良好运行等因素。政策性保险有必要也有路径进行特别立法，并与《保险法》构成特别法与一般法的关系。在政策性保险立法中，要谨防政策性保险工具被滥用，特别注重政策目的的实现；在政策性保险司法中，需平衡政策目的与既有裁判方法，还需注重对价平衡原则的实现。

“调查研究”栏目收录了本科生巩轩竹、郁宇婷、周亦然和李文华副教授的调研成果《人工智能自主审判有关法律问题研究》。调研通过问卷调查的方式得到当前公众对人工智能自主审判的看法，在认识到人工智能自主审判具有提升审判效率、保障司法统一公正的积极意义的同时，也需要注意到其在技术实现、法律适用的价值判断、法律发展等方面可能产生的不利影响。为应对已经初露端倪的人工智能自主审判趋势，需要将简单案件和疑难案件分流处理，提升司法数据的量和质，完善法律监督和责任体系，并推动法律工作人员的素养。

“讲座”栏目收录了史际春教授在人大法学院教授沙龙上的讲座《也谈“竞争中立”》。首先说明澳大利亚首提“竞争中立”概念的初衷，以及美国借用“竞争中立”概念打压中国的企图。因此，对中国而言，“竞争中立”是个伪命题。其次从宪法规定、政府与市场关系角度说明“竞争中立”不应被我国接受。竞争法学者可能更崇尚“竞争中立”，但竞争法和竞争政策的宗旨是公平竞争，其本身包含政府对竞争的规制是非中立的意思，中立仅是相对的；更何况，将“竞争中立”集中在“所有制中立”上，更不是公平竞争。在国际交往中，应当遵循对平等、对等和相互尊重国家主权和尊严的原则，我国需积极努力塑造国际规则体系，使之与我国国情相符、有利于我国的利益，且具有足够的正当性。

他山之石栏目收录的是罗伟恒博士生翻译的 Bebchuk 和 Kastiel 的论文《上市公司永久双层股权结构的不合理性》。双层股权结构是当前中国公司法学界和资本市场实践中的热门话题，作者指出该结构的成本会伴随时间推移而增加，会变得效率低下。鉴于控制者具有保持双层股权结构的强烈动机，诚有必要认识到为创始人提供无期限的控制权的风险。因此，作者反对双层股权结构的公司 IPO，最起码需要反对永久的双重股权结构。由此，公司 IPO 时有必要在双层股权结构中包含一个“日落条款”。

专 题

Economic Law Review

人之图像变迁与纳税人权利保障

——新中国70年纳税人权利保障的成就及展望*

廖呈钱**

目　次

现代经济学之父亚当·斯密早就掷地有声地提出“财政乃庶政之母”，著名汉学家孔飞力先生亦将国家财政汲取能力作为中国现代国家起源的三个核心议题之一。① 新中国建设历程就是在不断实现建设社会主义现代化国家的宏伟蓝图，作为“国家治理的基础和重要支柱”的财政无疑可以成为70年来国家建设的缩影，而作为税收承担者和支出受益者的纳税人的权利保障是其必然要求和内在逻辑，故应成为该缩影的主线。“七十而从心所欲，不逾矩”，虽然我国纳税人权利保障离“从心所欲”的境界尚有距离，但是新中国成立以来的70年纳税人权利保障事业历程理应进行回顾，以便更好地前瞻展望。

---

* 本文系中国博士后科学基金第66批面上资助项目（19M663885XB）和重庆市博士后特别资助项目的阶段性成果。本文曾获2019年中国财税法学研究会“中税咨询”青年优秀论文奖三等奖。

** 法学博士，法学博士后研究人员，西南政法大学经济法学院讲师，中国财税法治研究院研究员。

① 参见［美］孔飞力：《中国现代国家的起源》，陈兼、陈之宏译，生活·读书·新知三联书店2004年版，第73—102页。

一、人之图像：纳税人权利保障的逻辑起点

一般认为，关于“人之图像”的理论来源于善于思辨的德意志，其译自德语“Menschenbild”，思想渊源最早可以追溯至康德，而最早明确论述且集大成者为拉德布鲁赫。[①] 哲学、社会学、心理学等学科从不同视角讨论了人之图像问题，法学意义上的人之图像则聚焦于“法学上对人之观察与预设两个交互影响的问题”。[②] 即人之图像是指“法律如何想象（设想）人……呈现在法律上的、准备加以法律规定的人类形象”。[③] 人之图像是法律规定的前提，同时又通过法律进一步得以型塑。因而，法治模式和法律制度总是与人类社会的历史类型息息相关，[④] 不同类型的社会必然会内生出对人之图像的不同假设，“对人之为人的理解和定位，影响着一国政治制度的架构和法治发展方向”。[⑤]

域外学者将人类社会的历史演进类型化为礼俗社会、警察国、自由法治国和社会法治国四个阶段，由于礼俗社会中法律往往与伦理、习惯甚至是宗教教义融为一体，故而论述重心集中在后面三个阶段。[⑥] 在礼俗社会中几乎没有个人存在的社会根源和制度基础，彼时的个人完全依附于家族，更遑论个人权利，故而人之图像呈现为附属的义务者。随着对中世纪黑暗统治的反抗以及对国家统一和富强的迫切需求，西方国家开始在“开明专制”的大旗之下加强王权，从而进入了警察国时期。此时人之图像虽然仍为义务者，但已挣脱了家庭的枷锁，有学者生动地称之为“植物型个体”。[⑦] 技术的进步带来了商业的繁荣，商业的繁荣最终质变为资本主义的萌芽。新型的生产方式以及作为其理论基础的自然法思想冲破了“普天之下莫非王权”的浓云。个体开始从植物状态苏醒，

---

① 该德语词汇亦译作人性观、人类图像、人类形象、人之（的）形象、人性图像、众生相等，林子杰：《人之图像与宪法解释》，翰芦图书出版有限公司2007年版，第5—9页。

② 林子杰：《人之图像与宪法解释》，翰芦图书出版有限公司2007年版，第38页。

③ ［德］古斯塔夫·拉德布鲁赫：《法律智慧警句集》，舒国滢译，中国法制出版社2001年版，第5—9页。

④ 参见严存生：《法治社会中的“法律上的人”的哲理思考——读拉德布鲁赫〈法律上的人〉有感》，《华东政法大学学报》2004年第6期。

⑤ 陈林林、张晓笑：《人之图像与法治模式》，《浙江社会科学》2019年第3期。

⑥ ［德］彼得·巴杜拉：《论自由法治国与社会法治国中的行政法》，曾文远译，《人大法律评论》2013年卷第2辑。

⑦ 杨乾：《法律上的人和法律下的人》，《长春工业大学学报》（社会科学版）2007年第2期。

个人主义由此被推崇备至，商业的成功无疑证实和加剧了这一转变。各国纷纷立法以回应新的时代要求，彼时立法以“商业人”为基础并不断对其进行塑造，法律上“强而智的理性人”图像越发明晰起来。基于抽象个人主义的“强而智的理性人”带来了资本主义的繁荣，同时也带来了大量的弱势群体从而引发的社会问题。基于时代场域的转换以及对纳粹的深刻反思，“二战”后的德意志在法律上勾画出了一幅与自由法治国时期以“个人主义”为底色的“强而智的理性人”所不同的人之图像，其以“人格主义”为基调，注重“个人与社会的融合关系”。①德国联邦宪法法院曾深刻地指出基本法上人之图像并非呈现为孤立而不受限制的个人。② 简而言之，此时人之图像表现为“弱而愚的社会人”，即此时人之图像不仅满足于个人主义的抽象勾勒，还需要“社会融合关系”的重色渲染。③

制度建构及对其的观察与反思必然会设定合理的逻辑起点。建构、观察和反思法律制度的逻辑起点为何，我国法理学者提供了众多富有洞见的学术观点。其中最为主要的有：以张文显先生为代表的权利说、以张恒山先生为代表的义务说、以童之伟先生为代表的法权说、以文正邦先生为代表的行为说、以胡玉鸿先生为代表的人说、以李可先生为代表的规则说。④ 这些观点及基于其形成的理论体系看似纷繁复杂，实则灵犀相通，都是注重法律主体的地位，即重视法律中的人而非物或是其他，区别仅仅是撷取人之不同特性或侧面而已。如主张法权说的童之伟教授“将人的自由、全面和可持续的发展认定为法的最高追求和终极价值”。⑤ 这些真知灼见几乎都是基于一定的价值判断而撷取人之某一特性或侧面并将其作为逻辑起点。虽这一特性或侧面颇具代表性而具有深刻类型化的意义，然而该特性和侧面却离不开整体上人之图像的预设，并随之不断变化。以目前影响最大的权利说为例，该学说认为法律制度的建构和法学研究应当以权利为本位。⑥ 然而不同时代场域下基于人在法律上的图像差异将导致权利的具体内容呈现不同面相，即权利本位需要在明晰人之图像后方具有实践

① 余军：《论宪法中的“人的形象”》，《浙江学刊》2011 年第 6 期。
② 林子杰：《人之图像与宪法解释》，翰芦图书出版有限公司 2007 年版，第 12 页。
③ 余军：《论宪法中的“人的形象”》，《浙江学刊》2011 年第 6 期。
④ 李可、罗洪洋：《法学方法论》，贵州人民出版社 2003 年版，第 267—268 页。
⑤ 童之伟：《法权与宪政》，山东人民出版社 2001 年版，第 41 页。
⑥ 张文显：《从义务本位到权利本位是法的发展规律》，《社会科学战线》1990 年第 3 期。

意义。因此，人之图像既是目前学界建构、观察和反思法律制度的自觉共识，亦为其着笔的薄弱点，即形成了一定的理论自觉但尚未完全自知。① 综上，“法学是人学”，人之图像预设是法律制度建构和法学研究的逻辑起点。②

财税法制度的建构、观察与反思也应以人之图像为逻辑起点。如果说“现代社会公民概念的建构，使现代宪制的构建取得了合法性的基础”，③ 那么，现代社会纳税人概念的建构，为现代宪制的构建提供了唯一的可能路径。有学者直接将“我们的国家和社会还没有真正理解纳税人的内涵”作为导致纳税人权利不彰现实的重要原因。④ 纳税人概念的建构以及纳税人内涵的界定，都必须基于科学合理的纳税人之图像的预设上，纳税人权利保障更是不遑多论。我国台湾地区财税法学者葛克昌教授基于自由法治国与社会法治国下人之图像变迁论证了现代法治国应当以税收国家形态存在⑤以及地方课税权的正当性与必要性。⑥ 台湾地区学者黄俊杰将纳税人与国家之间的关系类型化为对国家权力服从的被动地位、排除国家干预的消极地位、对国家拥有所有权的积极地位以及能够参与国家权力的主动地位四种类型，⑦ 其实也是在尝试勾勒纳税人之图像。大陆地区有学者从宪法上人之图像出发论证了纳税人基本权问题。⑧ 新中国70年的建设历程就是探索建设社会主义现代化国家的过程。现代化不仅包括制度的现代化、器具的现代化，还包括人的现代化。智利学者萨拉扎·班迪于1971年6月在维也纳举办的“发展中的选择”研讨会上说，“落后和不发达不仅仅是一堆能勾勒出社会经济图画的统计指数，也是一种心理状态”。⑨ 美国学者阿历克斯·英格尔斯进一步指出“人的现代化是国家现代化必不可少的因素。它并不是现代化过程结束后的副产品，而是现代化制度与经济赖以长期发展并取

① 也有一些学者已经意识到人之图像是立法和法学研究的逻辑起点。如胡玉鸿：《“人的模式”构造与法理学研究》，《中外法学》2000年第5期；谢立斌：《宪法上人的形象变迁及其在部门法中的实现》，《华东政法大学学报》2012年第6期；姜涛：《人之图像与刑法实质解释》，《政法论坛》2013年第3期；陈林林、张晓笑：《人之图像与法治模式》，《浙江社会科学》2019年第3期；等等。

② 胡玉鸿等：《法学流派的人学之维》，北京大学出版社2013年版，第17—35页。

③ 黎江虹：《中国纳税人权利研究》，中国检察出版社2014年版，第68—69页。

④ 刘剑文：《财税法专题研究》，北京大学出版社2007年版，第7页。

⑤ 葛克昌：《国家与社会二元论及其宪法意义》，《台大法学论丛》1994年第1期。

⑥ 葛克昌：《税法基本问题》，翰芦图书出版有限公司2005年版，第221—245页。

⑦ 黄俊杰：《税捐正义》，北京大学出版社2004年版，第4页。

⑧ 高军：《纳税人基本权研究》，中国社会科学出版社2011年版，第124—159页。

⑨ 殷陆君编译：《人的现代化》，四川人民出版社1985年版，第3页。

得成功的先决条件”。[①] 因而，勾画出符合现代化要求的纳税人之图像是实现财政“国家治理的基础和重要支柱”的必要前提。故此，无论是法律本身的逻辑还是建设社会主义现代化国家的现实需求，人之图像都是纳税人权利保障模式抉择和制度建构的逻辑起点。

二、从阶级性到主体性：新中国 70 年纳税人权利保障的成就

人之图像为纳税人权利保障模式抉择和制度建构的逻辑起点。与其他国家一致，我国法律上人之图像总体上也经历了“附属的义务者—强而智的理性人—弱而愚的社会人”的变迁历程。由于救亡图存和后发赶超的现实导致我国人之图像变迁存在强烈的中国特色，因此，我国纳税人权利保障的历程也显得更为复杂。

（一）集体主体意识的崛起：从附属的义务者到强而智的革命者

新中国成立之前，社会在“君君臣臣，父父子子”的纲常下，人之图像总体上呈现为附属的义务者。虽然北洋军阀曾在其制定的宪法中设定了强而智的理性人图像，但是其最终目的并非基于实现人之权利，而在于通过制造其为理性人所选举的幻想来塑造其合法性，故此时人之图像依然为附属的义务者甚至为强权之工具。[②]

我国于 1949 年完成了反封建和反殖民的任务，建立新中国。以人民民主专政为国体的新中国与附属的义务者这一人之图像天然不相容，其开始基于自己的人之图像假设进行制度建构并不断强化这一图像。在具有临时宪法性质的《中国人民政治协商会议共同纲领》（以下简称《共同纲领》）序言中明确规定了人民作为新国家主人的地位，同时在正文中详细列举了人民享有的权利。此时的人民并非现在的公民，而是具有阶级性的政治概念，为此，《共同纲领》还塑造了与之相对的“反动分子”图像。可见，新中国通过《共同纲领》塑造了一个强而智的革命者集体形象。在该图像下国家税收政策的原则被确定为“保障革命战争的供给、照顾生产的恢复和发展及国家建设的需要”。[③] 1950 年颁布的《全国税政

① 殷陆君编译：《人的现代化》，四川人民出版社 1985 年版，第 8 页。
② 喻中：《变迁与比较：宪法文本描绘的人》，《法商研究》2009 年第 5 期。
③ 《中国人民政治协商会议共同纲领》第四十条第二款。

实施要则》将纳税与爱国相联系并要求税务工作人员提高革命品质,[①] 是强而智的革命者图像下纳税人权利的必然体现。1954年《宪法》基本沿袭《共同纲领》的人之图像假设。虽然1958年后税收制度建设曲折,但1975年和1978年《宪法》关于人之图像假设依旧是强而智的革命者,只不过是更为“革命”的阶级人。在强而智的革命者图像假设下,革命者是国家的主人,其利益与国家利益休戚相关甚至融为一体,故纳税是一种爱国的革命观念。此时纳税人的权利隐身于国家主人这一宏大的革命话语体系下,纳税人权利变成了纳税光荣的政治口号。

因此,革命者这一人之图像昭示着主体意识的强势崛起,然而该主体意识并非如西方的基于个人主义的主体意识,而是集体主义之下的主体意识。即革命者的强而智表现在革命者群体而非具体的个人,如前文所述法律在型塑强而智的革命者之时总会相应地塑造一个与之对应的群体。隐身于国家主人这一宏大政治话语体系下的纳税人权利显得那么强有力而又弱无影,故而此时的革命者个体虽然独立于家庭却在一定程度上成为国家的附属。这一点可以从计划经济体制和基于其建立的单位管理体制中清晰看出。新中国成立伊始,我国尚处于新民主主义时期,为实现向社会主义过渡并应对新中国成立之后一穷二白的局面,在借鉴苏联经济模式的基础上,建立起了计划经济体制。根据马克思主义经济基础决定上层建筑的基本原理,既然新中国通过改造和建设实现了以公有制为绝对主体的经济基础,那么必然会在社会管理方面建立起适应计划经济的管理体制,这一体制被学者们称为“单位制”。单位制中的单位一般认为是“适应计划经济体制而设立的一种特殊的组织形式,具有政治、经济与社会三位一体的功能,以行政性、封闭性、单一性为特征”。[②] 与计划经济注重通过行政命令的方式来管理社会经济相一致,单位制也体现了强烈的行政命令色彩,带有严重的人身依附关系。在单位制的社会管理体制下,每一个体必然依附于一个单位,而单位又依附于国家而存在。国家对于单位以及单位对于其所属个体的管理都采取行政命令的方式。从国家渗透力的角度考察,国家通过单位直接控制了社会生活的方方面面,无需通过财政等间接的调控手段,由此税收过时

① 《全国税政实施要则》第七条。

② 何海兵:《我国城市基层社会管理体制的变迁:从单位制、街居制到社区制》,《管理世界》2003年第6期。

论喧嚣一时，① 纳税人权利在很长时间成为禁忌话题。由此，政治上强而智的革命者集体在现实中呈现为依附于单位和国家的义务者。

（二）个人主体意识的觉醒：从强而智的革命者到强而智的理性人

新中国成立以后，人之图像从附属于家庭的义务者转变为强而智的革命者，带来了集体主体意识的崛起。然而革命者的强而智是作为一个集体针对反动分子而言的，主要落实于国家主人的政治定位上。作为个体的人隐身于国家主人这一宏大政治话语体系下，其主体地位和权利犹如海市蜃楼，显得真实而虚幻。计划经济时期，个人高度乃至于完全依附于所在单位，② 此时人呈现出不独立、无主体性的图像，③ 纳税人权利保障掩盖在纳税光荣的政治口号之中。1978 年党的十一届三中全会的召开，意味着我国开始以经济建设为中心。场景的转换必定呈现出不同的风景，人之图像将随着新时代的来临而变为新的面相，从而为纳税人权利保障带来深远的影响。

为落实十一届三中全会的精神，财税领域立法逐步得到重视并陆续得以建立。如《中外合资经营企业所得税法》《个人所得税法》和《外国企业所得税法》三部法律虽然条文简单，但在其内容表述上已没有之前政治话语的痕迹。1984 年和 1985 年全国人大常委会先后两次授权国务院在改革工商税制、经济体制改革和对外开放方面制定税收暂行条例。基于授权，国务院结合现实需求先后制定了众多的税收暂行条例。这些暂行条例的文本中，革命的字眼已不见踪影，代之而起的是有关纳税义务人的具体规定。从表 1 梳理的立法目的可以清晰地看出，这些税收暂行条例所预设和型塑的人之图像已经不再是强而智的革命者，而是具体存在于现实经济中的人。人之图像的变迁也深刻地体现在 1982 年《宪法》的规定中。虽然该法依旧在序言中使用人民的概念并明确了其国家主人的地位，但结合体系解释，此时的人民所含有的革命性和阶级性相较于之前的宪法大为淡化。更为重要的是，《宪法》以国籍来标识公民从而使宪法权利主体从集体逐渐走向个体化的人。④

虽然这一时段《宪法》和税收法律法规将个人从强大的政治话语体系中解放

---

① 丁一：《纳税人权利研究》，中国社会科学出版社 2013 年版，第 246 页。

② 张树义：《中国社会结构变迁的法学透视》，中国政法大学出版社 2002 年版，第 34—35 页。

③ 谢立斌：《宪法上人的形象变迁及其在部门法中的实现》，《华东政法大学学报》2012 年第 6 期。

④ 喻中：《变迁与比较：宪法文本描绘的人》，《法商研究》2009 年第 5 期。

出来，个人的主体意识开始萌芽，但作为独立自主的理性人之图像却远未实现。虽然税收的立法目的脱离了阶级斗争，但也并非旨在保障纳税人的权利，从表1可以看出其立法目的在于实现财政收入和其他特定社会目的。因此，纳税人权利保护的阳光尚未由《宪法》普照到税收法律法规之中，其所塑造的人并非一个具有完全独立自主意识的权利主体。此时学界仅有的数篇财税法文章几乎只字不提纳税人权利而重点聚焦如何强化税收征管，[①] 亦为此时人之图像及纳税人权利保障状况的旁证。

表1 重要税收暂行条例的立法目的（1985—1992年）[②]

税收暂行条例名称	立法目的	税收暂行条例名称	立法目的
《国营企业奖金税暂行规定》(1985)	为了推动国营企业落实内部经济责任制，调动企业和职工发展生产、提高经济效益的积极性……从宏观上控制消费基金的过快增长。	《国营企业工资调节税暂行规定》(1985)	为了促进国营企业职工工资制度的改革，有计划地逐步提高职工的工资水平，并从宏观上合理地控制消费基金的增长速度。
《城市维护建设税暂行条例》(1985)	为了加强城市的维护建设，扩大和稳定城市维护建设资金的来源。	《个人收入调节税暂行条例》(1986)	为了调节公民个人之间的收入状况，有利于促进经济体制改革的顺利进行。
《耕地占用税暂行条例》(1987)	为了合理利用土地资源，加强土地管理，保护农用耕地。	《筵席税暂行条例》(1988)	为引导合理消费，提倡勤俭节约社会风尚。
《城镇土地使用税暂行条例》(1988)	为了合理利用城镇土地，调节土地级差收入，提高土地使用效益，加强土地管理。	《固定资产投资方向调节税暂行条例》(1991)	为了贯彻国家产业政策，控制投资规模，引导投资方向，调整投资结构，加强重点建设，促进国民经济持续、稳定、协调发展。
《税收征收管理暂行条例》(1986)	加强税收征收管理，确保国家财政收入，充分发挥税收调节经济的杠杆作用，促进经济体制改革和国民经济协调发展。		

① 刘剑文：《中国改革开放40年与中国财税法发展》，法律出版社2018年版，第259页。
② 此时的税收暂行条例远不止这9部，但其他暂行条例都未规定立法目的，故没有列举和梳理。

与西方国家强而智的理性人图像和纳税人权利保障与市场经济发展息息相关一样，[①] 我国亦遵循这一基本规律。随着市场经济体制的建立及发展，公民的权利意识觉醒，一个强而智的理性人之图像日益清晰。市场经济下的人是具有独立自主意识的个人，其是自身利益最佳的判断者而不必依附于包括单位在内的任何外在形式，并基于自己的理性判断参与社会经济活动以获得最大利益。[②] 在强而智的理性人图像下，纳税人权利本身就应当是财税法赖以存在的目的和据以解释的根基，而不是将其作为财政收入、特定社会目的的工具。当然，并不是否定财税法应当具有财政和社会目的，而是旨在说明财政和社会目的应当是实现纳税人权利这一终极目的的中介。基于强而智的理性人之图像，纳税人权利保护的阳光开始温暖每一位具体个人。1992 年制定的《税收征收管理法》将“保护纳税人的合法权益”作为其立法目的之一，同时，从条例到法体现了税收法定的要求，从而实现了对纳税人权利的保障。2001 年修改《税收征收管理法》增加了“规范税收征收和缴纳行为”的目的，亦是纳税人权利保障的体现。在具体权利方面，《税收征收管理法》先是笼统规定了税务人员的责任和纳税人的检举权，在 2001 年修改时将纳税人权利充实为获得税务咨询服务权、知情权、要求保密权、享受减免退税权、陈述权、申辩权、获得救济权、控告权和检举权。同时，内蒙古自治区于 1996 年 8 月成立了我国第一家省级纳税人协会，2017 常州市税务部门创造性地推出了“纳税人保护官”制度。强而智的理性人图像通过 2004 年人权条款和私有财产保护条款入宪，得到了根本法的确认和型塑。结合人权条款和私有财产保护条款对《宪法》第五十六条进行体系解释，可以使纳税人权利保障获得宪法慈母般的关怀。[③] 此外，我国税收

---

① 陈林林、张晓笑：《人之图像与法治模式》，《浙江社会科学》2019 年第 3 期。

② 郭春镇：《法律中“人”的形象变迁与“人权条款”之功能》，《学术月刊》2010 年第 3 期。

③ 该规定能否成为我国税收法定原则的宪法依据，学界存在不同的观点。有学者认为根据法律的目的解释和体系解释——宪法存在的终极目的在于保护公民的合法权利，结合《宪法》第十三条关于“公民的合法的私有财产不受侵犯”的规定——得出该规定“可以成为税收法定主义的最高法律依据”。参见刘剑文、熊伟：《税法基础理论》，北京大学出版社 2004 年版，第 108—109 页。更多学者认为，将该条规定解释为税收法定的宪法依据存在明显的逻辑难题，无论从文义解释、体系解释、目的解释都无法得出该条规定能够成为税收法定主义的宪法渊源，只有正视税收法定主义在《宪法》中的缺失才能有益于我国税收法治的建设。参见李刚、周俊琪：《从法解释的角度看我国〈宪法〉第五十六条与税收法定主义——与刘剑文、熊伟二学者商榷》，《税务研究》2006 年第 9 期。笔者认为，立法论当然是最理想的方式，但理想方式往往并非是现实。如通过立法论实现纳税人权利入宪就必然意味着要修改我国现行《宪法》，如此极可能导致寄希望于立法论的入宪路径沦为空谈。结合系统解释以及我国台湾地区的经验，该条可成为我国税收法定原则的宪法依据。

法定也迈出了坚实的步伐，2013年“落实税收法定原则”被写进了十八届三中全会的《决定》中；2015年《立法法》修改明确规定了税种、税率和税收征管只能通过法律加以规定；同年，中共中央通过《贯彻落实税收法定原则的实施意见》。综上，我国《宪法》《立法法》和《税收征收管理法》基于强而智的理性人图像，基本建立以财产权为核心的纳税人权利保障体系。

三、人格尊严：我国纳税人权利保障的展望

新中国成立70年来，人之图像由附属的义务者变为强而智的革命者，又随着市场经济的发展变为强而智的理性人。由此先后带来了集体主体意识的崛起和个人主体意识的觉醒，并基于此逐渐建立起了以财产权为核心的纳税人权利保障体系。随着社会的发展及其基本矛盾的变化，人之图像也在悄然发生改变，我国纳税人权利保障面临再出发的问题。

（一）人格尊严：人之图像重合下纳税人权利保障的原点

西方国家人之图像经历了从自由法治国中强而智的理性人到社会法治国中弱而愚的社会人的变迁过程。我国法治进程的特殊性表现在自由法治国的形式法治尚未实现之时就必须面临社会法治国对于法律回应性需求的实质法治。[①]自由法治国与社会法治国的重合也必然反映在我国税收法治建设中。一方面，我国人之图像仍然在很大程度上表现为强而智的理性人，其要求国家通过税收法定原则等形式法治切实保障纳税人的财产权。但税收法定在作为税法核心原则的同时，也内生出规则主义的弊端，化解这一弊端必然要求对当代纳税人之图像进行重新判定和预设。[②] 另一方面，改革开放将个人从单位和国家的束缚中解放出来，人之图像从附属变为独立自由的个体，然而市场经济条件下自由并不意味着成功，市场竞争的落败者成了新的社会性弱者，加之妇女、儿童、老人、残疾人等生理性弱者，人之图像中出现了弱而愚的社会人。因此，社会的极速现代化所带来的和西方类似的社会问题和社会快速转型所带来的中国式社会问题，导致我国出现了人之图像重合：强而智的理性人和弱而愚的社会人同时存在。

---

① 廖呈钱：《回应性：地方税收立法制度的一种理论支撑》，《现代经济探讨》2016年第8期。
② 姜涛：《人之图像与刑法实质解释》，《政法论坛》2013年第3期。

自由法治国时期，人之图像为以“个人主义”为底色的强而智的理性人，纳税人权利保障的原点是财产权。与之相对应，社会法治国的人之图像变迁为以“人格主义”为基调的弱而愚的社会人，① 纳税人权利保障的原点应当为人格尊严。自由法治国和社会法治国的权利保障原点，即其核心权利的不同也深深根源于人之需求的不同层次。根据马斯洛的层次需求理论，在自由法治国时期，人之需求主要是生理和安全的需要，此时国家只需要维持社会治安、保障公民的自由权。此时税法的最大功能是通过限制政府课税权来保障公民的财产权。在社会法治国，人之需求已远远超过了生理和安全的需要，而追求更高层次的爱、尊重和自我实现。故此时国家仅消极不作为已经无法满足社会需求，而需要积极作为以回应现实诉求。因此，税法权利保障的原点也不能单单是财产权，而需相应地变迁为人格尊严。

虽然我国法治发展阶段的现实为自由法治国和社会法治国的重合，人之图像亦相应地呈现为强而智的理性人与弱而愚的社会人之重合，但是我国纳税人权利保障的原点应当为人格尊严。与社会法治国的概念是由德国人提出一样，将人格尊严予以宪法化的范例亦是德国《基本法》。基于对“二战”中践踏人权现象的反思，德国《基本法》在制定时就将人格尊严设为不需要任何法学解释而先于国家存在的思想予以规范化。一般认为人格尊严的实现“有赖于个人与国家之间关系的理想定位”，对其进行保障“构成了国家存在的正当性基础，同时也是国家权力的界限所在”。虽然从根本上讲人格尊严的基础是独立的具有主体意识的个人，但在社会法治国下，人格尊严并不必然排斥个人基于社会公共利益而对国家和社会应尽一定的义务。② 从人格尊严的定义可以看出，人格尊严的保障并不是对自由法治国时期强而智的理性人之财产权的否定，而是在尊重个人财产权的基础上对其施加了一定的社会义务。这完全符合在我国强而智的理性人与弱而愚的社会人图像重合下，既要控制政府课税权以保障其财产，又要通过税收以回应社会现实需求的权利诉求。

（二）纳税人本位：人格尊严下税法的基本理念

我国具有浓厚的专制主义传统，新中国成立之后的曲折探索导致我国纳税

---

① 余军：《论宪法中的“人的形象”》，《浙江学刊》2011 年第 6 期。

② 王进文：《“人的尊严”义疏：理论溯源、规范实践与本土化建构》，《中国法律评论》2017 年第 2 期。

人权利淹没在宏大政治话语体系中，加上国家主义的政治生态造就了纳税人和政府地位的倒置，国库中心主义思想严重。故而欲在税收法律制度上落实人格尊严以满足人之图像要求，就必须改变传统的国家主义和国库中心主义的原则，而以纳税人本位为其基本理念。计划经济下强而智的革命者图像时期，强大的国家和单位淹没了个人权利，也埋下了个人权利强势反弹的种子。“计划经济时代的整体性的利益结构对个人利益的压抑，在人们的潜意识中深深地埋下了利益饥渴的基因，潜伏着追求个人利益的强烈的动机和愿望，一旦有了追求个人利益的可能，便会像洪水决口一样，迅速形成全社会的利益竞争和利益泛滥。”① 所以，通过在税法中树立纳税人本位，方能解放被计划经济所束缚的纳税人权利和主体意识，以实现强而智的理性人图像，同时，通过收支一体以保障纳税人的财政收益权，从而有力地回应弱而愚的社会人图像之诉求。

其实，随着改革开放及市场经济体制的建立，个人主体性意识及其价值逐渐得到重视，已有学者提出我国税法应当树立纳税人本位的思想。基于对传统中国权利不彰和建国后阶级斗争范式的反思，法学研究者证成了“权利本位”的思想②并以此建构了现代法学体系。财税法学者也相应地提出了“纳税人权利由税收的本质和目的决定，是人民主权在税收领域的具体体现，也是公民个人作为社会经济主体的价值实现”。③ 据笔者考证，我国学者最开始明确提出纳税人本位的是云南财经大学的李淳燕教授，在其1994年的文章中提出纳税人本位是社会主义市场经济体制的理论基石，即建立和完善我国社会主义市场经济应当以纳税人作为其出发点和立足点。其进一步从社会主义“人民主体论”的本质要求和市场经济“个人权利”的固有要求出发，认为纳税人本位是人民本位、权利本位和市场本位的融合和最佳体现④。叶金育教授也提出了纳税人中心主义，但其所提倡的纳税人中心主义主要体现在税法解释领域。⑤ 张守文教授主张，发展导向型税法就是要转变传统税法的单纯财政汲取功能，更加注重

---

① 李景鹏：《中国公民社会成长中的若干问题》，《社会科学》2012年第1期。

② 张文显：《法哲学范畴研究》，中国政法大学出版社2001年版，第334—366页。

③ 刘剑文：《重塑半壁财产法：财税法的新思维》，法律出版社2009年版，第98页。

④ 李淳燕：《纳税人本位论——社会主义市场经济体制的理论基石》，《财贸经济》1994年第2期。

⑤ 叶金育：《税法解释中纳税人主义的证立——一个债法的分析框架》，《江西财经大学学报》2014年第4期。

保障和促进各类税法主体的发展。[①] 最为重要的税法主体必然是纳税人，而保障和促进纳税人的发展就是纳税人本位的一种具体体现。张怡教授提出的人本税法的思想更是直接体现了纳税人本位，认为应“将人本理念嵌入现代税法的构造中，以纳税人的权利保护为逻辑起点……并最终实现人的自由和全面发展的税收法律规范”。[②]

（三）生存权和税收教育权：人格尊严的具体权利面相

人格本身是一个涵盖范围极广的术语，这导致人格尊严保障的范围极为宽泛，似乎只要使人成为人的权利都可以或多或少与人格尊严保障有联系。基于我国强而智的理性人与弱而愚的社会人之图像重合，人格尊严保障最为重要的两个权利面相应该为生存权和税收教育权。其中生存权是人格尊严的核心内容，税收教育权是实现人格尊严保障的重要路径。

1. 生存权：人格尊严的核心内容

虽然对于人格尊严的定义短期内难以形成统一意见，但核心是人应当成为人，即人本身就是其存在发展的目的。人格尊严的内涵要求人应当像人一样地生活，其基础是人应当像人一样地生存。没有生存的保障，其他任何权利便会失去主体性而没有任何意义。生存权一般是指“每个人都有不受任意杀害，不遭到生命威胁的权利”。[③] 在自由法治国时期，基于强而智的理性人图像，小政府就是最大的善。彼时对生存最大的威胁是来自政府权力的滥用，因此普遍认为只要国家能够保障公民的自由权，强而智的人基于其天赋理性自然能够实现其生存和发展。在当时的社会条件下，这一认识具有极大的合理性，也正是这种尊重个人自由和理性的观念，最终形成韦伯所谓的“资本主义精神”，推动了资本主义社会的快速发展。然而自由并不意味着成功，随着人类社会进入社会法治国时期，部分群体依靠其自身努力不能保证实现其生存，更遑论发展。弱势群体特别是社会性的弱者群体大量出现引发广泛的生存权保障问题，该问题的解决再也不能仅依靠强而智之人的自由理性，相反却是这一人之图像的必然结果，“一个仅仅是为精明的、自由的、自利的人类作出

---

① 张守文：《论“发展导向型”的税收立法》，《法学杂志》2016 年第 7 期。

② 张怡等：《人本税法研究》，法律出版社 2016 年版，第 48 页。

③ 王婷婷：《课税禁区法律问题研究》，法律出版社 2017 年版，第 97 页。

安排的法，必定使人的另一半同种并生的类群陷入灭绝”。[①] 自由法治国时期强而智的理性人之图像转而变成了社会法治国之下弱而愚的社会人。[②] 社会法治国要求“提供具有人格尊严之最起码之生存保障”。[③] 社会现状和社会观念的变化最终必然会在法律上有所反映，各国法律开始基于人格尊严保障的需要增加了许多社会权的内容，主要赋予公民可以要求国家提供物质或者生活方面的服务。[④] 由此可见，社会法治国的生存权已成为一项积极权利。似乎社会化的纳税人有倒车靠拢计划经济时期的单位成员的幻象，然而前者是主动的权利主体，后者是被动的恩惠接受者。[⑤]

纳税人的人格尊严必然要求将纳税人视为主体而非客体。如果纳税人的生存权都无法得以保障，还如何谈纳税人的人格尊严？故纳税人生存权保障理所当然是纳税人人格尊严保障的首要面相和前提性面相。纳税人生存权保障具体表现在两个方面。其一，为纳税人财产权保障，因为财产为生存的物质基础。基于我国人之图像重合，纳税人财产保障不仅应对“私有财产权的限制强度进行整体考量”，还必须“衡量对纳税人自由和人格施展的限度强度”。[⑥] 其二，为税法的人文关怀，弱而愚的社会人图像要求“实现人的全面发展的税法应当致力于回应和解决社会问题，加强税法的人文关怀”。[⑦]

2. 税收教育权：人格尊严保障的重要路径

虽然现代税收制度是基于民主政治体制及市场经济之上，但并不意味着只要有了民主政治和市场经济，纳税人权利便能自然而然地生成。因为纳税人权利的实现还要求纳税人具有理性自律的精神以及对于社会正义的追求，[⑧] 甚至有学者认为纳税人应当具有“高度的角色意识、社会责任感和精神”。[⑨] 另外，日益精细复杂的税收立法亦是重要的原因。故而，弱而愚的社会人难以通过自

---

① ［德］古斯塔夫·拉德布鲁赫：《法律智慧警句集》，舒国滢译，中国法制出版社2001年版，第148页。

② 郭春镇：《法律中“人”的形象变迁与“人权条款”之功能》，《学术月刊》2010年第3期。

③ 谢荣堂：《社会法治国基础问题与权利救济》，元照出版有限公司2008年版，第8页。

④ 龚向和：《社会权的历史演变》，《时代法学》2005年第3期。

⑤ 谢立斌：《宪法上人的形象变迁及其在部门法中的实现》，《华东政法大学学报》2012年第6期。

⑥ 陈征：《国家征税的宪法界限——以公民私有财产权为视角》，《清华法学》2014年第3期。

⑦ 张怡等：《人本税法研究》，法律出版社2016年版，第134页。

⑧ 包子川等：《纳税人意识与依法治税》，《税务研究》2003年第5期。

⑨ 杨力：《纳税人意识：公民意识的法律分析》，《法律科学》2007年第2期。

身理性的认识和学习全面掌握现代税法制度，以最大限度地保障自身权利。“财政不只是简单的技术或工具问题，而是塑造某种特定的现代经济、社会文化价值、公共官僚体制、特定的国家与社会关系的利器，与此同时，也塑造着这个国家的人民。”① 因此，为实现税收领域人格尊严保障的目的，借鉴消费者教育权理论，② 确立和落实税收教育权也许是其重要的现实路径。胡水君教授指出，相对于西方成熟的法治，我国法治社会尚未完全形成，为实现法治中国的目标，在中国传统文化日益衰败以及民主政治尚未完全建成的社会现实下，我国需要加强法治道德和政治两个维度的建设。③ 税收教育权的落实应当是实现法治道德和政治两个维度建设的最佳模式。夏勇先生指出“只有社会成员对自己可以向公权者要求的东西或者公权者不得侵犯的东西有了感觉、认知和确信，他们才能对公权者享有权利”。④ 在税法领域，这个感觉、认知和确信的过程就需要通过税收教育权的落实来实现。一般认为，税收教育权是指“纳税人享有获得有关纳税和纳税人权利保护方面的知识的权利”。⑤ 税收教育权与纳税人知情权的联系和区别在于纳税人知情权为税收教育权的必然条件，即税收教育权必须建立在纳税人知情权得以保障的基础上，但税收教育权不仅要求国家实现纳税人的知情权，还需要在此基础上积极提供税收和税法知识的教育。简而言之，纳税人知情权中政府积极作为的范围和力度相对较小，更多回应强而智的理性人之图像，税收教育权要求在知情权的基础上更加积极作为，其人之图像预设为弱而愚的社会人。综上，税收教育权既是基于人之图像以实现纳税人人格尊严的重要权利面相，同时也通过型塑纳税人之图像以树立其主体意识从而最终有利于纳税人人格尊严的实现。

四、结语

新中国成立70年来，我国纳税人权利保障取得不俗的成就，概而言之，就

① 李炜光：《财政何以为国家治理的基础和支柱》，《法学评论》2014年第2期。

② 应飞虎：《我国食品消费者教育制度的构建》，《现代法学》2016年第4期。

③ 胡水君：《中国法治的人文道路》，《法学研究》2012年第3期。

④ 夏勇：《中国民权哲学》，生活·读书·新知三联书店2004年版，第236页。

⑤ 方赛迎：《人性维度的纳税人权利法律保护新探》，《安徽大学学报》（哲学社会科学版）2006年第3期。

是将纳税人之图像从附属的义务者经由强而智的革命者最终型塑为强而智的理性人，实现了阶级性到主体性的蜕变。社会发展带来人之图像变迁，人之图像变迁又必定会对纳税人权利保障提出新的诉求。结合我国强而智的理性人与弱而愚的社会人图像重合的现实，以纳税人本位为基本理念、生存权和税收教育权为具体面相的人格尊严保障是契合该图像的纳税人权利保障之现实优选路径。如此方能展望纳税人权利时代的到来，方能期待财税法治向“从心所欲，不逾矩”的境界更进一步!

税法漏洞填补的原理及规则*

税梦娇**

目　次

一、税法漏洞填补的内涵解读

（一）税法漏洞填补的概念界分

缘于现实中高度流变、错综复杂的调控要素决定了税法不可能穷尽各种可能，面面俱到的税收要件在确定事实上难以实现。① 加之全球人工智能新变革下数字经济税收等演变使税法体系漏洞大量产生，税收法定下税法漏洞填补的理论构造和现实运用势在必行。税法漏洞填补，在我国台湾地区称税法补充，是指税收立法者和税法实施者在各自的权限范围内，根据一定的填补标准和程

* 本文为重庆市研究生科研创新项目“人工智能财富分配与风险分配治理危机的财税法变革”（CYB18141），西南政法大学博士生科研创新项目“科技风险下分配正义的理论构型及其财税法实践路径”（2018XZXS－003）的研究成果。

** 法学博士研究生，西南政法大学人工智能法律研究院研究员，中国农村经济法制创新研究中心副研究员。

① 刘剑文：《落实税收法定原则的现实路径》，《政法论坛》2015 年第 3 期。

序、填补方法或规则，遵循税收法定和有利于纳税人原则的指导理念，对现行税法体系上存在影响税法应有功能，违反税收立法计划或其整体的关联性，且针对税法必须或应当调整的税收关系具有不圆满的税法漏洞加以修复或补充。笔者认为，税法漏洞的填补不仅包括制度层面的税法立改，而且包括个案层面的税法裁量或续造；既包括对税法规定“缺位”所生漏洞的补充，也包括对税法规定“错位”所生漏洞的修复。

1. 税法漏洞填补与狭义的税法解释

税法漏洞填补与狭义的税法解释关系密切但又有质的区别。一方面，认定主体在确认和填补税法漏洞时需要综合、全面地考察税法价值、立法目的、立法背景、体系协调等问题，这时可能会辅以历史解释、目的解释、体系解释等狭义的税法解释方法，以得出税法的真正立法目的、税法体系是否协调等答案。① 另一方面，狭义的税法解释与税法漏洞填补是先后承接的税法适用活动，两者的区别在于：

第一，是否在税法可能的文义范围不同。狭义的税法解释只能在可能的文义范围内进行；税法漏洞填补则大多在可能的文义范围外为之。税法可能的文义是指税法的预测可能性范围内的文义，② 税法可能的文义范围外是指很大程度上超过了文义的字面含义。关于税法可能的文义有三点需要阐明：首先，税法可能的文义，只能是在制定法的可能文义范围以内；其次，探求税法可能的文义有时会借以税法解释的相关方法来获知；最后，当税法的字面含义依照语言的表达特性有多种意义的可能时，可以通过梳理税法整体脉络，确定税法可能的具体核心文义。③

第二，适用方法不同。狭义的税法解释的方法主要包括但不限于文义解释、体系解释、法意解释、当然解释、合宪性解释、比较法解释等方法；税法漏洞填补的方法主要包括类推适用、税法拟制、目的性限缩、目的性扩张、税务契约、税法裁量、税法续造等填补方法。概言之，狭义的税法解释，本质上是利用上述税法解释方法阐明税法的疑义；税法漏洞填补，本质上是利用上述漏洞填补方法弥补税法的罅漏。

---

① 张守文：《税法原理》（第八版），北京大学出版社2018年版，第105页。

② 王利明：《法律解释学导论——以民法为视角》（第二版），法律出版社2017年版，第555页。

③ 汤洁茵：《形式与实质之争：税法视域的检讨》，《中国法学》2018年第2期。

第三，税法实施者享有的权限不同。税法实施者在进行狭义的税法解释活动时须在税法可能的文义范围以内展开。所以，税法实施者在狭义的税法解释活动中享有有限的自由裁量权；税法漏洞填补虽也要遵守整个税法的秩序、价值和目的，但其本就是在税法可能的文义解释中得不到明确答案的前提下，接续进行的完善税法的适用活动，所以税法实施者在税法漏洞填补活动中可以不受税法条文和规则文义范围的拘束，享有较大的自由裁量权。

2. 税法漏洞填补与税法价值补充

要厘清税法漏洞填补与税法价值补充之间的关系，需要判断税法不确定概念及一般条款中的不圆满之处是否属于税法漏洞的问题。肯定说认为，税法不确定概念及一般条款只要存在违反税收立法计划的不圆满，通过税法价值补充的方式对税法不确定概念及一般条款的具体化就属于税法漏洞填补的方式。[①]否定说认为，即使税法不确定概念及一般条款存在违反税收立法计划的不圆满也仍然不构成税法漏洞，属于一种独立的税法规范类型。[②]

首先，税法漏洞填补与税法价值补充之间应当是一种“包含关系”而非“并列关系”。即税法漏洞填补与税法价值补充并不是两个不同的税法适用环节以及方式，税法价值补充就是填补税法漏洞的诸多方式之一，税法价值补充包含于税法漏洞填补之中。所以，本文更赞同在我国的审判实践中长期秉持的观点，即税法适用中必须存在具体明确的税法规定，以直接适用于特定的税案；若税法的规定过于抽象和模糊，并且通过各种税法解释方法仍然不能得到可以直接适用于待决案件的答案，就可以认定税法针对该问题的规定存在不圆满的漏洞。

其次，填补税法不确定概念及一般条款的漏洞，会突破现有税法所能涵盖文义的字面含义。有学者认为对民商法等私法不确定概念具体化的价值补充是在可能的文义范围内。如前所述，税法漏洞填补与税法解释之间最重要的一个界限即是“是否在税法可能的文义范围以内”。例如，新型虚拟经济的交易实质就不是现有税法不确定概念的文义范围内都能涵摄的。因此，作为公法的税法与民商法等私法不同，在将税法不确定概念及一般条款与待决税案对接的过

---

① 黄茂荣：《法学方法与现代民法》，法律出版社2007年版，第386—387页。

② Detlef Leenen, Typusunder Rechtsfindung, 1971.

程中，有可能突破私法赖以为基础的交易形式去探求经济实质。

最后，并不是所有抽象的税法不确定概念都会造成税法漏洞。当税法不确定概念及一般条款中已经存在影响税法的应有功能，违反税收立法计划的不圆满时，就不应再固守税法不确定概念及一般条款不能构成税法漏洞的偏颇观点。缘于税法调控要素的易变性，税法漏洞的构成因素也具有一定的流变性。当时不构成税法漏洞的事项，经过社会的、经济的、科技的变迁后，其税法漏洞的属性可能会演变式地显现出来。因此，税法不确定概念及一般条款造成了违反税法计划的不圆满性，笔者认为其就构成了税法漏洞。

（二）税法漏洞填补的性质探析

1. 遵循税收法定范围内狭义税法解释的赓续

税法漏洞填补作为税法适用中寻找税法活动的第二个阶段，与作为税法适用中寻找税法活动第一个阶段的狭义税法解释，一同对税法的日臻完善发挥重要作用。通常，只有在各种狭义税法解释方法仍无法找到确定、完备或一致的税法依据时，才能认定税法漏洞的存在并予以填补。除非当狭义的税法解释或者其他途径解决税法的缺失和矛盾，明显不利于税法正义理念和税法公平原则的实现，此时税法漏洞填补才是完善税法的根本治理之道。所以，狭义的税法解释与税法漏洞填补是先后承接的税法适用活动，狭义税法解释在前，税法漏洞填补在后。

无论是以具有行政“造法”特性的税法裁量，还是具有法官“创造性适用税法”特性的税法续造等方法开展税法漏洞填补活动，都必须在税收法定原则范围内，在遵守税法基本秩序、精神和目的的基础上进行。一方面，我们应当正确理解税收法定的实质内涵，税收法定并不代表所有税收事宜都由全国人大及常委会制定，而是强调税收基本要素法定、税收要素确定和征税程序合法；另一方面，我们应当正确理解税法漏洞填补的实质内涵，税法漏洞填补并不意味着突破或违背税收法定原则，而是遵循税收法定主义、法律保留原则范围内填补税法的罅漏，而所谓税收要素确定本就是要求税法的规定必须尽量避免出现漏洞。税法解释有狭义与广义的区分，超越税法可能的文义的行为就已经属于税法漏洞填补，这不同于只能在税法文义范围内进行的狭义税法解释。因此，填补税法漏洞与落实税收法定是并行不悖的，税法漏洞填补就是遵循税收法定范围内狭义税法解释的赓续。

2. 非税法恣意扩张下税法发展的重要途径

税法的发展有两种途径：一是税收立法，即依据法定的税收立法程序增删修订既有的税法规定；二是适用税法之际税务机关和司法机关阐明税法疑义，补充税法漏洞，创造新的税法制度。[①] 因填补税法漏洞的权力主体不同，填补税法漏洞的效力就有所不同：第一，立法机关通过立法活动填补税法漏洞因具有立法效力，故对所有纳税人具有普遍的约束力；第二，税务机关通过造法活动填补税法漏洞则需要区分为两种情形，一种是税务机关通过制定规章、规范性文件填补税法漏洞，会对部分纳税人产生普遍的拘束力，另一种是税务机关在个案的自由裁量中填补税法漏洞，仅对特定纳税人产生个案的拘束力；第三，司法机关通过创造性适用税法的活动填补税法漏洞也区分为两种情形，一种是司法机关通过制定司法解释填补税法漏洞，将对部分纳税人产生普遍的拘束力，另一种是司法机关在个案的司法裁判中填补税法漏洞，仅对特定纳税人产生个案的拘束力。因此，税法裁量和税法续造的漏洞填补路径不能对税法进行恣意扩张，也不能自行创设不具备正当性的新的征税权限，[②] 更不能创设或加重本不应由纳税人负担的税赋。

当税法续造逾越了可能的文义范围边界，只有仍在整体税法秩序的基本原则范围内，才属于超越税法的法的续造。[③] 由于税法是具有剥夺私人财产权属性的公法，因此针对税法漏洞是否可为超越税法的法的续造性填补存在争议。笔者认为，如果这种超越税法的法的续造性填补是当出现新型重大交易事由之情形时，为税法与他法的衔接协调统一所进行的，而又并未创设或加重本不应由纳税人承担的税赋，进而真正地实现税收立法目的、落实税收法定原则和践行税收公平原则，在遵循法定的正当程序下，便可为此种超越税法的法的续造以填补税法漏洞。

二、税法漏洞填补的机理分析

填补税法漏洞需要厘清的重要问题之一是，税法漏洞填补的必要性、合理

---

① 王泽鉴：《民法学说与判例研究》，北京大学出版社 2015 年版，第 89 页。

② 汤洁茵：《税法续造与税收法定主义的实现机制》，《法学研究》2016 年第 5 期。

③ ［德］卡尔·拉伦茨：《法学方法论》，陈爱娥译，商务印书馆 2003 年版，第 246 页。

性及正当性。以德国税法巨擘 Tipke Lang 教授为首的绝大多数都认为，税法漏洞填补因其系贯彻经由立法慎重程序所表达出来的立法者意旨，故并未侵犯立法者的权限,① 也未违反权力分立原则。② 仅仅从税法立法目的和体系协调发展出发，就有税法漏洞填补的必要。

（一）促进课税公平，实现税收正义

依据实质平等原则，税法漏洞填补的主体在认定以及填补税法漏洞时，应当以漏洞的填补促进课税公平，实现税收正义为其具有必要性和合理性的价值标准之一。虽然在税法上是否允许进行漏洞填补以及应当为有利还是不利纳税人的漏洞填补不无争议，例如，对税法漏洞填补采“否定说”观点认为，按实质平等原则，税法在适用时无论是对纳税人有利还是不利事项的类推适用均应禁止。但是正如我国台湾地区学者陈清秀在“检讨否定说”时所言，税法漏洞填补，例如类推适用，乃是贯彻平等原则之表现，可以促进课税公平以及实现税收正义，故在一般行政法上，除行政处罚法外，概均肯认税法漏洞填补的合法性。③ 当然，在对税法漏洞填补持“肯定说”的观点中，还有部分学者主张不论有利或不利纳税人的漏洞填补，应均属法之所许，理由是为实现平等原则。④ 这里就涉及对税法上平等原则内涵的合理解读，税法上的平等原则并非仅是机械的形式平等，还内涵了促进课税公平、实现税收正义、保障纳税人权利的实质平等。因此，对待无论有利或不利于纳税人事项之类推适用均一律采取禁止税法漏洞填补的“否定说”观点有失偏颇，尤其是当税法漏洞填补将导向对纳税人基本权利保障有利的结果时，税法漏洞填补则应当为税法所允许，并将税法漏洞填补作为一个整体制度纳入税法有机体系的构造之中。

（二）保护信赖利益，避免重复课税

依法行政和依法课税原则非但不禁止一般的税法漏洞填补或类推适用，还均认为税法漏洞的填补使立法意旨更为贯彻，更能彰显议会民主精神。⑤ 尤其

① See Tipke Lang, Steuerrecht, 21. Aufl., 2013, § 5 Rz. 82.

② 葛克昌：《行政程序与纳税人基本权》，北京大学出版社2005年版，第122—123页。

③ 陈清秀：《税法总论》，元照出版有限公司2014年版，第166页。

④ See Tipke Lang, Steuerrecht, 20. Aufl., 2010, § 5 Tz. 59 ff.

⑤ 葛克昌：《行政程序与纳税人基本权》，北京大学出版社2005年版，第125页。

是当税法漏洞填补保护了纳税人的信赖利益，避免了纳税人被重复课税，维护了公平的市场竞争秩序时，允许税法漏洞填补将会极大提高税法的社会可接受性。因为当税法存在不确定、不完全、不一致的漏洞时，纳税人因认知的有限性难以精准识别和判定这些税法漏洞，就很可能导致纳税人基于“错误信赖”存在漏洞的税法表面文义和规则，实施不符合税收立法目的和精神的经济行为。与此同时，如果任由这些税法漏洞继续存在，同一纳税人被重复课税的概率也会大为提升，进而加重纳税人的税收负担，阻碍市场的公平竞争。通常认为保护纳税人信赖利益的方法是存续保护、损失补偿以及作出过渡性安排。[①] 当纳税人因“错误信赖”存在漏洞的税法而致使其利益遭受损害时，从根本上解决纳税人信赖利益的保护问题并非仅仅是损失补偿或是存续保护，而是由税法漏洞填补主体根据有利于纳税人的原则填补漏洞，减轻纳税人承受税制性重复课税、法律性重复征税之苦，恢复税法的圆满状态，这才是完善税法治理体系和实现税收治理能力现代化的长久之道。

（三）治理税收流失，维护国库利益

税法漏洞与税收流失和国库利益有着直接的关系，纳税人利用税法漏洞进行违反税收立法意旨和违反税法规定的避税会导致大量税源流失，国库收入受损，而严密完善的税法会堵塞税收流失和国库受损的制度性漏洞和实施性漏洞，[②] 确保国家取得税法制定时期待获得的税收利益。一方面，税收实体法存在漏洞会导致纳税人利用税法的制度性漏洞违背税法意图和规避税法规定的义务和禁止，导致潜在税源流失，国库收入受损；另一方面，税收程序法存在漏洞会导致税收征管环节纳税人利用税法的实施性漏洞偷逃税，同样会导致大量税收流失，国库利益受侵。例如，伴随全球数字经济的迅猛崛起，这种虚拟经济税收征管存在的诸多漏洞，使得国家税收严重流失。可以说，税法漏洞填补与税收流失治理和国库利益维护存在相关性，即当税法漏洞得到圆满填补，税收流失自然将得到有效治理，国库利益也将得以充分维护。虽然维护国库利益与保障纳税人权益看似是税法漏洞填补领域两大对立的机理，实则两者间应当各自存在的合法性和合理性使其并不矛盾。因为如果当纳税人存在不诚信避税

---

① 张富强、许健聪：《税收宏观调控中纳税人信赖利益之保护》，《法学杂志》2016 年第 9 期。

② 贾绍华：《中国税收流失问题研究》（第二版），中国财政经济出版社 2015 年版，第 62 页。

等脱法行为时，税法漏洞的填补主体在填补漏洞时自然需要维护国库利益；反之，当政府存在不合法争夺税收利益等行为时，税法漏洞的填补主体必须保障纳税人正当权益。

（四）消除体系违反，统一税法秩序

税法体系是根据税法规则的意旨上的关联，将税法系统化，以化解或避免其在逻辑上或价值判断上的矛盾。税法秩序的功能在于对构成税法规则的基础价值决定，在税法思想下予以正当化并加以统一，同时基于此尽可能化解价值判断的矛盾。所以，税法体系必须不存在相互抵牾的矛盾，一旦存在矛盾即构成税法秩序中的“体系违反”。当税法存在不一致的漏洞时，扰乱了税法秩序价值判断的一致性与伦理的一贯性，就是税法体系违反。① 税法体系违反在内部主要显现为税法体系内规范矛盾的碰撞漏洞和税法体系内价值矛盾的碰撞漏洞，在外部主要显现为税法体系外的竞合式体系漏洞和税法体系外的演变式体系漏洞。所有税法漏洞态样皆构成税法体系违反。而税法规范作为一个价值体系，其最根本的要求即是贯彻税法内在体系与外在体系上的无矛盾性要求。②因此，当税法体系内和体系外存在漏洞时，必须予以疏导和修复；只有这些税法漏洞得到圆满填补，才能消除税法体系违反，实现税法秩序的协调统一。与此同时，税法漏洞的填补规则与现行税法的既有规则之间，无论于税法内在体系还是外在体系均应当保持体系性，通过“体系思维”所进行的税法漏洞填补，才能将税法漏洞填补的整套规则顺利纳入税法体系当中。

三、税法漏洞填补的法治理念

税法漏洞填补存在不同位阶和不同层次的法治理念，当这些法治理念间产生矛盾冲突即复数价值发生竞合时，除了须就税案的具体情形加以权衡选择外，税收法定理念应作为税法漏洞填补须遵循的基本原则；人本主义理念应是调和税法漏洞填补法治理念冲突的根本原则，税收正义理念则是税法漏洞填补的最高原则，即税法漏洞填补主体应当在税收法定范围内，遵循“以纳税人为本”

---

① 陈清秀：《税法基础案例研习》，新学林出版有限公司2016年版，第26页。

② 黄茂荣：《法学方法与现代民法》，法律出版社2007年版，第394页、第443—444页。

的法治理念主线，以及秉持“税收正义”的评价标准，评判税法漏洞的立法填补和实践填补工作。

（一）税法漏洞填补的人本主义理念

税法漏洞填补秉承的人本主义理念要求在漏洞填补中，应恪守以纳税人为本位的税收实质法治理念，根据有利于纳税人权益保护的原则进行漏洞填补，不能创设或加重本不应由纳税人承担的税赋，并在切实保障纳税人基本权利与适度制约漏洞填补权力之间进行合理平衡，最终通过税法漏洞填补实现人的自由和全面发展。因为“取之于民、用之于民”是人本主义理念在税收领域的根本立场表达，这昭示了税法漏洞的填补主体在填补漏洞时应秉承的根本立场：有利于尊重和保障纳税人基本权利自由的补漏。进言之，国家应始终将纳税人置于税法漏洞的立法填补、行政填补和司法填补的核心地位，纳税人基本权利保障就是税法漏洞填补的人本主义理念的精神实质所在，也奠定了税法漏洞填补正当化和合理化的基石。[①] 因此，人本主义理念是税法漏洞填补正义性的评判标准。基于此，需要建立一整套既赋予税法漏洞填补主体的合法补漏权力，进而填补阻碍纳税人基本权利保障的税法漏洞，但又将税法漏洞填补权力约束在适度范围内的制度，并将税法漏洞填补的整套制度嵌入现行税法体系之中，使其作为维护税法功能和目标得以圆满实现及建成完整税法体系的保障性制度。

（二）税法漏洞填补的公平效率理念

税法漏洞填补的公平效率理念是相伴相生，可以相互契合、相互促进的。进言之，填补税法漏洞时在充分考虑纳税人这一前置因素下，应当将实质公平或结果公平作为税法漏洞填补的“导航仪”和“方向标”，在此基础上注重在社会公平正义、经济永续发展等层面税法漏洞填补应当彰显的社会效率和经济效率。而基于行政效率的考量，税法漏洞填补还应尽量降低公权者的填补成本与纳税人的服从成本，以及填补主体之间的协调成本。实质公平理念强调税法漏洞填补应当基于量能课税的平等原则，在承认纳税人的个人禀赋和纳税能力等方面存在实质差异前提下追求结果上的公平。[②] 此外，为不使效率的考量弱化社会公正，还必须将公平效率理念置于正义的框架内加以衡平，[③] 贯彻至税

---

① 张怡：《人本税法研究》，法律出版社2016年版，第32页、第48页。

② 李昌麒：《经济法学》（第三版），法律出版社2016年版。

③ 张怡：《衡平税法研究》，中国人民大学出版社2012年版，第3页。

法漏洞填补领域应内蕴着实质正义与技术正义。其中，税法漏洞填补的实质正义理念要求在填补税法漏洞需穿破经济形式与税法形式，而探求经济实质与税法实质；税法漏洞填补的技术正义理念，是指在填补方法选择、填补技术运用、填补结果实效上都应当经济、便利、高效。

（三）税法漏洞填补的协调发展理念

如果说实质公平是税法漏洞填补的“导航仪”和“方向标”，那么协调发展就是税法漏洞填补的“检测仪”和“整合器”。一方面，税法漏洞填补需要做是否促进了税收利益协调、税法体系协调、税法法际间协调发展、整体税法秩序协调发展、促进经济与社会协调发展的综合检测；另一方面，税法漏洞填补的法治理念必须与税法整体的法治理念整合，才能将其嵌入税法体系并与之形成无缝融合，避免在税法体系内部产生冲突。基于此，第一，填补税法漏洞应秉持税收利益协调发展的法治理念，最大限度地保障国家财政权、纳税人财产权和社会公共利益的协调发展；[①] 第二，填补税法漏洞需秉承税法体系协调发展的法治理念，保障税法体系内各部门法间实现协调发展，避免在税法体系内部产生利益矛盾冲突；第三，填补税法漏洞需秉承税法法际间协调发展的法治理念，保障税法与他法间达成协调发展，防止在税法体系外部产生利益矛盾冲突；第四，填补税法漏洞还需秉承整体法秩序协调发展的法治理念，促进整体税法秩序以及单一税法秩序与整体法秩序协调发展；第五，税法的最高目标是促进经济与社会的协调发展，税法漏洞填补应当在实现协调税法中各种利益冲突的基础上，通过完善的税法最终促进经济与社会的协调发展。

（四）税法漏洞填补的权力制约理念

税法漏洞填补的权力制约理念，要求税收立法者、税法实施者的漏洞填补权力各部分之间必须相互约束、相互监督、彼此牵制，又彼此平衡，进而充分保障纳税人基本权利。因此，税法漏洞填补是一整套以纳税人本位理念为制度建构出发点，以权力制约理念为实践运行保护网的制度。具体来说，税法漏洞填补的权力制约理念要求：第一，立法机关的税法漏洞填补权力应当有效制约税务机关和司法机关的漏洞填补权，要实现税法漏洞填补权力的准确定位和有效分工；第二，税务机关对税法漏洞的填补权力，除了要受到立法机关的漏洞

---

① 刘剑文：《收入分配改革与财税法制创新》，《中国法学》2011年第5期。

填补权力限制以外，还要受到司法机关终极性漏洞填补权力的限制；第三，司法机关的税法漏洞填补权力，除了要受到各种税法漏洞填补边界范围的限制以外，还要受到普遍填补效力的合法性论证约束，[①] 其不具有立法机关那样的对税法漏洞填补的普遍权力。同时，税法漏洞填补程序的启动不仅应具有正当理由，还须符合展开税法漏洞填补活动的必备要件，并将权力制约理念的实现扩张至保障纳税人的漏洞填补参与权等民主性权利。如此，一方面，可以实现税法漏洞填补权力制约途径的多元化、合理化；另一方面，税法漏洞填补作为纳税人权利的底线性保障活动，理应让纳税人参与其中进而拥有行使基本权利保障的权力。

四、税法漏洞填补的界限范围

民主宪政要求税法漏洞填补权力应有适度限制，因为税法漏洞填补是税务机关和司法机关自由裁量权的重要体现，所以税法漏洞填补的性质决定了它并非是不受任何拘束的恣意填补，而只能在一定的边界范围内进行。[②]

（一）税法漏洞填补的合法性界限：法律保留原则的限制

作为税法漏洞填补合法性界限的法律保留原则（Vorbehalt des Gesetzes），在新时代法治中国的实质应当是纳税人基本权利保留，涵盖规范公正税收立法程序、限制恣意授权立法的合法性拘束，不能逾越创设或扩张税收构成要件（税收主体、税收客体、客体的归属、税基、税率等）[③] 的合法性边界。法律保留原则的理论依据为民主与法治国原理。[④] 按照民主与法治国原理，凡税法领域涉及剥夺私人财产权的重大决断，尤其是针对纳税人基本权利保障的重要普遍规则，应由纳税人选出的具有直接民主正当性的全国人民代表大会及其常委会决议。因此，将特定税收事务“保留”于税收立法者，税种的开征、税目的确定、税率的调整、税收优惠的制定等税法的初创及修改只能依据法律以内容具体、范围明确的授权始得为之。而税法漏洞填补的合法性界限也随时代有所

① 俞敏：《税收规避法律规制研究》，复旦大学出版社 2012 年版，第 74—76 页。
② 袁明圣：《法律漏洞填补的边界》，《江西财经大学学报》2002 年第 4 期。
③ 陈清秀：《税法总论》，元照出版有限公司 2014 年版，第 167 页。
④ 葛克昌：《行政程序与纳税人基本权》，北京大学出版社 2005 年版，第 121 页。

变迁，在“法律”的范围上从税收立法的法律保留逐渐发展到税收行政的法律保留，即仅针对创设或扩张税收构成要件的法律保留事项，税务机关和司法机关在填补税法漏洞时不可涉及，而针对税法应当规定而没有规定的漏洞且又不属于法律保留的事项，税务机关和司法机关对该漏洞填补后，一旦有了税法规定，则必须立即对税法漏洞的行政填补和司法填补规定予以废、立、改，进而求得与税法的一致。①

（二）税法漏洞填补的合法性界限：法安定性原则的限制

税法安定性的内涵为税收法律关系及税法文字权利义务规定的安定性。一方面，填补税法漏洞要以维护税收法律关系的“稳定性”与“持续性”为合法性界限；另一方面，税法文字权利义务规定的安定性强调填补税法漏洞还要以保证税法构成要件、税法效果的“明确性”为合法性界限。② 基于法安定性原则，避免纳税人遭受不可预测的侵害，税法漏洞填补的合法性界限也即不宜进行税法漏洞填补的事项主要包括如下两个方面：其一，有关科以纳税人义务负担的课税构成要件的重要特征；其二，与纳税人的宪法基本权利的实现有关的重要事项。③ 此外，税法漏洞不经立法填补的合法性问题也需要厘清。对此，德国联邦财务法院亦有判决认为，在不涉及创设新的课税要件或扩张既存的课税要件的情形下，税法漏洞填补的合法性毫无疑问；④ 德国税法学者 Englisch 教授甚至主张符合体系正义以及方法论的税法续造以及税法漏洞填补，才能真正创设法的安定性与规律的安定性。⑤ 笔者认为，税法安定性保障的内涵中还含有税法的确定性保障之意，当税法存在漏洞时其确定性必然受阻。所以税务机关和司法机关只要不越界创设或修改本属于立法填补界限范围内的事项，税法漏洞的有效填补反而能够增进税法的确定性和稳定性，因而作为公法的税法漏洞填补的合法性是充分的。因此，法安定性原则既能稳固和增强税法漏洞填补应当存在的合法性基础，也能确定和划分税法漏洞填补应当恪守的合法性界限。

---

① 黄学贤：《行政法中的法律保留原则研究》，《中国法学》2004年第5期。

② 胡建淼：《论公法原则》，浙江大学出版社2005年版，第788页。

③ 陈清秀：《税法总论》，元照出版有限公司2014年版，第167页。

④ See BFH – Urteil vom 17. 5. 2006（X R 43/03）BStBL. 2006 Ⅱ S. 868. Kruse/Druen in Tipke/Kruse, AO, § 4 Tz. 360 ff. , 364.

⑤ See Tipke Lang, Steuerrecht, 21. Aufl. , 2013, § 5 Rz. 83.

（三）税法漏洞填补的合理性界限：禁止创设或加重纳税人负担

根据课税平等原则及其具体化的量能课税原则要求，税法漏洞填补的合理性界限包括如下两层：一是禁止创设本不应由纳税人负担的税赋；二是禁止加重本不应由纳税人负担的税赋。按照课税平等原则的要求，相同情况，相同税收。所以，本不应由纳税人负担的税赋当然属于税法漏洞填补不能僭越的范围。同时，依据量能课税原则的要求，纳税能力强者多纳税，纳税能力弱者少纳税。所以，税法漏洞填补也以不能增加本不应由纳税人承担的不合理税赋。当然，这必须与本属于纳税人应当承担的税赋，而纳税人利用税法漏洞实施违法避税行为相区别。此外，与私法领域填补漏洞的广泛性不同，作为公法的税法漏洞填补范围虽应受到一定的限制，特别是应受到法治原则等公法基本原则的限制，但这并非不能进行税法漏洞填补。税收法定原则并不禁止一般的漏洞填补，利国利民的税法漏洞填补更不应当被禁止。如前所述，税法漏洞填补秉持有利于纳税人权益原则进行，这就包括尚未法定化但值得税法保护的纳税人合理权益。例如，税法虽未明文规定保障纳税人的诚实推定权，但以普通纳税人均对税法合理信赖为标准而信赖税法条文文义的界限时，这种情形下如果税法存在漏洞则不得为不利于纳税人的漏洞填补。同时，关系到纳税人基本权利的课税要素等重要内容不能进行不利于纳税人的税法漏洞填补。总的来说，一方面，设置税法漏洞填补的界限范围，限制所有税法漏洞填补主体因其个别偏好恣意填补税法漏洞，此乃“限权”；另一方面，要求税法漏洞填补主体在面对诚实纳税人时应做有利于纳税人权益保障的漏洞填补，此乃“护权”。

五、税法漏洞填补的总体规则

税法漏洞填补既是“整体系统化的工程”，也是“微观精细化的建构”。面对大量存在和复杂多变的税法漏洞，一方面，需要赋予税法漏洞填补主体一定的漏洞填补自由裁量权，以动态地因应社会经济高速变迁中的漏洞类型；另一方面，较大的自由裁量权也决定了税法漏洞填补必须遵循既定的规则和程序，避免招致税法安定性受损等风险。

（一）原则上穷尽所有狭义的税法解释方法

狭义的税法解释仅仅是税法规则的一种表述对另一种表达的替代，而税法漏洞原则上应是狭义税法解释的穷尽之处，是难以通过对税法条文的解释以另一语言表述予以弥合的。[①] 也就是说，税法政策或者税收立法技术的欠缺，例如税法措辞上存在不影响理解其含义的欠缺，如果可以用另一种表达予以替代，或者也仍然能够尽其税法规范上的功能，给争议的经济与社会生活类型提供答案，那么这种情形被认为是不属于真正意义上的税法漏洞。反之，原则上在穷尽了所有狭义的税法解释方法之后也没有寻找到税法适用的大前提（抽象税收构成要件），税法的欠缺对某项经济与社会生活事实类型没有提供适当的答案，或者税法规范之间存在影响税法应有功能的矛盾，才能进行税法漏洞填补。不过，对于税法概念、规则及体系是否存在缺陷不能简单地望文生义，而必须探求其精神实质加以判断。[②] 例外情形是，通过狭义的税法解释提供的答案具有明显不公平、不合理的税法漏洞，此时对已经存在的税法漏洞只有将其填补才更有利于保障纳税人基本权利、统一整体税法秩序以及实现税法正义理念。此外，关于何时存在税法漏洞的认定可能需要借助狭义的税法解释方法加以判断。例如，在不构成税法漏洞的税收立法者有意对某经济与社会生活事实关系保持沉默的情形中，关于税收立法者是否“有意为之”的探明就可能需要运用历史解释方法。又如，税务机关和司法机关在具体的税案中可能需要借助目的解释方法，进一步判明税法漏洞认定的构成要件之一即是否违反税收立法目的。

（二）税法漏洞填补应当符合税法的立法目的

税法漏洞填补多属于自由裁量权的行使，所以漏洞填补权必须借助严格的程序和条件加以规范，以一定程度地增强这种自由裁量权行使的确定性。在判断是否构成税法漏洞方面，税法实施者负有论证义务，应当根据识别漏洞的程序和规则进行判断。在填补税法漏洞方面，税法实施者应当符合税法的立法目的和规范意旨，不能违背税收法定原则、税法公平原则及税法效率原则。缘于税法的立法目的探求具有较强的主观性，所以这一规则的关键就是税法实施者应当如何较为准确地探求及判断税法的立法目的。对此，税法实施者应当努力发现税收立法者针对新的经济与社会生活事实表达的意思，根据税收立法者的

---

① ［美］安德雷·马默主编：《法律与解释》，张卓明等译，法律出版社2006年版，第84页。

② 孔祥俊：《法律方法论——裁判模式、自由裁量与漏洞填补》（第3卷），人民法院出版社2006年版，第1429—1431页。

规则、原则和精神，有时还需斟酌税法制定的历史经过、税法体系的观点以及税法解释的辅助观点，[①] 努力将税收立法者的意思与经济社会新的现实需要相结合，促进税法意旨的圆满实现，最终使圆满的税法能够促进经济与社会的协调发展。有学者将保护税法法益概括为税法的立法目的，而税法法益具体的内容价值可以表现为保障纳税人权利和保障国家税收收入。[②] 但从税制原理上看，每一税种在设计之初都可能存在多元化的立法目的。所以不同税种的立法目的以及其位序需要在税法适用实践中，由税法实施者予以具体判明。在此过程中，还可以借助一些司法工具探求税法立法目的，如美国就将经济实质原则作为判断税法立法目的的司法工具之一。[③] 无论如何，这都要求税法实施人员必须具备较高的法律素养、专业的税收知识和较强的业务水平。

（三）税法漏洞填补应当遵循既定的时空顺序

税法漏洞填补主体除应在确定的界限范围内有限度地行使漏洞填补权外，还应按照既定的规则、遵循特定的程序以及既定的时空顺序填补税法漏洞。而选取最恰当的、成本最小化的方式填补税法漏洞是该时空顺序设置的主要因素。具体来看，税法漏洞填补的各类方法大致可以分为两大类：一类为税法体系内的漏洞填补，主要包括税务契约、类推适用、目的性限缩、目的性扩张、税法拟制等；另一类为税法体系外的漏洞填补，主要是税法续造。就空间上来看，填补税法漏洞时，第一步应从税法体系内部寻找漏洞填补方法。税法体系内部的填补方法主要适用于当通过类推适用、目的性扩张、目的性限缩等方式足以填补税法规范之间、税法价值之间的碰撞漏洞时，税法漏洞填补主体应在税法体系内部探寻恰当的填补路径，而避免采用税法续造等外部填补方式。就时间上来看，事前规避税法漏洞首先考虑适用于更具合意性的由征纳双方当事人采取的税务契约方式；事中补充税法漏洞主要适用于税务机关采取的税法裁量方式；事后填补税法漏洞则主要适用于司法机关采取的税法续造方式。将不同时点的税法漏洞对应于更合时宜的税法漏洞填补方法，具有更强的针对性、更高的实效性以及投入更低的运行成本。最后，由于税法基本原则过于

---

① 翁岳生：《行政法（上）》，中国法制出版社2009年版，第224页。

② 毕金平：《论财税法法益的层级类型》，《学术界》2015年第7期。

③ Marvin A. Chirelstein, Learned Hand's Contribution to the Law of Tax Avoidance, The Yale Law Journal, Vol. 77, No. 3 (Jan., 1968), pp. 440—474.

抽象、包容性较广，因此依税法基本原则填补税法漏洞更适合成为税法体系内部最后一类的补漏路径，[①] 当然其也可以作为税法漏洞填补效果的体系性评价标准。

（四）税法漏洞填补应当寻找具体可供适用的规则

税法漏洞填补作为一套整体的规则体系，其中既要研究如何赋予司法机关填补漏洞的权力，进而制衡税务机关的漏洞填补权；也要探讨如何对司法机关填补漏洞的权力进行规范和限制，进而避免司法机关滥用权力。因此，税务机关和司法机关在填补税法漏洞时应当分别秉持行政克制原则和司法克制原则，在充分权衡公益与私益、客观需要与纳税人可接受性以后，对税法漏洞实施圆满性填补活动。在填补税法漏洞中，应当受到的限制主要包括如下方面：第一，税法实施者应当努力发现裁量和审判税案的具体规则，而不能运用抽象的税法原则径直填补漏洞。在新型交易无法涵摄于现行税法规则下而填补漏洞时，税务机关和司法机关应尽力寻找税法规则，或者辗转适用经济上具有相同属性的交易形式的课税规则。[②] 如依托事实拟制、类推适用等方式得出个案审判规则。在具体税法规则“缺位”或“错位”的情形下，应当将抽象税法原则转化为具体税法规则进行漏洞填补，以保障税法漏洞的填补不脱离税法意旨。第二，通过拟制或类推等漏洞填补方式探寻到的应当是具体可供适用的税法规则，其能够直接与待决税案的小前提事实要素相对接，同时税法漏洞填补活动应当涵盖充分的漏洞认定过程和审慎的漏洞认定结论，并且税法漏洞填补主体对其所选取的各种税法漏洞填补方法应当负有论证义务。第三，税法内在体系或外在体系间彼此抵牾或者互相冲突时，税法实施者不能通过漏洞填补的方式恣意修弃税收立法者制定的税法规则。由于特别法属性下税法调控要素的易变性等多层原因，导致税收立法中难免出现各种税法漏洞，税务机关和司法机关可以依据法定程序和规则填补漏洞，但在漏洞填补过程中，税法实施者无权宣告由税收立法者制定的税法规则无效。[③]

---

① 王利明：《法律解释学导论——以民法为视角》（第二版），法律出版社2017年版，第584页。

② 汤洁茵：《税法续造与税收法定主义的实现机制》，《法学研究》2016年第5期。

③ 王利明：《法律解释学导论——以民法为视角》（第二版），法律出版社2017年版，第582—584页。

税率确定和调整之法治：规范解读与再造*

黄家强**

目　次

一、税率双重属性下的法治逻辑

（一）税率作为课税要素的法定规制

课税要件或税收构成要件理论在税法上至关重要，其具有“税收法定”“法益保障”和“税际识别”的功能，① 内容上表现为多种税收要素类型。学界通常从基本类型和具体类型两个方面来界定税收要素范围，如有学者提出的税收的定量构成要件和定性构成要件的基本类型区分。② 大多数学者从税收要素的具体类型出发，主要涉及税收主体、客体、客体归属、税基、税率等。③ 可见，税率是课税要件的具体要素类型之一，是为计算税额对课税标准所适用的

---

* 本文系国家社科基金一般项目“央地财政权责配置中政府与市场互动机制研究”（17BFX103）的研究成果。

** 中南财经政法大学法学院博士研究生。

① 叶金育：《税收构成要件理论的反思与再造》，《法学研究》2018 年第 6 期。

② 叶金育：《税收构成要件理论的反思与再造》，《法学研究》2018 年第 6 期。

③ 陈清秀：《税法总论》，元照出版有限公司 2016 年版，第 306—317 页。

比例,[①] 其呈现的数值大小与设计的具体形式事关征税的深度与向度。

从税收的定性构成要件与定量构成要件二元类型来看，税率属于定量构成要件，比例或税额的数值大小将直接决定纳税人应当交纳税款的多少，在保障纳税人权利的价值立场下，最先需要规训与税率确定和调整相关的权力。按照税收法定原则的课税要素法定要义，“有关课税团体、纳税义务者、课税物品、课税标准、课税物品的归属、税率等租税要件”属于国会立法保留事项,[②] 不容行政机关越权加以规定。税率作为税收制度的核心要素，理应纳入法治化逻辑，税率法定是践行税收法定的必然要求。

2015年《立法法》修订中，第八条第（六）项税收法定条款是否应当加入税率法定内容，经历了一番波折，但好在经过一番努力,[③] 最后将“税率的确定”与“税种的设立、税收征收管理等税收基本制度”列为法律保留事项，单列一项并将位置提前。尽管未能完全采用《立法法（二审稿)》中“税种、纳税人、征税对象、计税依据、税率和税收征收管理等税收基本制度只能制定法律”的精确表达方式，但税收法定的专项规定和税率法定的“重新回归”，无疑彰显了新时代财税法治和财税民主的精神要义。[④]

社会各界之所以对税率法定如此重视，其一大缘由就在于原有《立法法》规定的法律保留事项中，将税收与基本经济制度以及财政、金融、海关、外贸等基本制度放在一起，只作笼统规定；同时，又规定全国人大及其常委会有权授权国务院根据实际需要对部分事项先制定行政法规，由此造成税收基本制度的基本含义和具体内容不甚明晰，授权过于笼统抽象，税收法定在我国一直难有进展。税率调整被视为税收政策转变的最便捷方式，也是滥用最为严重、最为民众诟病的一个方面。由于税率调整权限掌握在国务院、财税部门甚至地方政府手中,[⑤] 税

① ［日］金子宏：《日本税法》，战宪斌、郑林根等译，法律出版社2004年版，第135页。

② ［日］北野弘久：《税法学原论》，陈刚、杨建广等译，中国检察出版社2001年版，第64—65页。

③ “税率法定”的相关历程可参见冯禹丁：《立法法“税收法定”修订逆转背后》，《法治与社会》2015年第5期。

④ 刘剑文、耿颖：《税率法定：真实的治理体验》，《中国税务报》2015年5月6日。

⑤ 以证券交易印花税为例，历史上决定证券交易印花税税率的主体包括地方政府（1990年、1991年)、国家税务总局与国家体改委（1992年)、国务院（1997年、1998年和1999年)，2001年以后的历次调整为财政部（经国务院批准）决定，2018年公布的《中华人民共和国印花税法（征求意见稿)》第十八条又规定由国务院决定证券交易印花税的纳税人或者税率调整，并报全国人大常委会备案。参见袁明圣：《疯狂股市、印花税与政府法治——证券交易印花税调整的法理思考》，《法学》2008年第8期。

率调整的启动条件、实施过程与尺度大小常常失于合法性与合理性，而且税率调整的发生频率与相应税种的功能定位及税制改革背景切实相关，一旦经济环境发生变化，政府出于“市场管理者”的身份定位就会采取调整税率的方式来进行行政干预。近年来，我国频频发生税率突袭调整、屡次调整或恣意调整等税收政令更改事件。2007 年 5 月 30 日深夜，财政部一声令下将证券交易印花税税率从 1‰上调至 3‰，无独有偶，2014 年 11 月至 2015 年 1 月，财政部、国家税务总局又在短短两个月内接连 3 次上调成品油消费税。[①] 这两起典型税率调整事件，引发了公众对于政府“借调整税率之名，行改变税收之实”的担忧，[②] 税率的爬升直接增加了纳税人的税痛指数，其确定必须纳入法治轨道，以杜绝财税权力机关基于国库利益考虑而失于滥权、越权。

（二）税率作为政策因子的灵活自主

更高层次上，税率形式的内部多样性和外部关联性，使其并非一个简单统一的比例或定额数字，亦不能从狭义的税收法定主义理解。

首先，在税率的内部多样性上，各国税法上税率的表现形式具有多样性，不同税种采用的税率类型也千差万别。立足我国，现行 18 个主体税种所采用的税率各有不同，有的税种如烟叶税执行单一比例税率，计算征缴比较简单；有的税种如企业所得税、消费税、增值税、房产税、船舶吨税等，基于主体、客体、行业、地区以及多种因素实行差别比例税率，以实现差别征收，其中如城市建设维护税、契税等执行地区差别比例税率，以根据应税产品或具体地区的实际状况，在法定幅度内确定具体税率，是一种幅度税率形式；有的税种实行定额税率，这既有单一固定的，如印花税中的权利、许可证照税目，也有基于客体或地区差异化的差别（幅度）定额，如车船税、环境保护税中的大气污染物和水污染物税目等；还有的税种为体现量能课税，实行超额累进税率，以彰显“低收入者少缴或不缴税、高收入者多缴税”的税收公平理念，主要为个人所得税中的综合所得与经营所得，环境保护税中的噪声税目亦是如此；另外还有土地增值税执行超率累进税率。总体来看，我国现行各税种中主要有单一税

---

① 参见《财政部、国家税务总局关于提高成品油消费税的通知》（财税〔2014〕94 号）、《财政部、国家税务总局关于进一步提高成品油消费税的通知》（财税〔2014〕106 号）、《财政部、国家税务总局关于继续提高成品油消费税的通知》（财税〔2015〕11 号）。

② 许多奇：《税收法定原则中“税率法定”的法治价值》，《社会科学辑刊》2015 年第 4 期。

率与复合税率，比例税率、定额税率与累进税率的运用，既有基于简易征收与量能课税的效率和公平考量，也有出于应税客体特性的技术判断，还有出于地方因地制宜的自主赋权等。

其次，在税率的外部关联性上，一些税种立法中明确行政机关具有税率调整权，税率与税种关联社会环境关系密切。例如，《增值税暂行条例》中明确规定其税率调整由国务院决定；一些税种采用幅度税率形式，还需要由地方根据本地实际确定具体税率，如环境保护税中的应税大气污染物和水污染物只是在税法中明确一个幅度税额标准，将具体税额的确定和调整权赋予给了地方；另外一些“税目型税种”① 或实行差别税率的税种的税率适用还需要依赖对应税事实的判断归入，例如消费税实行基于不同类型应税消费品的差别比例税率，需要运用解释性规则来阐释消费税的税目及其子税目内涵，以此与应税事实对照后适用税率。② 在此意义上，税率并非一个长期保持安定的静态物，而是会根据社会环境形势的变化而作调整；它并非完全由议会和中央确定，也包含了行政和地方的参与；它并非一个完全简易独立的计量单位，而是征收要素与计量要素相互交错的空间，也是计量要素连接征收要素的重要通道。③ 这些特质都决定了不能够再陷入传统税收法定理论的悖论中，特别是立足于我国税收立法中央集权制和行政主导格局下，应当结合本土实际，在实现税率法定的基础上逐步迈向更高层次的税收法治。

综上，一项税种的税率设计的形式与内容直接关乎政府税收治理的基本策略，关系议会与行政、中央与地方之间纵横职权分工与关系协调，以及纳税人应纳税额的规模计算。“税收法定原则并非一个僵化的理论，其实质内核稳定不变，但其具体内容则根据实践不断变化”，④ 作为课税要素之一的税率也应在不变的规范价值导向与变化的社会实践之间取得平衡，问题是如何平衡好税率法定的安定性与税率调整的灵活性之间的关系？既要以税率法定为圭臬，也要确立税率的相机调整机制，关键是如何在法治语境下协调好税率确定的国会保留

---

① 所谓“税目型”税种，是指将课征对象类型化，形成税目，并对税目中不同类型的课征对象实行不同的税率设计。在我国这类税种主要有消费税、车船税、印花税、环境保护税、车辆购置税、资源税、船舶吨税。

② 叶姗：《消费税法的解释与解释性规则》，《社会科学辑刊》2019年第1期。

③ 严锡忠：《税法哲学》，立信会计出版社2015年版，第57页。

④ 邢会强：《论税收动态法定原则》，《税务研究》2008年第8期。

与行政调整之间的职能分工？此外，税率是发挥税收工具价值的重要一环，在整个国家税收治理进程中亦发挥着重要作用，其确定与调整的权力配置与实施也要促成权威体制与有效治理的融合，[①] 针对一些具有调控治理功能的税种，如何设计合理的税率结构并配置权力，兼顾到税制的中央统一与地方自主的需要？上述问题恰是我国当前在落实税收法定进程中，根据各税种功能定位的不同进行税率要素设计以及相应税权配置必须纾解的主要争点，一个基本立足点是税收法定原则这一理论舶来品，必须立足于我国税收立法的实然体制拘束，既要恪守税收法定的固有价值内涵，也要顾及税收法定的现实价值外延。

二、税率确定和调整权力运行的观察解析

（一）文本观察：税率确定和调整的税种差异

依据各主体税种落实税收法定的进度不一，各自税率确定与调整的运行样态也不全然相同。[②] 以下从我国现行主体税种法律（包括征求意见稿）或行政法规等税法文本出发，梳理各自税率确定和调整的规范样态，为后文展开论述提供先期观察结论。

首先，在已落实税收法定的税种立法中，有的税种如烟叶税，由于自确立以来，一直保持20%的固定比例税率，税制比较稳定，在平稳实现条例升格为法律的过程中，并未规定税率调整的相关事项。有的税种如车辆购置税，在原有《暂行条例》中明确了其征收范围、税率的调整由国务院决定并公布，在立法之后虽然税率保持不变，但删除了税率调整权实施的相关规定。[③] 有的税种如个人所得税、企业所得税，由于属于直接税，覆盖面广且纳税人税痛感十分强烈，因而也并未规定税率调整事项，其税率调整往往在修法过程中进行，如2018年《个人所得税法》的修改中，就对税率结构进行了针对性调整，将个税征收方式调整为“全员全额申报、年度汇算清缴”，并优化调整部分税率的级

---

① 周雪光：《权威体制与有效治理：当代中国国家治理的制度逻辑》，《开放时代》2011年第10期。

② 本部分基于落实税收法定进度的类型划分，时间标准是以十八届三中全会提出落实税收法定原则为起点，以研究当时（2019年上半年）为结点，该期间我国贯彻落实税收法定的阶段性成果，以相关税法的正式文本或公开征求意见版本为研究对象。

③ 《车辆购置税暂行条例》第三条、第五条，《车辆购置税法》第四条。

距。[①] 还有的税种如环境保护税、耕地占用税，通过税法规定幅度比例税率或定额税率的方式，为地方根据本地区实际情况行使税率的自主确定和调整权设定幅度标准，同时，构建“省级政府提出—地方同级人大常委会决定—全国人大常委会和国务院双备案”的完整程序机制，完成了税率的中央法定与地方自主的巧妙融合。以环境保护税为例，针对各地区环境承载能力、污染物排放现状和经济社会生态发展目标要求不尽相同，有必要利用环境保护税法中规定的地方自主决策空间因地制宜地调节征税力度，从而实现局部环境善治的整体累积效应。[②] 其中大气污染和水污染的具体税额确定和调整便为地方自主决策事项，除此以外，环保标准设定、税收优惠制定以及应税污染物项目数增加等也包括在内。

比较特殊的是车船税，早在十八届三中全会提出落实税收法定原则之前，车船税是以基本法律的形式呈现的三个税种之一。[③] 但由于彼时税收法定原则尚未被政治接纳，尽管以税种法律的形式出现，其中不乏违背税收法定意旨的规定，税率条款便是之一。其规定，对应税车辆和船舶实行幅度定额税率，应税车辆的具体适用税额由省级政府在税额幅度和国务院规定范围内确定，应税船舶的具体适用税额则由国务院在税额幅度范围内确定。同时，2019年修订通过的《车船税法实施条例》加入了省级政府确定应税车辆具体适用税额应当报国务院备案的规定。[④] 与落实税收法定原则提出之后所确立的环境保护税法以及修改后的耕地占用税法相比较，虽然同样采用幅度税率的形式，但不仅实施主体倾向行政机关，而且缺乏向全国人大常委会备案的要求，从而完全切断了税率确定事项与人大的联系。因此，现行《车船税法》制定实施于贯彻落实税收法定任务之前，税收法定的精神要义尚未完全融入，这使得作为其配套规则的《实施条例》只能在其基础上增加备案程序的规定，对此异常情形只能寄希望于《车船税法》的后续修订，同环境保护税和耕地占用税保持一致。

---

① 刘剑文、胡翔:《〈个人所得税法〉修改的变迁评介与当代进路》,《法学》2018年第9期。

② 侯卓、黄家强:《财政自主与环境善治：环境税法实施中的法域协调》,《中国人口·资源与环境》2019年第2期。

③ 我国现行车船税法于2011年制定通过，可以称得上是落实税收法定原则的“试验产品”，另外两个税种为个人所得税和企业所得税，分别早在1993年和2007年就已制定，此外，还包括一部《税收征收管理法》。

④ 《车船税法》第二条、《车船税法实施条例》第三条的相关规定。

其次，在落实税收法定显现雏形的税种立法中，一如资源税，在已公布的《资源税法（征求意见稿）》中依据资源矿产品的类型不同，设置了固定税率与幅度税率，其确定与调整具体路径有三：（1）对主要由中央企业开采的油气资源以及我国储量较大的稀土、钨、钼等重要战略资源，由财政部、税务总局统一确定固定税率；（2）对其他税目由财政部、税务总局规定幅度税率，并由省级人民政府在规定的税率幅度内确定具体适用税率，或提出适用税率建议报财政部、税务总局批准；（3）对新探明的矿产品，由国务院提出税目、税率建议，报全国人民代表大会常务委员会决定。[①] 二如印花税，《印花税法（征求意见稿）》第十八条针对证券交易印花税纳税人和税率调整问题进行了专门规定，[②] 设置该条款的目的为"灵活主动、便于相机调控，更好适应实际需要"，[③] 此条款明确授权国务院可依法调整证券交易印花税的纳税主体与税率，它是为整治证券交易印花税历史上曾备受诟病的税率调整乱象而作出的立法性回应。尽管有学者对证券交易行为征收作为"凭证税"的印花税的合法性提出质疑，进而认为财税部门调整证券交易印花税税率的目的合法性也值得商榷，[④] 但现实中证券交易印花税作为政府调控股市的重要手段不容置喙，税率则是证券交易印花税运行和发生作用的要件之一，[⑤] 通过调整证券交易印花税实现股市调控的设想难称完全失于理性，关键在于此项权力必须有法定授权且得到合法行使。因而，《印花税（征求意见稿）》在肯认政府运用调整税率方法履行股市调控职权的基础上，在税法中明确规定了授权主体（国务院）、授权事项（证券交易印花税的纳税人、税率调整），暂且不论以变动税率的方式能否达到政府预设的调控目标，仅从立法技术上，该条款的增设由于遵从了税收法定主义与明确授权原则，便不失为一大进步。

最后，在尚在落实税收法定路上的税种立法当中，如增值税，经过营改增的试点、扩围到全面实施的数年改革历程，2017 年 10 月 30 日，国务院常务会

---

① 《关于〈中华人民共和国资源税法（征求意见稿）〉的说明》。

② 《印花税法（征求意见稿）》第十八条："证券交易印花税的纳税人或者税率调整，由国务院决定，并报全国人民代表大会常务委员会备案。"

③ 《关于〈中华人民共和国印花税法（征求意见稿）〉的说明》。

④ 袁明圣：《疯狂股市、印花税与政府法治——证券交易印花税调整的法理思考》，《法学》2008 年第 8 期。

⑤ 叶金育：《证券交易印花税的规范审查与实施评估——以税法建制原则为分析工具》，《证券法苑》2015 年第 2 期。

议通过了两个税种暂行条例的废止和修改的决定，标志着我国实施60多年的营业税正式退出历史舞台。全面营改增后的增值税，目前只完成了税制转型改革事项，税制优化改革与落实税收法定任务尚且处于同步推进阶段，尚未有向社会公开的增值税法草案或征求意见稿。增值税改革恰逢我国实施结构性与普惠性减税的政策背景，增值税税率结构与数字的改变构成了政府调整市场主体负担轻重的主要方式之一，[①] 而基于减税降负的政治动因，全面营改增完成后的增值税以简并和降低税率为改革据点，其具体推进历程为：（1）2017年财政部、国家税务总局发文明确自当年的7月1日起简并增值税税率结构，取消13%的增值税税率，确立起17%的标准税率以及两档低税率11%、6%的税率结构，并在数月后修订的《增值税暂行条例》中得以立法体现；[②]（2）2018年4月4日财税部门联合发文，将原适用17%和11%税率的，分别调整至16%和10%；[③]（3）2019年财政部、国家税务总局、海关总署又将其调整至13%和9%。[④] 由此可见，尽管此轮增值税税率调整有降低以为减税作事由正当性支持，但在权力行使规范性方面却有违合法行政原则。由于行政法规明确由国务院行使税收调整权，但实际操作中仍是由财税部门具体行使税率调整权，国务院的决定权纵然得到实质实施，但未能得以形式体现。存在这一现象的还有消费税，《消费税暂行条例》规定“消费税税目、税率的调整，由国务院决定”，[⑤] 但在实践运作中，屡屡发生税率调整权的实质转授权现象，例如前文提到的成品油消费税三次调整事件。

（二）问题拨疏：税率确定和调整的现实困境

基于上述税法文本观察，我国在落实税收法定原则的过程中关于税率确定和调整的立法规范与权力运行存在一定的问题：

1. 立法规范的不一致性

现行《立法法》第八条第（六）项规定的“税率的确定”属于法律保留事项，然而该税率要素法定条款存在一定程度的模糊性，“税率的确定”是否包

---

① 张守文：《市场主体负担“轻重”的法律调整》，《法学评论》2019年第2期。

② 《财政部、国家税务总局关于简并增值税税率有关政策的通知》（财税〔2017〕37号）、《增值税暂行条例》第二条规定。

③ 《财政部、税务总局关于调整增值税税率的通知》（财税〔2018〕32号）。

④ 《财政部、税务总局、海关总署关于深化增值税改革有关政策的公告》（2019年第39号公告）。

⑤ 《消费税暂行条例》第二条。

括“税率的调整”并不明确，以至于各税种立法中关于是否设立税率调整条款的做法也不尽一致。特别是由于我国正处于税制变革和税收法定双重转型期，因而使得各税种关于税率的规范样态呈现多元化，没有进行统一性的立法设计。

首先，一些税种立法中并无设立税率调整条款或在落实税收法定中予以了删除，例如烟叶税、车辆购置税的税制稳定性以及所得税的直接税属性，使得税率的平常调整并无需要，但并不意味着税率完全不调整，而是将税率的确定权与调整权合一，在税法修订时对税率调整的必要性加以斟酌。烟叶税、车辆购置税在条例升格为法律的过程中税率保持不变，这部分不涉及改革的税种为保持税制的平稳过渡，自然在税收法定过程中并未调整税率。而新修订的《个人所得税法》中税率的变化较大的一个原因在于税制改革的需要，其余历次个税法修订过程中触及税率调整的还有 2011 年，除此以外，并无国务院或财税部门发文调整个税税率。比较特别的是个税当中的储蓄存款利息所得征税，1999 年《个人所得税法》修订时规定，“对储蓄存款利息所得征收个人所得税的开征时间和征收办法由国务院规定”；2007 年国务院修改《对储蓄存款利息所得征收个人所得税的实施办法》，其中明确了“减征幅度的调整由国务院决定”；新修订的《个人所得税法》在明确利息所得的开征、减征、停征由国务院规定的基础上增加了报全国人大常委会备案程序。① 然而，进行的数次政策调整（例如 2008 年的暂免征收决定）都是由财税部门发文作出，这些文件大都带有“经国务院批准”等字样，② 但发文主体仍为财税主管部门。

其次，一些税种立法上也并无专门的税率调整条款，但由于采取差别或幅度税率的形式，需要增设规定地方的具体税率确定权与调整权。这种情况下，实则分为统一幅度税率的中央初次确定权与具体适用税率的地方二次确定权与调整权，它是为有效平衡税权的中央集中与地方自主关系的技术性处理。这些采用幅度比例或定额税率形式的税种的课税对象大都具有地域关联性和地区差异性，如环境保护税的应税大气污染物和水污染物在各个地区的具体适用税额必须结合本地区环境污染与经济发展状况等多种因素考量，以确定合适的税率来保证环境保护税税负轻重与客观环境的适应性；契税、城镇土地使用税、城

① 《个人所得税法》第十八条。

② 《财政部、国家税务总局关于储蓄存款利息所得有关个人所得税政策的通知》（财税〔2008〕132 号）。

市建设维护税、耕地占用税、资源税（原油、天然气）等税种的课税对象与土地、矿产品等地理资源相联系，因而也要考虑各地相关资源差异，让地方自主确定和调整具体税率。因而，对于采用幅度税率形式的税种而言，其存在幅度税率形式的中央确定权与具体税率内容的地方确定权与调整权，这部分税种的税率条款设计可以归为一类并统一化。从相关税种的税收法定过程来看也确实如此，自《环境保护税法》确立起幅度税率的标准立法条款以来，《耕地占用税法》《资源税法（征求意见稿）》亦采纳沿用。

最后，一些税种立法上设立了专门的税率调整条款，与运用幅度税率形式的税种立法中的地方具体税率确立与调整条款不同，这里的税率调整权行使主体限于中央层面。这部分税种主要有增值税、印花税（证券交易）、车辆购置税、消费税。专设税率调整条款的目的就是让中央政府运用税率进行相机调控或增强税法弹性。这无疑会与税率法定价值发生冲突，但鉴于税收政策与社会环境的关联，以及行政机构相较立法机关的应变反应能力优势，赋予行政机关一定的税率调整权亦有现实必要性。关键是如何在遵循授权明确与法定原则下科学进行，既需要树立授权立法理念，确立税率调整的程序性规范，也需要厘清税率调整权设置的范围所在，包括税率调整条款适用于哪些类型税种或者是某项税种的哪一项应税项目等，通过对税率调整的实体适用和程序规范，以期化解税率刚性法定与弹性调整之间的矛盾。

2. 权力配置的多主体性

《立法法》修订以后，尽管税率法定的理念已被确立，但由于政府依赖调整税率实现社会激励、相机调控以及自主治理等目标的实际需要并未减少，由国务院、财税部门甚至地方政府确定和调整具体税率仍有空间，因此，整个税种体系表现为税率确定和调整权实施的二元复合主体参与格局。所谓二元是指税率的确定权与调整权的离合场景，前文已有阐述，不再赘述；所谓复合主体，既涵盖了立法与行政维度，也有中央和地方面向，具体表现为单独规定税率确定权的税种中的全国人大，同时规定税率确定权与调整权的税种中的全国人大和国务院，规定幅度税率中的全国人大幅度税率确定权以及地方人大的具体税率确定权和调整权，同时规定了全国人大常委会与国务院的备案程序。此外，一些尚未实现税收法定的税种中还存在国务院行使税率调整权的“财税部门名义化”现象。上述权力主体的二元复合结构使得有必要摸清税收法定的推进规律以及现实不足，为税收确定与调整的分税种、分类型与分主体权力配置方案指明方向。

另外，需要特别说明的是车船税，应税车船与地区之间本身并不存在必要联系，但其税目中的应税船舶却基本上采用了幅度定额税率的形式（挂车除外），而且应税车辆与应税船舶的具体适用税额的确定主体也不相同，前者为省级政府，后者为国务院。另外，与其他税种立法不同的是，在应税车辆具体适用税额的确定依据中除了全国人大立法确定的法定幅度税率以外，还加入了国务院规定。[①] 一方面，这里的国务院规定可以理解为车船税应税车辆税率确定的双主体配置模式；另一方面，也可以将其视为国务院对税目中的应税车辆类型范围行使解释权。但立法中规定的是具体税额而非税目的确定，而且与之类似的消费税税目范围同样需要解释，但《消费税暂行条例》中却并未规定税率的确定要依国务院规定。由此可见，该条款根据文义解释与推定解释，便可能存在幅度税率初次确认权的双主体配置问题，或者虽不存在此问题，但仍会造成立法表述不严谨，引发歧义。

3. 权力运行的转授权化

对于尚未进行税收法定且设置税率调整条款的税种，其税率调整权虽规定由国务院行使，却出现转授权给财税部门代行的问题。以增值税为例，鉴于增值税立法尚未完成，历史上几次制定修改（1993 年制定，经 2008 年、2011 年、2016 年和 2017 年四次修订）的《增值税暂行条例》均明确规定增值税“税率的调整，由国务院决定”。该条款属于授权性条款，《暂行条例》作为税收行政法规，却由于税收法定未能得到贯彻落实，起到代行税收法律授权的规范功能，却陷入了“自我授权”的悖论。追溯历史，导致这一问题的根源是 1985 年全国人大发布的空白授权决定，[②] 其概括性授权规定成为后续国务院制定税收暂行条例的法理依据，并由此发生多米诺骨牌效应，如税率调整这类税收事项的转授权问题亦悄然降临。退一步来讲，在《暂行条例》这一行政法规中进行自我

① 《车船税法》第二条。

② “授权国务院对于有关经济体制改革和对外开放方面的问题，必要时可以根据宪法，在同有关法律和全国人民代表大会及其常务委员会的有关决定的基本原则不相抵触的前提下，制定暂行的规定或者条例，颁布实施，并报全国人民代表大会常务委员会备案。”参见《全国人民代表大会关于授权国务院在经济体制改革和对外开放方面可以制定暂行的规定或者条例的决定》。

授权事出有因，可予以理解，但在执行该条款过程中，却发生了内部授权，违反了《立法法》禁止转授权原则。通观决定增值税税率简并和降低的前述三项文件，都是直接载明财税部门商决结果，国务院在此当中尽管周知发挥了最后决断作用，但却是以具体行政职能部门发布政策性文件的方式呈现在公众面前，文件中也并未提及国务院。唯有第三次税率调整时，开篇提及改革目的“为贯彻落实党中央、国务院决策部署”和“推进增值税实质减税”，以体现税率调整决定的程序与事由正当性。

概言之，《增值税暂行条例》规定由国务院决定税率调整，应当从形式与实质维度予以展开，但在税务实践中，往往从实质层面认定只要国务院在财税部门提交的税率调整方案上行使了最后决定权，便认为对该条予以了依法遵从，至于形式上由谁以何种方式向社会公开无关大局。从实质法治角度来说，国务院只要在税率调整这一重大决策事项中起到最后“拍板定论”的作用，便已然达致《增值税暂行条例》的法条意旨。但从形式法治而言，既然明确规定由国务院决定税率调整事项，便不能再转授权于财税部门发文行使，而应由国务院以自身名义公布。当然，鉴于征税事项的技术性、复杂性与时迁性，全国人大面临立法能力的体制性制约，① 国务院又被繁缛性行政管理事务缠绕而无法事必躬亲，由国务院的财税职能管理部门专门负责，能够实现专职部门专门管理的专业效果。因而，由财税部门制定具体税率调整政策的初步方案仍然有现实意义，关键问题是如何将国务院的决定性作用在形式和实质上完整体现出来。

三、税率确定和调整权力配置的法治路径

笔者认为，税率要素法治化并不意味着税率因为属于课税要素，就属于法律绝对保留事项，不能以僵化的税收法定理论笼统定义税率要素的确定与调整；也不意味着税率因为是税制中的核心构成要件，就属于中央税权集中行使的部分，不能让税权集中体制全部覆盖税率要素的确定与调整；更不意味着基于横向与纵向的授权而发生的税率行政调整与地方自主行为，就不受到税收法定理念下的程序与实体约束。总而言之，税率的确定与调整权力关涉横向与纵向、

① 封丽霞：《人大主导立法的可能及其限度》，《法学评论》2017年第5期。

实体与程序等多个维度的权力配置，以下将对此予以展开，结合我国税制实际，提出相应法治建构路径。

（一）税率要素的国会保留与行政调整

税收议会法定与授权行政立法并非完全对立的关系，二者的兼容能够有效取得民主与专业的平衡。[①] 一方面，在税收法定主义下的民主同意原则与严格立法程序约束下，能够让税率这一课税要素保持明确性、稳定性和刚性，从而践行税法安定性、可预测性和可计算性的要求，[②] 以保障公民应纳税收的确定性；另一方面，税收政策作为一项公共政策和治理工具，离不开行政机关的参与，而税率是行政机关为实现调控治理功能而经常予以调整的要素，由此，税率又将面临因与现实接轨而不得不具备一定的弹性，特别是对于那些调控诱导型税种或应税税目而言，有效平衡收入功能的议会法定与调控功能的行政调节之间的关系尤其重要。在贯彻落实税收法定原则的价值引导下，在具体税种基本法律中由全国人大授权国务院依法调整税率已然成为激活税务行政权的基本方式，“平衡行政参与的必要性和税收法定的底线性”就落在“授权”与“控权”的实体与程序规范上，[③] 以此将授权立法的技术操作手段纳入税收法治轨道。为此，税率法定并非意味着税率要素属于法律绝对保留事项，而是在议会优先立法原则的基础上，根据税种的不同性质，对税率确定权与调整权加以区别配置和合法授权。基于此，笔者认为应从以下几个方面来具体展开：

1. 针对现有《立法法》明确规定的“税率的确定只能制定法律”，需要对该条款进行释义明确，“确定”一词并非绝然包括“调整”，全国人大一般就采用何种税率形式以及具体数字进行立法确认，同时针对一些与社会环境关联性较大以及存在调控需要的税种，才有必要授权国务院行使税率调整权。否则，例如直接税、税制比较稳定的税种等还应由全国人大及其常委会通过修改法律的方式行使税率调整权，即全部税种的税率形式与内容确定权由全国人大行使，部分调控型税种或应税税目的内容调整权由全国人大立法授予国务院行使，以确保税率的相对稳定与合法调整。

---

① 徐阳光：《民主与专业的平衡：税收法定原则的中国进路》，《中国人民大学学报》2016 年第 3 期。

② 张守文：《税法原理》，北京大学出版社 2012 年版，第 57 页。

③ 郑伊：《美国关税税率决定机制中行政与立法的权力分配》，《政法论丛》2019 年第 2 期。

2. 人大立法确定税率形式与内容，应根据税种特性适用与之对应的税率。例如，我国个人所得税的再分配调节功能定位，使得累进税率结构是增强个税分配能力的必然选择；[①] 一些应税对象具有选择性或特定性的税种，应在设置应税税目的基础上实行差别化税率结构，而且应当根据应税物体或行为的计价性与计量性，实行比例税率或定额税率，如烟叶税、车辆购置税等计价性应税物品以及一些附加税如城市建设维护税等采用比例税率，应税污染物、部分应税消费品（成品油等）等计量性应税物品采用定额税率。当然，关于应税物品计量性抑或计价性的认定，还应归于立法者对于税种征纳广度、深度与向度的判断。人大在税收立法进程中对税率条款设计时，应当根据税种功能定位、应税客体特性和宏观税负状况确定合理的税率形式与适度的税率内容，在科学思路下构建税率议会法定的民主参与、民意吸纳和社会监督机制。

3. 对于那些根据客观社会环境变化而需要进行税收调控的税种，宜由人大立法设定基本税率结构，并通过法条授权的形式赋予国务院税率调整权限，从而“利用必要的授权条款，为行政机关利用税收政策应对经济形势变化留有余地，同时对行政机关行使被授予的税收立法权进行监督”。[②] 区别于《立法法》特别授权条款，各税种立法中的法条授权一般针对例如税率调整这类具体事项，应当遵从课税要素立法权的合法授权原则，外在维度上以必要性和明确性为依归，审度具体税种中税率行政调整权的设置必要性，授权的内容、目的及范围等应当明确，禁止国务院向财税部门转授权，税率调整既应由国务院实质决定，也应由其发文公布；内在维度上以程序正义和实体正义为靶向，[③] 税率调整的行政决定应当恪守正当程序、合法原则及比例原则等，避免出现税率调整的不确定性、恣意性与过度性。

（二）税率要素的中央统一与地方自主

借由现代税收法治国家对于税收法定主义内涵的重新界定，课税要素法定既不再固守于议会所制定的税收法律层面，也不局限于中央对于税收事项的绝

① 张守文：《公平分配的财税法促进与保障》，北京大学出版社2017年版，第237—238页。

② 刘桂清：《税收调控中落实税收法定原则的正当理由和法条授权立法路径新探》，《税务研究》2015年第3期。

③ 刘剑文、耿颖：《税收授权立法权的合法行使：反思与建构》，《国家行政学院学报》2015年第5期。

然控制。“各别税法就税率预为上、下限之规定，而授权行政部门或地方政府依实际需要而订定有效税率，应亦属可行。”① 在我国落实税收法定主义进程中，一些有着地域独特性或需要地方因地施制的税种采用幅度税率形式，从而实现了税率要素的“授权与控权的合一”以及“中央统一与地方自主的契合”。特别是在我国这样一个税收立法高度集权模式的大国中，② 地方税收立法权无论是在法律上还是在事实上始终都不存在，③ 因而，将税基扩增、④ 课税要素、税收优惠等税政管理权下放给地方，不失为弥补地方税收立法权缺失的出路。

通过观察相关税种幅度税率条款的立法设计样式，均采取“对称式”权责配置模式、行政机构参与和双主体备案制，即统一幅度税率和地方具体税率，分别由中央和省级地方的人大最终确定或调整，同时具体方案的提出一般由财税部门或省级地方政府提出，最后需向全国人大常委会和国务院履行备案程序。由此观之，采用幅度税率结构的税种立法为协调税收的法定性与专业性提供了很好的思路，人大掌握税率的最终确定与调整，行政机关参与税率方案的制定过程，并且附加地方税率确定与调整决定向最高立法机关和中央政府双备案的程序要求，将税收法定的民主同意旨意与税收治理的专业行政诉求紧密结合起来。为推进这一模式的有序有效实施，应当从以下两方面予以展开：

一是应当推动省级地方人大对于地方政府提出的税率方案由简单同意向有效表达转变，⑤ 加强地方人大权能建设。一方面，省级地方人大拥有本地区具体税率的确定与调整权力，应当摆脱其“橡皮图章”形象，实质审查权不应停留于会议期间的审议表决环节，更要在事前事后加强对于税率确定与调整权启动条件与实施过程的合法性和合理性审查，并及时纠正违法或不当的税率确定与调整。另一方面，省级地方政府提出税率确定和调整的方案，应当向省级地方人大说明理由，构建行政机关与立法机构之间的立法工作对接机制。

二是加强行政主导税率确定与调整方案制定过程的合法性、专业性和民主

---

① 陈敏：《税法总论》，新学林出版有限公司 2019 年版，第 48 页。

② 崔威：《税收立法高度集权模式的起源》，《中外法学》2012 年第 4 期。

③ 苗连营：《税收法定视域中的地方税收立法权》，《中国法学》2016 年第 4 期。

④ 例如，我国《环境保护税法》第九条第三款规定了省级地方政府有权增加同一排放口征收环境保护税的应税污染物项目数，报同级人大常委会决定，并报全国人大常委会和国务院备案，此项规定明确了环境保护税税基扩增的地方自主权。

⑤ 孙潮、林彦：《从简单同意到有效表达——提高人大立法质量刍议》，《法学》2003 年第 4 期。

化。地方具体适用税率的确定与调整直接关乎纳税人的税负增减，理应属于地方重大行政决策事项，应当遵从特定的决策原则、程序等。2019年4月国务院公布《重大行政决策程序暂行条例》，对于重大行政决策事项的范围界定之第五项兜底条款规定，[①] 税率要素的确定与调整关乎社会公众切身利益，应当纳入其中。在此基础上，地方税率确定与调整的行政决策过程应当符合税收法律法规的实体和程序规定，做到于法有据、于理有依，遵循比例原则和行政信赖原则，控制、减少税率调整的幅度和频率，从决策启动的信息收集，到公众参与的民意吸纳，再到组织专家论证、开展风险评估、合法性审查和民主集中决议等，构建全方位、体系化的税率确定与调整重大行政决策机制。

(三) 税率要素的备案程序与审查机制

备案是税收法定进程中的一项程序要求，广泛分布于横向与纵向授权维度上的个别课税要素确定、税收减免、征管细则制定、征收政策调整等事项。前者一般由国务院向全国人大常委会履行备案程序，后者由省级地方人大和政府分别向全国人大常委会和国务院进行备案。税率要素的确定与调整事项亦体现于此，一如横向授权上，《印花税法征求意见稿》规定证券交易印花税税率的调整需要向全国人大常委会备案，二如《环境保护税法》《资源税法征求意见稿》等也规定地方具体适用税额的确定和调整应当履行双重备案程序。应当说，自十八届三中全会提出落实税收法定原则，以及十八届四中全会提出“加强备案审查制度和能力建设，把所有规范性文件纳入备案审查范围”以来，税收法定与授权立法的共生关系予以确立。在此基础上，授权立法与备案审查的搭配组合模式得以建立，“有法定必有授权，有授权必须备案”的税收立法共识初步达成。然而，我国当前面临“全方位、全覆盖的制度要求与现实有限的审查能力与资源匹配之间的矛盾”，[②] 使得纵横授权下如何避免税率要素的“备案制度虚设”，成为一道待解难题。

破解上述问题的关键在于，不应将视线全部聚焦于税率要素的备案程序性规定，备案只是形式要件，最终应落在审查这一实质活动上。为此，应当促成“备案程序”与“审查机制”的衔接，实现“有件必备”“有备必审”和“有

---

① “决定对经济社会发展有重大影响、涉及重大公共利益或者社会公众切身利益的其他重大事项”属于重大行政决策事项。

② 封丽霞：《制度与能力：备案审查制度的困境与出路》，《政治与法律》2018年第12期。

错必纠”的理想愿景。[①] 自此，全国人大常委会与国务院作为税率要素确定与调整事项的备案审查主体，有必要围绕合法性与合理性两方面展开形式与实质审查，包括税率形式的确立、税率结构的调节、税率内容的确定以及调整等，既要审查相关主体的行为过程是否符合法律规范，也要审查行为结果是否与税种属性、社会环境以及治理需求相契合。

四、结语：税率条款设计的改进之道

课税要素法定并非税率要素所应恪守的唯一价值，除了基于保障公民财产权的税率法定逻辑之外，还有基于税收治理现代化的行政调控和地方自主逻辑，最终归于税率法治这一原则要义下。在此意义上，值此我国落实税收法定原则阶段，各税种税率条款如何进行立法设计，以确保税率结构设置的科学性和税率确定与调整权力配置的有效性，实乃税收法定的中心议题之一。结合我国主要税种法律制定中税率条款设计所存在的一些问题，应当从以下方面予以改进，以合乎税收法定与授权立法的基本原理。

其一，税率构造形式的确定背后暗含着一定的税制规律，其应当是立足于客观事实的立法者或政策制定者的主观科学设计，税率的形式选择和内部构造体现了一项税种的征收策略。众所周知，现行《车船税法》规定应税车辆采用幅度税率形式，本着车船税的地方税属性，将具体税率制定权下放给省级地方，可以起到释放地方财政自主权的作用。然而，从各省级地方制定的车船税税率来看，存在着选择趋同性和趋低化现象。[②] 同时，车船税的功能定位不明，财政收入功能与节能减排功能叠加。为此，像车船税这种采取幅度税率形式的税种，应当在税率设计上处理好收入目的与调控目的的关系，税目适用税率的计量因素应当与税种功能相挂钩，如应税乘用车现行以“发动机汽缸容量（排气量）”作为税目税率分档的依据，而且在税率级距上要兼顾经济和环保目标；同时，激活地方税率自主制定权，依靠充分的信息和数据支撑来使得地方税率

① 王博勋：《备案审查：从“有件必备”到“有备必审”“有错必纠”》，《中国人大》2019 年第 1 期。

② 崔威、王志远：《地方税税率制定机制效率分析——基于 2007 年省级政府车船税税率选择的研究》，《税务研究》2012 年第 11 期。

的确定和调整更具科学性。

其二，税率的确定与调整权力配置牵涉立法与行政，中央与地方之纵横维度，“人大立法＋纵横授权＋双重备案审查”的模式逐渐变得清晰。基于此，我国尚未完成税收法定的税种立法应当遵循此模式。首先，横向授权上授权国务院行使税率调整权，应注意形式与实质相一致，避免落入由财税部门发文的转授权之嫌，增值税等规定国务院有权调整税率的税种可以借鉴《车辆购置税暂行条例》的规定，由国务院作为税率调整的决定主体和发文主体。此外，还需向全国人大常委会备案，对于税率制定过程和结果的合法性与合理性实施审查。其次，纵向授权上采用幅度税率的税种，如未来的契税、城镇土地使用税、城市建设维护税等实现税收法定也应遵从于此，《车船税法》应当删除车辆具体适用税额依照“国务院规定”这一表述；同时，增加向全国人大常委会及国务院备案的规定。

地方附加税法何以正当：理论拓补与制度调适*

邹新凯**

目　次

一、地方附加税在分税制法治优化中的特殊性

完善分税制，不仅事关我国财政体制改革和税制改革的成败，还与国家积极推动的市场化改革以及政府职能转变、加强立法监督、推进司法改革等大政方针密切相关，如不能高效有序、协同推进，则其他诸多重要改革便会不同程度受到影响。① 整体而论，1994 年分税制确立及后续开展的政府间财政关系改革，难以经受财政民主、财政法定、财政平等和财政健全等原则的检视，② “分

---

* 本文系国家社科基金后期资助项目“税法建制原则的立体化构造”（项目编号 17FFX006）的研究成果。

** 武汉大学法学院博士研究生。

① 张守文：《论“共享型分税制”及其法律改进》，《税务研究》2014 年第 1 期。

② 熊伟：《财政法基本原则论纲》，《中国法学》2004 年第 4 期。

税”已然成为“分成”，“分权”已然成为“分钱”，法治化瑕疵越加明显。《国务院关于推进中央与地方财政事权和支出责任划分改革的指导意见》（国发〔2016〕49号）发布后，基本公共服务、医疗卫生、科技、教育、交通运输等领域的相关改革稳步启动，虽有助于夯实地方财政主体地位、拓宽自主空间，但若政府间财政收入改革，主要表现为税制调整与税权重组相对滞缓，收支失调、转移支付机制尚待革新的财政体制终将难以支撑改革前行，稍有不慎就可能加剧部分地方对土地财政、非税收入以及地方债的依赖，变相加大财政汲取能力，侵损民众权益。更为紧迫的是，分税制运行至今，省以下各级地方的分税制始终未能有效推进。受经济发展状况、历史分配格局以及利益驱动等因素的影响，不同省份税种选择、分享比例、调整周期等都不一样，① 可谓是一省一式，甚至保留了大量的计划经济残余。②

正因收入划分在政府间财政关系中的重要地位，学说与实务为此提供了许多方案。鉴于现有的共享税为主、划分税种为辅的税制模式，这些方案多聚焦税基分享、税率分享、附加税分享以及混合分享等。③ 其中，税率分享和附加税分享被认为是更能尊重地方财政主体地位、较有前途的两种模式。两者中，附加税分享更引人注目。④ 附加税分享是指在中央开征某一税种后，地方在其基础上课以附加税，一般会由中央对附加税的税基、税率等构成要件要素作出统一规定，地方才有权决定是否开征、停征附加税，决定附加税最终适用的税基与税率。不难看出，地方在附加税分享体制下确实享有较多的财政自主空间，且中央也能保持有效控制。考察美国、日本等国家的附加税实践，附加税多指地方附加税，中央附加税占比极少，这也回应附加税诞生的制度初衷。实际上，附加税不仅是共享税的一种标准，也可以成为划分税种的一类模式。在中央立法课税后，地方或在同一税基、或就同一税额施以附加，既实现了税源央地共享，又容易达成税种央地界分。尤其是在集权导向的央地财政分权体制中，若运用得当，不失为一种有效的财权调和工具。伴随依法治国的全面推进，以政

① 张立承：《我国地方财政体制：制度、效果与调整》，《地方财政研究》2008年第9期。

② 周黎安、吴敏：《省以下多级政府间的税收分成：特征事实与解释》，《金融研究》2015年第10期。

③ 张成松：《共享税标准的反思与体系化建构》，《江西财经大学学报》2017年第5期。

④ 王雍君：《改进政府间税收划分：难题与选择（下）》，《涉外税务》2006年第12期。

府收入、财政支出以及预算监管为核心内容的分税制法治优化方案早已提上日程。在此过程中，附加税[①]主要为地方附加税的正名与改进，不但可以增加地方政府收入，促进央地财政公平正义，还有能力为既有税制注入实质法治的基因，重新谋划央地财政的“分权”体制，在继续保持中央统一领导和控制力的同时，实现更高层次、更加尊重地方的良法善治。

尽管地方附加税功能突出、潜力巨大，但学界的相关研究却乏善可陈。以“附加税”为主题词在中国知网进行高级检索，仅搜得少数相关文献。细察之，主要聚焦附加税的历史考察、会计与征管实务以及简单制度分析，理论著述欠缺，制度深挖不足。虽然财税有自己的事物本质，法治必须尊重，但从公共财产的取得、管理到支用，每一个环节都必须贯彻法治思维，以维护必要的秩序、安全和平等；每一个环节也都要衡量其实质理性，以实现其目的正当性。[②] 故而，对地方附加税制进行财税法理论反思，做好相应制度创新与调适，很有必要。

文章致力于提供一种普适性的分析框架，以服务地方附加税法的创立、修改与废止进程。论证结构如下：首先，实证考察改革开放以来我国典型地方附加税史，探析潜在的税法问题；其次，组合运用财税法相关理论，生成法学视角下地方附加税立改废的分析工具，并进一步擢升、强化法学工具的分析效能；最后，在完善的税法理论工具指导下，以城市维护建设税为例，以《城市维护建设税法（征求意见稿）》为样板，拓展地方附加税法正当性提升的制度改进之道。

二、改革开放以来我国地方附加税法查考

事实上，附加税在封建社会各王朝中长期存在，唐代的“两税法”、明代的“一条鞭法”以及清代的“摊丁入亩”三大财税改革的重要起因，便是主税之外附加税费繁苛。及至民国，连年战乱、经济动荡，加之国民政府固有的体制缺陷，附加税费更甚以往，广大民众苦不堪言。新中国成立至改革开放前后，

---

① 文章中的附加税，如无特别说明，专指地方附加税。

② 熊伟：《法治财税：从理想图景到现实诉求》，《清华法学》2014 年第 5 期。

囿于地方公益事业的建设资金紧缺，我国也曾保留、开征少量附加税，归属地方预算外收入，如工商营业税附加、工商统一税附加、农业税附加、城市房地产税附加、工商所得税附加、地方所得税等。其中，影响广泛、贡献较高的附加税主要为工商税附加，地方所得税，农业税附加、农业特产税附加以及城市维护建设税四类。这些附加税收入基本划归地方，称为地方附加税。实证考究四类富有特色的附加税史，在地方附加税数量稀缺、正当性被不断质疑的当下,① 有助于学界与实务界总结经验、发现问题。

（一）附加税法的规范演义

1. 工商税附加

流通领域的地方附加税主要为工商税附加。广义工商税附加包括工商营业税附加、工商统一税附加以及工商所得税附加等。狭义工商税附加是指以《工商税条例（草案)》为依据，在工商税基础之上课征的附加税种。

纵览广义工商税及附加的产生、发展与消亡过程，存在三个显著特点。第一，持续时间较长。自1950年《全国税政实施要则》创设工商税（包括营业税和所得税)，至“84税改”前，工商税及附加长期活跃在我国税制舞台，是流通领域的关键税种、国家收入的重要来源。第二，税制调整较多。工商税及附加，连同背后支撑的工商税制，伴随国家政治经济形势的发展变化，历经多次调整和改革，直至“84税改”取消工商税，分立为产品税、增值税、营业税以及盐税四类，工商税及附加才逐渐退出历史舞台。② 第三，工商税及附加税制结构整体紊乱，税收法定落实不力，地方仅在少数减免税事项上享有部分权限，以维护全国市场的统一。从工商税诞生直至消亡，工商营业税附加、工商所得税附加、工商税附加、工商统一税附加陆续出现，依附于工商税的地方附加始终缺乏长远立法规划，因主税调整、变迁而随时创设、消亡，因主税落实税收法定不力而无独立法律法规规制，税收构成要件要素内容简单，税收收入管理混乱。③

---

① 以城建税为例，绝大部分文献要么主张取消城建税附加税的地位，改为独立税种，以销售收入或主营业务收入为计税依据，要么主张彻底取消城建税。

② 何盛明：《财经大辞典》，中国财政经济出版社1990年版，第357—358页。

③ 孙德超：《中国的财政分权、政治集权与经济增长——以地方预算外资金的膨胀为例》，《社会科学》2011年第4期。

2. 地方所得税

地方所得税主要是在外国企业、外商投资企业所得税基础上，课征的地方附加税。1980 年《中外合资经营企业所得税法》第三条第一款规定："合营企业的所得税税率为百分之三十。另按应纳所得税额附征百分之十的地方所得税。" 1981 年《外国企业所得税法》第四条第一款规定："外国企业按照前条规定缴纳所得税的同时，应当另按应纳税的所得额缴纳百分之十的地方所得税。" 1991 年《外商投资企业和外国企业所得税法》第五条规定："……地方所得税，按应纳税的所得额计算，税率为 3%。" 2007 年《企业所得税法》将内外资企业所得税统一规制，地方所得税附加被正式取消。而实际上，自 2001 年、2003 年国务院相继发布《所得税收入分享改革方案》（国发〔2001〕37 号）和《关于明确中央与地方所得税收入分享比例的通知》（国发〔2003〕26 号）后，除海洋石油天然气企业缴纳的 3% 所得税作为中央收入外，其他外商投资企业和外国企业缴纳的 3% 地方所得税均属于中央与地方共享范围。[①]

纵览地方所得税的创设与消亡过程，有以下三点突出特征。第一，税收法定落实较好。地方所得税皆有法律条款为开征依据，契合形式法治要义，亦彰显改革开放对税收法治的迫切要求。第二，地方所得税的计税依据与适用税率由中央统一规定，但省级地方享有减免税的部分自主空间。《外国企业所得税法》第四条第二款、《中外合资经营企业所得税法施行细则》第三条第二款以及《外商投资企业和外国企业所得税法》第九条，既赋予省级地方减免地方所得税权，又将该自主权分别限定在"生产规模小、利润低的外国企业""有特殊原因"以及"鼓励外商投资的行业、项目"上。需要注意的是，所得税减免，地方所得税不会因此而相应减免，附加税的自主地位获得强化。第三，地方所得税计税依据的设定方案出现过两种：第一种是以应纳税所得额为税基，[②] 第二种是以实际缴纳的所得税额为税基，[③] 第一种方案采行最多。

① 《关于外商投资企业和外国企业缴纳的 3% 地方所得税收入级次问题的通知》（财预〔2002〕66 号）。

② 《外商投资企业和外国企业所得税法》第五条和《外国企业所得税法》第四条第一款。

③ 《中外合资经营企业所得税法施行细则》第三条第一款"税法第三条所说按应纳所得税额附征百分之十的地方所得税，是指按合营企业实际缴纳的所得税额计算征收"。

综合来看，地方所得税由法律主治，中央统一规定构成要件要素之外，地方享有较为稳定的自主空间。以应纳税所得额为税基的地方所得税自主运行，受主税影响较小，以实缴所得税额为税基的地方附加税受主税影响大，附加税种自主性受到抑制。

3. 农业税附加、农业特产税附加

农业税附加和农业特产税附加是指以农业税、农业特产税为主税的附加税种。1958年《农业税条例》第十四条规定："省、自治区、直辖市人民委员会为了办理地方性公益事业的需要，经本级人民代表大会通过，可以随同农业税征收地方附加。地方附加一般不得超过纳税人应纳农业税税额的百分之十五；在种植经济作物、园艺作物比较集中而获利又超过种植粮食作物较多的地区，地方附加的比例，可以高于百分之十五，但最高不得超过百分之三十。"由此看出，省级地方享有农业税附加开征权，该附加税以应纳税额为计税依据，在中央上限税率及相关原则指导下①确定各地适用税率。农业特产税由农林特产税演变而来。为进一步落实《农业税条例》第六条，《国务院关于进一步做好农林特产农业税征收工作的通知》（国发〔1989〕28号）规定，经省、自治区、直辖市人民政府决定，还可以随同农林特产税，征收不超过纳税人应纳税额10%的地方附加。可见，农林特产税附加以农林特产税应纳税额为税基，由中央设定上限税率。后"为了合理调节农林牧渔各业生产收入，公平税负，促进农业生产全面发展"，国务院发布《关于对农业特产收入征收农业税的规定》（国务院令第143号），开征农业特产农业税，简称农业特产税。1994年《财政部关于农业特产税征收具体事项的通知》延续之前农林特产税附加的风格，保持对农业特产税附加地方权限的相同尊重。为进一步减轻农民负担，全国人大常委会自2006年起正式废止农业税，相应地，地方附加也停止执行。

纵览农业税附加、农业特产税附加的创设与消亡过程，主要有三个显著特征。第一，两类附加税以农业税应纳税额为税基，由地方决定是否开征，并在中央划定的上限税率内确定最终税率。第二，两类附加明确了立法目的，即办理地方公益性事业的需要。这不仅夯实了课征附加税的正当性基础，更导

---

① 《国务院关于调整获利较大的经济作物的农业税附加比例的规定》。

向专款专用的资金用益理念。第三，地方在两类附加税征管与收入归属中享有较大的自主权力，且这种自主权在农林特产税改为农业特产税时被中央持续尊重。

4. 城市维护建设税

1984 年《全国人民代表大会常务委员会关于授权国务院改革工商税制发布有关税收条例草案试行的决定》规定开征和保留城市维护建设税、房产税等税种，用以适当解决城市维护建设的资金来源问题。1985 年《城市维护建设税暂行条例》颁布，后又经 2011 年略微调整，① 税制设计受到诟病，② 更有对附加税定位正当性的质疑，③ 但运行总体稳健。演变至今，城市维护建设税以纳税人实际缴纳的增值税、消费税两税税额为计税依据，根据行政区划不同实行 7%（市区）、5%（县城、镇）以及 1%（其他地区）三档差别比例税率。城市维护建设税延续新中国成立以来附加税费专项支应城乡公用事业和公益设施的传统，原则上随两税减免而减免。2018 年 10 月 19 日，国家税务总局发布《城市维护建设税法（征求意见稿）》（以下简称《征求意见稿》），坚持税制平移的立法策略，除删除专款专用的立法目的与使用条款、取消 1% 的非城镇地区税率外，其他构成要件只有小幅调整。

纵览城市维护建设税的创设与演进过程，存在三点显著特征。第一，历经“84 税改”“94 税改”，附加税的创设已经逐步淡出税收立法者视野，仅存的城市维护建设税，学术与实务亦渐不看好。④ 第二，城建税以纳税人实际缴纳的增值税、消费税两税税额为计税依据，受主税影响大，附加属性较强。第三，地方在城建税税政管理、税金支配中享有一定的财政自主空间。尽管当前城建税仍以专项支应城市维护建设为稽征目的，但这种特定目的因中央财政改革⑤而逐步弱化，特定目的税的法律基础更在《征求意见稿》中备受减损。

① 主要是将 1985 年《城市维护建设税暂行条例》中的“产品税”改为“消费税”，其余未变。

② 赵婷婷：《进一步完善城市维护建设税的若干问题研究》，《经济研究导刊》2013 年第 14 期。

③ 陈忠萍：《城建税能否“独立”》，《中国税务报》2012 年 12 月 5 日。

④ 《财政部对九届全国人大一次会议第 427 号议案（转建议）——关于把城市维护建设税作为独立税种征收的答复》（财税政字〔1998〕141 号）。其实，《国务院批转国家税务总局工商税制改革实施方案的通知》（国发〔1993〕90 号）早已直言，为了体现享用市政设施与纳税义务相对应的原则，城乡维护建设税由现行按流转税额附加征收改为以销售收入为计税依据，使其成为地方税体系中的骨干税种之一。

⑤ 《国务院关于印发〈推进财政资金统筹使用方案〉的通知》（国发〔2015〕35 号）。

（二）附加税法的问题深究

不难发现，我国附加税及其立法变迁整体缺乏主体地位与系统规划，立法目的可有可无、税制要素考量简便、税收减免模式杂乱、税金用途各有差异。时至今日，附加税与主税、新税的关系还未厘清，功能定位尚不明朗，法律表达问题颇多。或因如此，作为域外央地分权典范的附加税，在我国却长期沦为暴政的代表、旧时代税制不规范的象征，照此下去，很有可能被视为背离现代财税制度。①

鉴于附加税在分税制法治优化、地方财政自主权扩围中的巨大功用，附加税的立足与提倡很有必要，至少可视为一种有效的推进方案，值得评估。目前来看，需要就以下问题开辟理论疆域、作好制度回应：

其一，附加税的立法目的是否需要明确。部分工商税附加、农业税（包括农业特产税）附加以及城市维护建设税均明确了专款专用的稽征目的，夯实了附加税的课征基础。但地方所得税并未显示立法目的，且税款与所得税相同，用以支应政府一般公共开支。附加税究竟是否需要明确立法目的？立法目的是否要与专款专用联动？

其二，附加税计税依据可能的选择方案。根据既有附加税理论，附加税可分为税基式附加税（附加在主税税基）与税额式附加税（附加在主税税额）两种，② 加之四大附加税实践中还有应缴与实缴两类考量因素，可能的方案共有应缴税基、实缴税基、应缴税额、实缴税额四种。以应缴为计税依据，附加税不因主税减免而减免，与主税保持一定的距离，依附特征较弱；以实缴为计税依据，附加税随主税减免而减免，附加属性明显。相较税额式附加，税基式附加不仅收入较多，地方同步享有较高的自主权限。

其三，附加税税率可能的选择方案。根据我国附加税运行实践，附加税率有比例税率、幅度税率两种，比例税率有统一比例税率，如工商税附加、地方所得税，差别比例税率，如城市维护建设税。幅度税率主要表现为上限税率，如农业税附加、农业特产税附加等。除此之外，还可以有累进税率、混合税率等其他方案。不同税率暗含宽窄不一的地方财政自主空间，联通央地财政分权

---

① 杨志勇：《中国税收现代化之路的选择》，《国际税收》2018年第6期。

② 李菁菁：《后营改增时代城市维护建设税的反思与重构——基于附加税理论的新视角》，《经济体制改革》2018年第3期。

体制，是附加税模式功能发挥的关键部分之一。

其四，附加税税收优惠的设置模式。之于实缴型附加税而言，附加税随主税减免而减免，一般无独立设置税收优惠的必要。[①] 即便如此，对于附加税特定减免的优惠方案仍值探讨。目前来看，一些附加税随主税减免而减免，远如工商税附加，近接城市维护建设税；一些附加税具有较强的主体地位，仅与主税构成要件保持特定的“附加”距离，如地方所得税、农业税附加。是否存在一些例外情形，打破这些附加税的减免常规？在各税种税收优惠管理普遍存在问题的背景下，附加税特定税收优惠的形式正义与实质公平又该如何体现？

三、地方附加税法的理论构建与技术分析

地方附加税的运行弊病与疏漏，呼唤附加税理论的构建与祛魅。这将极大改变附加税研究的“依附”现状，有助于确立与主税相同的研究主体地位，扭转学说与实务对附加税立法的批评、偏见，为税制革新乃至央地财政关系法治化提供更多优质方案。

（一）以税法三基本理论组合打造地方附加税法学分析工具

从本质而言，附加税亦是税的一种，只不过在某些构成要件与税政管理上依附于主税。既然是税，就应契合税法基本理论，自觉接受税收法定、量能课税和稽征经济三大建制原则[②]的约束。无论是主税还是附加税，其创设、修改与废止，相应的基础理论主要为可税性理论、课税禁区理论以及税收构成要件理论，三者既有各自较为丰富的体系内容，彼此又型构出密切的税收逻辑。兹一一阐述如下：

1. 可税性理论。可税性是指某种对象具有适合征税的性质，[③] 包括经济上的可税性与法律上的可税性。经济上的可税性主要是经济可能性与可行性，法律上的可税性则为征税的合理性与合法性。“征税是否合理，不应仅看经济

---

① 《城市维护建设税法（征求意见稿）》。

② 黄茂荣：《税法总论（第一册）》，植根法学丛书编辑室2012年版，第153—165页。

③ 刘景明：《也论税法上的可税性》，刘剑文主编：《财税法论丛》（第2卷），法律出版社2003年版。

上的承受力，还应看征税是否平等，是否普遍等方面；征税是否合法，不应仅看是否符合狭义上的制定法，而且更应看是否合宪，是否符合民意，是否符合公平正义的法律精神。”① 法律上的可税性又包括主体可税与客体可税两个层面，主体层面主要牵涉国家征税权行使的合法性与必要性，客体层面指代确定征税范围的要素，包括收益性、公益性、营利性等。② 其中，收益性是确定征税范围的基础要素和第一前提。③ 可税性理论所要解决的问题是，面对世间万物，如何对事物课税方能实现税捐基本正义?④ 为此，可税性理论主要从法律视角提供了符合学科气质的课税资格论证方案。附加税的可税性，即附加税的课税资格问题，主要体现为创设的合法性以及征税范围即所附主税的必要性。

2. 课税禁区理论。课税禁区有广义和狭义之分，即有的理论架构多来源于宪政与纳税人基本权利理论。狭义上的课税禁区是人民最低生存所需的所得不得课税；广义上，除纳税人生存性财产不可侵犯，纳税人的再生利益，体现为纳税人财产权以及人性尊严、人格自由等其他权利同样需获保障。⑤ 广义课税禁区认为，课税禁区是国家不能侵害的纳税人基本权利的统一体。由此可见，当前课税禁区理论围绕纳税人基本权利，从生存到财产，从财产到自由，逐步拓展法律所禁止的国家课税权力不能侵入的疆域。课税禁区在附加税上的施展，主要体现在附加税对主税减免的态度和附加税本身的税收优惠上。哪些情形主税减免，附加税可以不随之减免；反之，哪些情形主税不减免，附加税却能独立作出优惠规定。在附加税法的全部税收优惠中，是否存在超越主税，变相违背纳税人基本权的情形?

3. 税收构成要件理论。税收构成要件研究的最新进展为阶层税收构成理论，认为税收构成要件不仅具有构成要件的普适性能，而且保有税法学科的独特秉性，这一复合性特质使其内生税收法定、法益保障和税际识别三大本体机能。⑥ 税收构成要件亦存在广狭两义之分。狭义税收构成要件包括一般要件与

---

① 张守文:《论税法上的可税性》,《法学家》2000年第5期。
② 张守文:《财税法疏议》，北京大学出版社2016年版，第137—148页。
③ 张守文:《收益的可税性》,《法学评论》2001年第6期。
④ 黄俊杰:《税捐正义》，北京大学出版社2004年版，第2页。
⑤ 王婷婷:《课税禁区法律问题研究》，法律出版社2017年版，第34—35页。
⑥ 叶金育:《税收构成要件理论的反思与再造》,《法学研究》2018年第6期。

特殊要件，纳税主体、税收客体（征税范围、课税对象）、客体归属、税基（计税依据）、税率为一般要件的最大共识；[①] 特殊要件指税收特别措施，包括税收重课与税收优惠。[②] 广义税收构成要件等同税法构成要件，由税收（实体）构成要件和税收程序要件[③]组成。除税率与税收优惠外，附加税并无明显的独立构成要件，地方附加税的构成要件特性，尤其是与主税构成要件的联系与区别，需要税收构成要件理论予以识别、型塑，这事关税法文本质量，勾连附加税的存留基础。

（二）地方附加税剖析的法学技术路线

可税性理论、课税禁区理论以及税收构成要件理论是税法学的重要基础理论，但三者之间的关系似乎无人问津。无论是主税还是附加税，税制如何策划才能最大限度展现课征正当性？当某一主税或附加税制运行颇久，与经济社会发展形势日渐脱节，又当如何修正、优化甚至废止，重新浇筑其形式法治与实质正义的脊梁？事实上，税法三基本理论组成的法学分析工具，为解决主税或附加税的运行正义问题提供了一种答案，可供我们发掘与阐释。

根据前述税法理论，依循图 1 所示技术路线：

首先，验证附加税是否满足主体可税与客体可税两大条件。主体可税方面，附加税的创设与优化除具备合法性这一基本条件外，须深度论证附加税创设的必要性。客体可税方面，附加税需要审思收益性、营利性、公益性等税收客体标准，以为遴选可附主税提供指引。不难看出，国家不应在收入来源较少或稽征成本颇高的主税上施以附加。

其次，不可否认，可税性理论与课税禁区理论有些许重叠，比如二者都有课税公平正义和考虑经济承受力、可行性的目标和内容。但可税性理论设计过于简单、各项指标认定有待细化，主要用以衡量负担能力、解决课税资格。[④] 故而，（1）若附加税无法通过既有可税性理论验证，则丧失入税资格，自然无须再行讨论；（2）若通过验证，则同步生成“待课附加税制”，进入课

---

① 黄茂荣：《税法总论（第三册）》，植根法律丛书编辑室 2008 年版，第 85 页。

② 施正文：《税收债法论》，中国政法大学出版社 2008 年版，第 25 页。

③ 施正文：《税收程序法论：监控征税权运行的法理与立法研究》，北京大学出版社 2003 年版，第 206—207 页。

④ 王世涛：《财政宪法学研究》，法律出版社 2013 年版，第 130 页；王婷婷：《课税禁区法律问题研究》，法律出版社 2017 年版，第 43 页。

税禁区筛选环节。因为与丧失入税资格后的永久禁区不同，课税禁区内的生存所得和纳税人财产实质上符合可税性理论，具有入税资格，只因对其征税属侵犯纳税人基本权行为，税法特给予其低税、免税直至不征税待遇。相关主体运用课税禁区理论筛选时，遵循由简单至复杂，由初阶循高阶的原则，从基本生存权保障至基本财产权维持，结合实际有序拓展至基本社会权利、人性尊严、人格自由等其他权利。[①] 经课税禁区审查后，无外乎有三种结果：(1）待课附加税制顺利通过检验，无须增添税收优惠；(2）待课附加税制再增添部分税收优惠即可通过检验；(3）待课附加税制若投入运行，将严重侵犯纳税人基本权，无法通过检验。除第一种结果可直接进入最后环节外，若为第三种，则应即终止附加税立法工作，避免不必要的资源耗损。若为第二种，则需要考虑增添的税收优惠能有多大实施空间与完成度，税制应当如何深入型塑等。需要说明的是，税收优惠分为保障型和调控型两种，[②] 课税禁区服务于保障型税收优惠，虽无法为调控型税收优惠提供直接指导，但若对保障型税收优惠关注不足、制度缺位，同一税种中调控型税收优惠的合法性、正当性必受减损。

最后，一旦具备可税资格的待课附加税制通过禁区，除背后起决定性作用的政治因素外，原则上不应再有实质性落地障碍。税制立法应先考虑构成要件表达，再思税收征管程序。因为税收构成要件是税法核心，程序税法具有保障作用，只有契合实体要件，方可效率最大、成本最低。尽管附加税只有少量独立构成要件，但附加税构成要件与主税构成要件的联结，无论附加方式抑或立法技术，都不仅仅是经济与技术的考量，融实体与程序要素为一体的附加税构成要件，其设计时理应遵从税收法定、量能课税、稽征经济三大税法建制原则，皆宜详加斟酌。

---

① 邹新凯：《涉税民间称呼的税法反思与前瞻》，《税务与经济》2019年第2期。

② 王霞：《税收优惠法律制度研究——以法律的规范性及正当性为视角》，法律出版社2012年版，第187页。

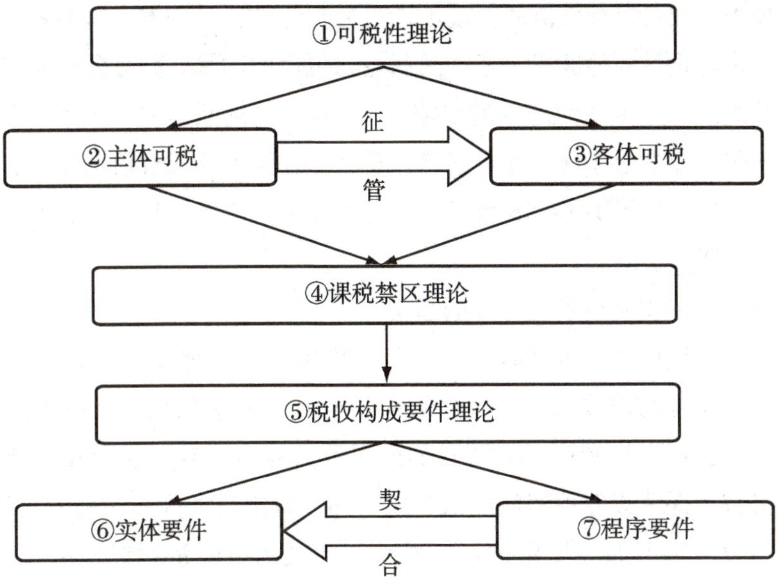

图1　税制立、改、废检测技术路线图

四、地方附加税法的理论拓补与智识进阶

虽然附加税可沿“可税性理论→课税禁区理论→税收构成要件理论”的技术路线配置法律资源，并夯实课征正当性基础，但不难发现，在税法学分析工具对附加税的检测中，相比课税禁区之于税收优惠，建制原则之于构成要件，可税性理论十分粗糙；聚焦主税的分析方法较多，顾及附加税的内容较少，缺乏如主税般的可操性规则。这不仅会减损法学分析工具的指导效力、遗漏诸多关键税收立法环节，附加税课税资格这一前置问题的忽视更会为后续税制设计带来重重难题，消耗不必要的立法资源，因此有必要二次打造可税性理论。

（一）附加税立法中可税性理论的拓补

当前，可税性理论需要从主体可税与客体可税两个维度提供是否支持附加税课征的资格论证方案。主税之上课征附加税，更属国家对纳税人财产权的“侵损”，是故须详细考究课征行为的合法性、合目的性、必要性、正当性，洞悉相关影响因素，保持征纳双方的利益平衡。这一要求十分耦合比例原则的精神。比例原则由适当性原则、必要性原则和狭义比例原则即均衡性原则组成，是税收实体法和程序法共通的一项核心原则。通过考察目的和手段之间的关系，尤其是要考察征税目标价值的实现不能过分损害纳税人的基本人身财产权利这一方面，来防止过度地破坏二者之间利益与价值的均衡，并且其也是征税裁量权行使杜绝恣意与专横的理性的保障。[①] 正因“比例原则兼具了原则和规则的功能，不仅在理念上体现了其对平等、正义、人性关怀等价值的追求，而且也为制度的具体运作提供了标准和衡量的尺度”,[②] 为贯彻可税性理论和实现实质法治奠定了坚实基础。

1. 比例原则对主体可税标准的细化

在论证附加税开征资格时，主体可税维度，有必要率先厘定附加税的立法目的。无论是财政收入还是特定目的，均要证实附加税开征确有助于立法目的的达成。其后，详考达成立法目的的手段究竟有哪些。通过整体审视，国家凭借公权力课税以获取财政收入为主，达成特定目的为辅，前者如增值税、企业所得税，后者如环境保护税、耕地占用税。但经济社会发展情势复杂，“政策目标多样且时有冲突，在税收立法中表达立法目的十分困难”,[③] 一个税种很有可能囊括了多种目的，需要具体分析。就实现税收目的的手段而言，除主税、附加税外，尚有行政事业性收费、政府性基金、国有资源（资产）有偿使用收入、国有资本收益等非税收入，更不乏行政指导、行政奖励、行政管制以及行政处罚等其他类别的政策工具。在同样可以实现税法目的的诸多政策工具中，哪种工具损害度最小？这需要定性分析与定量测算的双重保障。其中定性分析是定量测算的前置基础。[④] 当诸多政策工具完成度和收益率相仿，通过分析、测算损害度，可敲定附加税的课税资格。但从实践看来，比例原则三个分支原则的适用可以循环往返进行,[⑤] 且在实际审查中，囿于规制环境复杂多变，审查主体在必要性原则和均衡性原则之间反复权衡是有可能的。[⑥] 因此，经常面临的情况是，立法者需要充分比对附加税与其他政策工具的利弊得失，综合考量政策工具成效等客观标准,[⑦] 可接受性、选择经验、偏好、惯例等主

---

① 姜昕：《比例原则研究——一个宪政的视角》，法律出版社2008年版，第18页。

② 李刚、程国琴：《税收代位权与撤销权的比较研究》，《当代财经》2007年第11期。

③ 叶金育、褚睿刚：《环境税立法目的：从形式诉求到实质要义》，《法律科学》2017年第1期。

④ 向立力：《中国公平竞争审查制度的理论梳理、制度基础与机制完善》，《法治研究》2017年第3期。

⑤ 蒋红珍：《比例原则阶层秩序理论之重构——以“牛肉制品进销禁令”验证适例》，《上海交通大学学报》（哲学社会科学版）2010年第4期。

⑥ 王磊：《比例原则下公平竞争的深入审查》，《西安交通大学学报》（社会科学版）2017年第6期。

⑦ 叶金育：《体育产业发展中的财税政策工具：选择、组合与应用》，《体育科学》2016年第6期。

观因素，[①] 以及政策工具目标、界定成功的指标、副作用、数据问题、方法论问题、政治问题以及成本等关键问题，[②] 及时探寻工具实施后会发生什么，[③] 以最终获取附加税课税资格的最佳论证方案。

2. 税收公平对客体可税标准的拓补

一旦确定课征附加税属最为契合合法性与比例原则的明智之举，计税依据的选择，即附加主税范围的划定，需要以税收公平原则即表现为量能课税与量益课税为操作标准，[④] 竭力实现可税性所力倡的税法基本正义。

详言之，依据不同的税法目的，附加税可分为两类：财政收入附加税与特定目的附加税。鉴于量能课税为税法主导原则，[⑤] 若所课附加税为前者，则所选附加主税应为税收收入较多、量能课税贯彻较好的税种；若所课附加税为后者，则需优先明晰特定税收目的，探讨所附主税为何方能体现与目的的相关性，因为主税与特定目的越关联，立法目的的践行越充分。这种相关性的判断与政府性基金具有相似的原理，不妨鉴其以作操作标准。政府性基金的负担群体因该基金目的而具有共同的利益状态，基金负担理由与金钱给付义务之间存在特殊的法律关联，基金以“事务密切性”及“群体责任”作为公课基础，[⑥] 比如政府性基金或为免除公法上义务创造了可能性，或者是类似于行政法上的代履行，或者直接就是为了基金义务人的共同利益——均为一种受益过程的体现。[⑦] 由此，量益课税可在此处发挥显著的指导作用。结合量能课税与量益课税的要义，具体探讨特定目的附加税时，可循以下“三步走”的技术路线：

首先，以量益课税为工具划定与特定目的相关联的主税税种。量益课税的核心是受益，根据受益程度决定负税大小，受益既可定性分析又可定量测算，以渐次分等主税与立法目的的密切性，指导附加税划定税基范围。需要注意的

---

① ［美］B. 盖伊·彼得斯等：《公共政策工具——对公共管理工具的评价》，顾建光译，中国人民大学出版社 2007 年版，第 205—206 页。

② ［美］小约瑟夫·斯图尔特、戴维·M. 赫奇、詹姆斯·P. 莱斯特：《公共政策导论》（第三版），韩红译，中国人民大学出版社 2011 年版，第 119—121 页。

③ ［美］托马斯·R. 戴伊：《理解公共政策》（第十二版），谢明译，中国人民大学出版社 2011 年版，第 284—298 页。

④ 杨小强：《保有环节房地产税改革与量能课税原则》，《政法论丛》2015 年第 2 期。

⑤ ［美］理查德·A. 马斯格雷夫、艾伦·T. 皮考克主编：《财政理论史上的经典文献》，刘守刚、王晓丹译，上海财经大学出版社 2015 年版，第 114 页。

⑥ 辜仲明：《特别公课规范概念之探究》，《兴国学报》2002 年第 1 期。

⑦ 熊伟：《专款专用的政府性基金及其预算特质》，《交大法学》2012 年第 1 期。

是，受益有直接受益与间接受益之分，情况越复杂，受益判断越模糊，越需要财税民主的加持。

其次，在运用受益标准划定主税可选范围之后，立法者需要优选最能昭示受益关系的主税税种，伴随关系的疏远，选择范围逐步限缩，直至各主税附加课税资格丧失。

最后，若受益标准的判定与量能负担的坚守相持不下，即某一主税与特定目的的受益关联相当模糊时，立法者或直接将该主税排除，或需要返回量能负担的基本路线，优选范围中收入较多、量能负担贯彻较好的主税税种。

综上，可税性理论中主体可税与客体可税标准的科学性、可操性增强之后，“可税性理论→课税禁区理论→税收构成要件理论”对附加税立法的指导将日益坚实。（如图2所示）附加税通过可税性理论验证、具备符合税法基本正义的课税资格后，随即进入课税禁区环节。考察税种对纳税人基本生存权、财产权以及其他基本自由权利的影响需要结合当前国情特色，稳步推进。在税收优惠的设计充分尊重纳税人各项基本权后，方可秉持三大建制原则，落笔税法文本与构成要件。

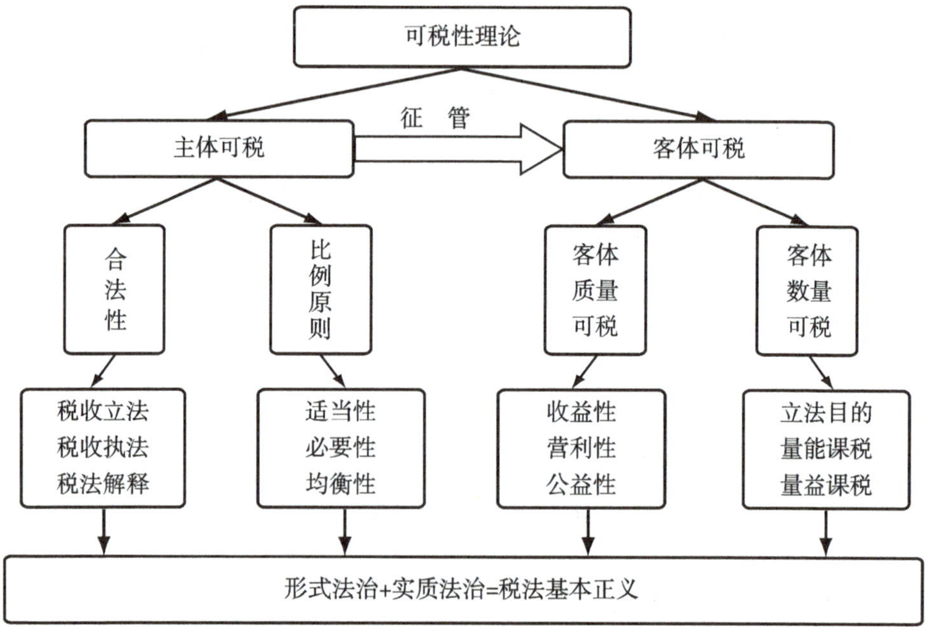

图2 经税收公平与比例原则改造后的可税性理论

（二）附加税立法的阶段划分与技术进阶

附加税在国内外的制度实践显示，其可能的发展阶段有三：第一阶段，附加税是国家筹建某一领域内专项建设资金的规范性工具，如工商税附加、农业（农业特产）税附加；第二阶段，附加税既有为政府一般公共支出筹资的功能，又兼央地财政体制的分权工具，有利地方财政自主的勃兴，如地方所得税；第三阶段与第二阶段相似，区别在于立法者与央地政府对附加税的潜在功用认识充分，附加税已经成为央地财政分权体制的主导模式，地方享有稳固的自主空间，如美国、日本的纵向税权分配体制。

对于附加税可能存在的不同发展阶段，"可税性理论→课税禁区理论→税收构成要件理论"组合而成的法学分析工具自当与时俱进，提供相应智识叙说。随着附加税地位的擢升，这一法学工具的证成要更为认真、更加谨慎。附加税的可税性既要放在整个税制中统筹考虑，注重税际协调，更要评估包括非税政策工具在内的所有规制工具，做好政策创新。① 伴随附加税的功用越被重视、逐步释放，税基、税率、税收优惠、征管程序等税制要素不仅对纳税人基本权利和税法建制原则的坚守更加不易、越趋复杂，一旦涉及央地财权体制，附加税法学分析工具纵然有助于附加税自身壮大、扩围地方财政自主空间，但仍有必要重视国家治理模式、宪法相关条款、其他财税法理论以及相关制度协调与利益平衡要求等对地方财政自主权的制约，② 并努力结合不同发展阶段及时将这些限制因素纳入法学分析工具中，以持续增强理论解释力。

五、地方附加税法的制度演进与协调
——以《城建税法征求意见稿》为例

城市维护建设税自诞生以来，除铁道部门、各银行总行、各保险总公司集中交纳的城建税部分由中央安排外，其余收入完全归属地方，由地方度支。③ 城建税地方附加税的身份不容质疑。④ 以功能增强后的地方附加税法学分析工

---

① 张克：《西方公共政策创新扩散：理论谱系与方法演进》，《国外理论动态》2017 年第 4 期。

② 何锦前：《地方财政自主权的边界分析》，《法学评论》2016 年第 3 期。

③ 《国务院关于实行分税制财政管理体制的决定》（国发〔1993〕85 号）。

④ 《国家税务总局关于城市维护建设税等地方税有关问题的通知》（国税发〔1994〕035 号）。

具检视、验证《征求意见稿》，需要着力回答以下三个关键问题：其一，城市维护建设税是否有立法必要？在倡行税收法治的当下，一旦无立法必要意味着该税种应当取消，或转型为其他政策工具。其二，城建税立法是否应当明确立法目的、保留专款专用条款，抑或明示地方的财政自主空间？其三，城市维护建设税的税基、税率、税收优惠等关键构成要件要素的谋划是否合理？

（一）可税性理论的验证

从主体可税的合法性维度考量，将城建税由暂行条例上升为税法，是形式法治的该当体现。《征求意见稿》就城建税构成要件整体作出较为明确的规定，即便日后需要财政部或国家税务总局予以解释，在当下中国也整体具备正当性。①

城建税以“加强城市维护建设，扩大和稳定城市维护建设税的资金来源”为稽征目的，《征求意见稿》立法材料中证实该税课征取得了一定成效。但城建资金缺口普遍较大，在城建资金来源中，城建税收入低于非税收入总量，甚至一些地方的城市维护建设税低于单项的城市基础设施配套费收入，国有土地使用权出让收入及相关土地收费成为城市建设资金的主要来源，② 城建税只能着力维护，乏于城市建设。正因城建税早已无法独自应对城市维护建设事业，故而单独设立这一特定目的税的正当性不免遭受质疑。

做好城市维护、加强城市建设的方式较多，就筹资手段而言，征税以外，行政事业性收费、政府性基金、本地国有资源（资产）有偿使用收入、本地国有资本收益、罚没收入、发债以及PPP等皆可。尽管土地财政填补了分税制改革后转移支付的结构性缺陷，契合了土地开发与城市扩张的经济增长趋势，为地方经济社会发展提供了较多动力，③ 但有必要引起警惕，“地方政府对土地财政的依赖也引发土地出让行为短期化、地方债务风险、助推房地产价格虚高、影响经济结构转型升级、破坏生态环境等问题”。④ 需要同步评估的是，当前，中央持续出台多项有利企业的减税降费举措，助推实体经济和小微企业成长。随着积极财政政策效用的持续发挥，行政事业性收费很可能进一步减免，加之

---

① 叶金育：《国税总局解释权的证成与运行保障》，《法学家》2016年第4期。
② 于竟远：《城市建设资金管理与事权划分问题研究》，《财政科学》2017年第2期。
③ 孙秀林、周飞舟：《土地财政与分税制：一个实证解释》，《中国社会科学》2013年第4期。
④ 迟弘、于志才：《地方政府土地财政引发的问题及化解对策》，《经济纵横》2018年第4期。

政府性基金严格按照目录运行，政府收费权力将不断萎缩。①

至于行政罚款和地方债，其不仅终有上限，盲目扩张必然带来严重的经济社会问题。PPP 模式虽然能够减轻财政压力，提高公共服务的供给质量与效率，助推“小政府、大社会”优良市场机制的构建，但因其方兴未艾，在发展方式、项目运行、法律适用、程序技术等方面存在诸多待解难题，需要有效的政府规制，任重而道远。② 税收不仅历史悠久，制度实践较为成熟，而且现代税收规范性颇高，与财政法治直至依法治国的契合度最好，是能够超越其他筹资手段的最具发展潜力的规制工具。即便如此，选择主税还是附加税以支应城乡建设资金，仍待商榷。城市维护和建设本就是基本的政府职责，是政府应当提供的公共服务，隶属一般性政府开支，实无必要就此专门、继续开征附加税或新税。诚然，税收归根结底是政治行为，受到各种政治影响因素的控制和调配，③ 但环境保护税、消费税、耕地占用税、资源税以及房地产税等立法活动，指向增税明显是大概率事件。央地事权与支出责任关系厘清后，地方又可以节省许多不必要的政府开支。照此，主税能够缓释甚至解决城乡建设的合理支出，附加税课征的必要性值得推敲。

从目前来看，城建税立法的主要动力还是政府希望能继续汲取这部分财政收入，以持续满足国家建设与政府开支的需要。这在《征求意见稿》将立法目的与专款专用条款取消后更加明显。财政专项资金的统筹整合既有利于提高现有资金的管理效率与运用质量，清理冗余，又为之后的减税降费预留充分空间。但追溯附加税历史与城建税出台背景，立法目的与专款专用是城建税课征正当性的关键基础。统筹整合资金固然重要，但应在城建税专项资金尚有结余时再行整合，盲目剪除关键条款，必将使城建税资金期初便陷入无法可依、任由各地裁断的混沌状态，徒增行政管理的困境烦恼。据此，《征求意见稿》应恢复立法目的与专款专用条款，同时规定城建税年末或当期资金尚有结余，可由地方政府根据本地需要统筹安排使用，以不断提高资金使用效率。

---

① 审计署 2018 年第 48 号公告《2018 年第二季度国家重大政策措施落实情况跟踪审计结果》。

② 参见吴淼、徐小丰：《PPP 模式中的政府规制：西方发达国家的经验研究》，《华中科技大学学报》（社会科学版）2018 年第 2 期。

③ ［美］B. 盖伊·彼得斯：《税收政治学：一种比较的视角》，郭为桂、黄宁莺译，江苏人民出版社 2008 年版，第 68—70 页。

至此，国家只保留了一个功用尚可、运行规范的附加税种，未开征新税，且通过税内、税际调整，努力使民众税负不断降低，只要上述《征求意见稿》中的问题疏漏得到填补，便能达致各方利益平衡。附加税的这种立法思路虽然基本契合比例原则，但长远观之，即便要推行附加税模式，城市维护建设税也应废止，以求课税资格坚不可摧。

客体可税方面，城建税以增值税、消费税为附加税种，两大主税在收益性、营利性、公益性上当无异议。《征求意见稿》第二条采用正反列举的立法技术，将城建税计税依据限定为“纳税人实际缴纳的增值税、消费税税额，以及出口货物、劳务或者跨境销售服务、无形资产增值税免抵税额”“对进口货物或者境外单位和个人向境内销售劳务、服务、无形资产缴纳的增值税、消费税税额，不征收城市维护建设税”。城建税以筹集城建资金为要旨，增值税和消费税属流通领域的工商税收，虽然由生产经营者纳税，但最终由消费者承担。城市、乡镇及时维护、用心建设，营商环境才会有所改善，居民的生活环境也能得到优化，消费水平亦会不断增强。生产经营者和个人基于一系列受益过程纳税，符合税收正义。但城乡维护建设的受益主税范围远非如此。既然城乡维护建设的受益主体包括生产经营者和个人，除增值税、消费税外，与之关联度较高的还包括企业所得税、个人所得税，《征求意见稿》并未涉及。若城建税功用要获得强化，财政汲取能力的加大不可避免，据此，《征求意见稿》至少可以将个人所得税税额增列为城建税的计税依据，① 以免错失、遗漏有着课税资格的其他主税。

（二）课税禁区理论的验证

《征求意见稿》第四条规定，城市维护建设税的应纳税额按照纳税人实际缴纳的增值税、消费税税额和出口货物、劳务或者跨境销售服务、无形资产增值税免抵税额乘以税率计算。《征求意见稿》第七条规定，城市维护建设税的免税、减税项目由国务院规定。坚持以实缴税额为税基，城建税的附加属性增强，税收收入提高空间有限，况且在“营改增”“消费升级”等②政策环境下，增值税、消费税收入的降低趋势必对城建税财政汲取能力带来严重影响，收入

---

① 王玲：《城市维护建设税的功能定位与制度重构》，《财经科学》2017年第12期。

② 《中共中央、国务院关于完善促进消费体制机制、进一步激发居民消费潜力的若干意见》。

的弱化不利于城乡公共事业和基础设施的长久维护与建设，与税名所反映的立法理念背道而驰。据此，应将《征求意见稿》第四条的“实缴”修改为“应缴”，以使城建税与附加主税保持一定的距离，既能助力城建资金稳步增长，更能竭力减少增值税、消费税课税禁区对附加税使命达成带来的不良影响。再进一步，若城建税法未来想要发挥更大的财政筹集功能，宜将计税依据由两税税额修改为两税税基，即与增值税、消费税实施税基分享。

城建税的税收优惠总共有两种。一种是随增值税、消费税减免而减免，另一种是城建税较为独立的税收优惠。从历史来看，隶属城建税自身的优惠政策极少，主要为对国家重大水利工程建设基金、三峡工程建设基金的免征以及结合国民经济和社会发展形势而采取的其他优惠。《征求意见稿》的税收优惠条款采用概括式立法技术，统一交由国务院规定，有优惠数量上的考虑，但优惠质量上的思虑不周同样十分明显。实践中，大多数税收优惠在一定程度上背离了量能课税，且若优惠权缺乏监督，滥用情形几乎不可避免。[①]《征求意见稿》没有对税收优惠的监督事宜作出规定，不得不说是一大遗憾。税收优惠的权力失控或盲目扩大课税禁区的范围、减损国家财政收入，或容易导致课税禁区恪守出现严重的结构性错位，如对纳税人人性尊严、人格自由的重视度远高于生存权和财产权，这都背离了税法公平正义，可能引发严重危机。据此，《征求意见稿》应对第七条作出补充规定：城市维护建设税的免税、减税项目由国务院规定，并报全国人民代表大会常务委员会备案。

尽管城建税随增值税、消费税减免而减免，但其可规定特有的减免税项目，这为城建税课税禁区的建设预留了法律空间。实际上，我国增值税、消费税制度设计存在不少问题。比如“粮食等农产品、食用植物油、食用盐；自来水、暖气、冷气、热水、煤气、石油液化气、天然气、二甲醚、沼气、居民用煤炭制品；图书、报纸、杂志、音像制品、电子出版物；饲料、化肥、农药、农机、农膜”等货物的增值税率为10%，其中有较多满足民众基本生产生活（物质）和精神生活的商品类型，对民生服务而言，6%的税率仍然较高。立法者对此不加区分统一课征，已经背离了课税禁区理论要旨。域外主流国家对关涉民众基本生活的商品和服务类型，通常予以低税、免税甚至不征税待遇。在增值税、

---

① 熊伟：《法治视野下清理规范税收优惠政策研究》，《中国法学》2014年第6期。

消费税立法改革尚未有效推进时，城建税对关涉民众基本物质生活和精神生活的商品、服务类型予以低税（如减半征收）、免税待遇，降低生产经营者和民众税负，尽管会损失部分财政收入，但强化了城建税课征的正当性，有助税收利益的长远守护。

（三）税收构成要件理论的验证

税收构成要件（实体）和程序要件都要接受税收法定、量能课税以及稽征经济三大建制原则的系统检视。以税收构成要件为例，城建税立法具备最低限度的合法性要求，能经受住基本的比例原则与量益课税考量，但税收法定的完整达成路途漫漫。相比《城市维护建设税暂行条例》（以下简称《暂行条例》），除纳税人实际缴纳的两税税额外，《征求意见稿》特意指出将城建税计税依据扩至出口货物、劳务或者跨境销售服务、无形资产的增值税免抵税额。这并非税法创新，《财政部、国家税务总局关于生产企业出口货物实行免抵退税办法后有关城市维护建设税教育费附加政策的通知》（财税〔2005〕25号）中早已规定。税法得到普遍遵循是税收法治的前提，囿于现实生活复杂多变，税法适用时的解释技术不但必不可少，且有极大的发展空间。文义解释在诸解释方法中具有优先地位已是部门法的共识，对于格外重视规则明确性与稳定性的税法更不应例外。[①] 当文义解释无法得出正当结论时，方可由法意解释、目的解释、体系解释辅助得出。[②] 由此观之，增值税免抵税额是出口应退税额抵顶内销税额的部分，当期增值税免抵税额是指当期免抵退税额减去当期应退税额之后的余额。易言之，这部分不能退的差额可视为出口企业当期缴纳的增值税额。从文义解释出发，这部分差额处在“实际缴纳的增值税、消费税税额”可能的语意范围内，因此，《征求意见稿》第四条不免陷入语词繁杂、重复的逻辑矛盾中。就优良税法的品性而言，起草的法律不仅应当是清晰、简洁、精确，具有针对性和可执行性的文本，而且应当是在视觉、结构和术语使用上有序的文本，即应当以一种连贯和一致的方式来表达[③]。据此，《征求意见稿》第四条或删除“以及”后面的重复内容，或将“以及”改为“包括”，使前后内容在逻辑上保

---

① 闫海主编：《课税事实认定的法理建构与制度创新》，辽宁大学出版社2018年版，第24页。

② 孔祥俊：《法律解释与适用方法》，中国法制出版社2017年版，第376—394页。

③ ［法］安娜·瓦格纳、［爱尔兰］索菲·卡西圭蒂·法伊：《法律中的晦涩与明晰：前景与挑战》，苏建华、石伟东、崔飞等译，中国政法大学出版社2014年版，第176—178页。

持畅通。

城建税附加税种的遴选遵循量益课税，但税种划定、税基明晰之后，《征求意见稿》的税制设计仍要由量能课税的公平原则主导。相比《暂行条例》，《征求意见稿》第三条将税率按照市区、非市区一分为二的做法显非公平，缺乏对经济社会发展的长远考虑。法案起草者取消非城镇地区适用的1%城建税率，确实可以有效解决"登记注册地与生产经营地错位"这一避税行为引发的企业间税负不公，一定程度上促进市场公平竞争，止损财政收入。但2018年初《中共中央、国务院关于实施乡村振兴战略的意见》要求多措并举解决"三农"这一关系国计民生的根本性问题。财政部、商务部、农业农村部、中国邮政储蓄银行、中华全国供销总社等纷纷出台实施细则，从财政、农商、金融、消费等多领域贯彻落实乡村振兴战略。可以想见，未来的农村、乡镇将有大量企业诞生、发展。《暂行条例》在非城镇地区实行1%的低税率，既可鼓励企业在此投资经营，又能最终降低乡镇民众的消费负担，全面振兴乡村经济，助推基础设施建设。另外，鉴于各地市区、城镇、乡村发展情势不一，将差别比例税率改为中央和省级地方控制下的幅度税率，如同《耕地占用税法》《城镇土地使用税暂行条例》一般，不但更加契合事物本质、较为妥适，亦赋予地方一定的财政自主空间，激发其积极性，为乡村振兴、城镇勃兴助益。据此，《征求意见稿》应恢复《暂行条例》所定的三类税率模式，并将比例税率提升至幅度税率，做好地方自主下的上级批准或备案监督工作，这对解决城建税的避税问题颇有助益。同理，无论是《暂行条例》抑或《征求意见稿》，税收筹集既来自城乡，税收收入又用于城乡，既如此，宜将城市维护建设税修正为城乡维护建设税，这在"94税制改革"设想中早有反映，理应落实。①

六、结语

地方附加税在分税制法治优化中可发挥关键性作用，至少已被部分国家证明是一种可行的央地分权改造方案。遗憾的是，目前国内缺乏对地方附加税的理论研究，相关成果较为散碎，地方附加税的实践更为初级。若要革新、推进

① 《国务院批转国家税务总局工商税制改革实施方案的通知》（国发〔1993〕90号）。

附加税立法，需要考察新中国成立后尤其是改革开放以来地方附加税的历史，总结经验，汲取教训，发现问题。厘清实践经历与问题疏漏之后，组合运用可税性理论、课税禁区理论以及税收构成要件理论，组合生成法学视角下的分析工具，并使用比例原则、立法目的指引下的量能课税与量益课税等，对其中的薄弱环节即可税性理论加以改造、拓补，强化分析工具威力。在打造完备、科学的分析工具的基础上，方可对《征求意见稿》这一典型地方附加税法的创设必要性、立法目的、构成要件、资金使用等进行系统检视，以竭力擢升城建税法的正当性品格，促进地方附加税法各项潜能的逐步发挥。

房地产税法中量能课税原则的适用

——以税收负担调节机制为视角

黄心怡*

目　次

一、引言

自2011年上海和重庆两地开展的房地产税试点改革以来，房地产税成为人们持续密切关注的事项。[①] 2018年《十三届全国人大常委会立法规划》将房地产税法列为第一类项目，在任期内拟提请审议，制定房地产税法已经成为落实税收法定原则的重要环节。《2019年国务院政府工作报告》指出，要“稳步推进房地产税立法”，相较于2018年“稳妥推进房地产税立法”的表述，多了几分审慎之义。时至今日，房地产税法草案仍未公布，公众对房地产税法充满了期待和担忧。期待在于房地产税法的出台将给纳税人以行为导向，担忧在于房地产税法的出台可能会给纳税人带来过重的税收负担。由于房地产税理论上属

---

* 中国人民大学法学院硕士研究生。

① 本文所称房地产税，指在保有环节针对房产的征税，不包括在交易等其他环节针对房产的征税。

于无法转嫁的直接税，纳税人的“税收痛苦感”和“税收焦虑”[①] 尤为明显，房地产税法的出台和实施都将面临不小的阻力。政府、市场和纳税人等各方的利益博弈将影响房地产税法的出台，纳税人的主观负担意愿和客观负担能力亦将影响房地产税法的遵从。如何合理调节纳税人的房地产税负担，使其符合量能课税原则，奠定房地产税的正当基础，实现房地产税的负担适当，纾解纳税人的抵触心理，是房地产税法面临的一大难题。本文将在论证量能课税原则作为房地产税法的基本原则的基础上，揭示房地产税与量能课税原则之间的张力，借由税收负担调节机制作为房地产税与量能课税原则之间的中介，合理调节纳税人房地产税的负担，实现房地产税与量能课税原则的契合。

二、基本原则：量能课税原则的崛起

量能课税原则，是指应当将税捐负担按照纳税人经济上的负担能力进行平等分配的原则。[②] 从法治国到社会法治国的历史嬗变，体现了量能课税原则与税收法定原则之间的平衡，表征实质正义的量能课税原则开始得到重视。在量益课税和量能课税的学说博弈中，量能课税原则因更符合税收正义而成为房地产税的正当性标准。在财政思想和基本原则的地位争论后，量能课税原则作为包括房地产税法在内的税法基本原则在学术界逐渐达成共识。

（一）历史之源：法治国到社会法治国的嬗变

德国法的国家目标和制度理念经历了从法治国到社会国，再到社会法治国的转变，法治国侧重于强调形式法治要求，社会国更凸显实质法治价值，社会法治国则将社会国的价值内含于法治国中。[③] 该嬗变过程体现出国家对于社会国原则所表征的实质正义的关注，以及在形式正义和实质正义间寻求平衡的努力。作为宪法基本原则的社会国原则要求国家应当更加积极地干预社会生活，以实现实质的社会公平正义。亚里士多德亦曾强调法的形式正义与实质正义相结合：“法治应包含两重意义：已成立的法律获得普遍的服从，而大家所服从的

---

① 刘剑文：《房产税改革正当性的五维建构》，《法学研究》2014 年第 2 期。

② 陈清秀：《量能课税与实质课税原则（上）》，《月旦法学杂志》2010 年第 8 期。

③ 张志铭、李若兰：《迈向社会法治国：德国学说及启示》，《国家检察官学院学报》2015 年第 1 期。

法律又应该本身是制定得良好的法律。”[①] 形式法治虽蕴含公民的共同意思，却未对法律本身的品质予以足够的关注。“在形式法治层面上能通过民众的合意来决定法律的内容，在实质法治层面上要体现社会福利，促进实质平等和共同体的存续。”[②] 将法治国到社会国的嬗变投射到税法原则上，即表现为从税收法定到量能课税的转变。更进一步的社会法治国原则则强调税收法定和量能课税的同等重视，在获取法律的形式正当性的基础上，亦应当关注法律本质的实质合理性。社会法治国是实质的法治国，其“致力于税捐正义的实现”“要求整体的租税负担应当公平地分配与各个个别的纳税义务人”，[③] 量能课税原则在社会法治国和实质正义价值的崛起下逐渐凸显其重要性。

当下我国税收法定进程正如火如荼地进行，所有税收条例要转变为狭义的法律形式。财政部指出，要加快完成在2020年落实税收法定原则的改革任务。[④] 截至2019年年底，我国共落实资源税等8个税种的法律制定，增值税法、消费税法等草案正在征求意见，契税法、城市建设税法等草案亦将提请审议。规范形式上的变化虽内含了实质的民主意涵，但对于税收制度本身的合理性却关注不足。税收法定赋予了税收形式上的正当性，量能课税则可为税制本身提供实质的合理性。应当将税收法定原则和量能课税原则结合，二者不可偏颇，在实质和形式两个面向上同时为房地产税法提供正当性基础。

（二）标准之争：量益课税与量能课税的取舍

关于财产税的正当性标准，有受益说和能力说两种学说，亦被称为量益课税原则和量能课税原则。二者背后存在着不同的正义观念，量益课税原则是基于补偿正义，量能课税原则乃基于分配正义。[⑤] 量益课税原则是指根据纳税人从政府提供的公共产品和公共服务中受益的程度，确定其应当负担的税收额度。量益课税原则有“受益负担”和“成本费用补偿”两种不同方法，计算纳税人

---

① ［古希腊］亚里士多德：《政治学》，吴寿彭译，商务印书馆1965年版，第199页。

② ［美］塔玛纳哈：《论法治——历史、政治和理论》，李桂林译，武汉大学出版社2010年版，第117页。

③ 陈清秀：《现代财税法原理》，厦门大学出版社2017年版，第15页。

④ 中共财政部党组：《建立支撑国家治理体系和治理能力现代化的财政制度》，《中国财政》2019年第4期。

⑤ 黄茂荣：《法学方法与现代税法》，北京大学出版社2011年版，第190页。

应当缴纳的税额。[①] 在此原则下，纳税人缴纳的税款相当于公共服务的“对价”，能够较好地满足公共财政需要，与房地产税的课证目的更为契合。但量益课税原则也具有诸多弊端，最明显的即量益课税原则不具可操作性。因为政府提供的公共服务具有非排他性和非竞争性，无法准确测量每个纳税人从中受益的程度，甚至无法得知纳税人是否从中受益，无从确定应纳税额。此外，还有学者认为量益课税原则具有累退性，不符合税捐正义。对公共服务需求更大、受益更多的纳税人往往自身经济给付能力较弱，却应当缴纳更多的房地产税。[②]

量益课税原则基于“受益者付费”的思想创造国家与受益纳税人之间的联系，量能课税原则则刻意创造国家与所有潜在纳税人之间的距离，使得国家可以普遍平等地对待每一个纳税人。[③] 相较于量益课税原则，量能课税原则更符合宪法上的平等原则、税收正义要求和税收伦理价值。税收是公民应当负担的一种无直接对价的金钱债务，公民应当对房地产缴纳税款是基于财产权之上所负的社会义务，[④] 每个纳税人都应当作出平等的牺牲，以应对国家公共财政需要。平等的衡量标准应当与税收金钱债务的性质紧密相连，税额的确定应当与纳税人的负税能力直接对应。量能课税原则包含了横向平等和纵向平等的内涵，即同等负税能力的纳税人应当承担同等的税收，不同负税能力的纳税人应当承担不同的税收。所谓“等者等之，不等者不等之”，[⑤] 由此实现以负税能力为判断标准，将宏观税负公平地分配给每一个纳税人。

（三）地位之辩：财税思想与基本原则的争论

量能课税原则应当作为税法基本原则的观点曾有过争议。有学者认为量能课税原则只是一种适用于有限领域的财税思想，无法上升为具有普遍约束力的税法基本原则。[⑥] 其中一个重要的原因即量能课税原则无法适用于间接税领域，仅能适用于直接税领域，甚至仅能适用于所得税，同样作为直接税的财产税是否适用量能课税原则都是值得商榷的。[⑦] 该观点从中国的税收实践出发，认为

---

① 柯格钟：《论税捐正义的追求：从宪法平等原则到税法量能课税原则的路径》，《台大法学论丛》2016年特刊。

② 杨小强：《保有环节房地产税改革与量能课税原则》，《政法论坛》2015年第2期。

③ 葛克昌：《税法基本问题（财政宪法篇）》，北京大学出版社2004年版，第121页。

④ 叶姗：《房地产税法建制中的量能课税考量》，《法学家》2019年第1期。

⑤ 朱大旗：《论税法的基本原则》，《湖南财经高等专科学校学报》1999年第4期。

⑥ 刘剑文、熊伟：《税法基础理论》，北京大学出版社2004年版，第128—146页。

⑦ 刘剑文：《财税法专题研究》（第二版），北京大学出版社2007年版，第200页。

不同于西方国家的税收体系以所得税为主，我国当下的税收体系以间接税为主，无法将量能课税作为税法基本原则适用于所有的税种。这种观点更倾向于是一种对于现实的妥协，[①] 也是一种对于实践和理论的混同。

在讨论量能课税原则的地位时，必须区分实践的实然面向和理论的应然面向，在两个不同层面分别进行审视。一方面，不能因为量能课税原则在实践中尚未能完全落实，而否定其基本原则的应然地位。以房地产税为例，在实践中房地产税与量能课税原则之间确实存在诸多先天和后天的张力，但量能课税原则正能纠正房地产税中与量能课税意涵相悖的现象，指导房地产税制的建设和完善向量能课税原则靠拢，促使房地产税更加符合税收正义的价值要求。另一方面，不能因为量能课税原则在客观上较难落实，而否定其基本原则的理论地位。现多数学者都将量能课税原则作为税法的基本原则。[②] 在适用范围方面，量能课税原则乃基于平等权、财产权及行为自由权等基本权，基本权无法部分适用、部分不适用，量能课税原则也相应适用于税法的所有领域，[③] 且量能课税原则在税收立法、税法解释、税收执法等方面均具有普遍约束力。[④] 在价值追求方面，量能课税原则反映了民主、人权和法治等价值，与现代宪治理念相契合。[⑤] 以上研究均为量能课税原则作为税法基本原则提供了理论基础。此外，也陆续有学者从房地产税方面讨论量能课税原则的适用，[⑥] 以量能课税原则指导我国房地产税制的建设和完善。有些国家甚至直接将量能课税原则在宪法中明文规定，例如法国、意大利、土耳其、巴西等国。[⑦] 总之，量能课税原则所体现的实质公平正义是税法追求的价值目标，也是各种税收的正当性基础，不

---

① 王茂庆：《量能课税原则与当代中国税法的变革》，《广西社会科学》2010 年第 5 期。

② 葛克昌：《量能原则为税法结构性原则——与熊伟台北对话》，《月旦财经法杂志》2005 年第 1 期；柯格钟：《量能原则作为税法之基本原则》，《月旦法学杂志》2006 年第 136 期；王茂庆：《量能课税原则与当代中国税法的变革》，《广西社会科学》2010 年第 5 期；黄茂荣：《法学方法与现代税法》，北京大学出版社 2011 年版，第 190 页；曹明星：《量能课税原则新论》，《税务研究》2012 年第 7 期；许多奇：《论税法量能平等负担原则》，《中国法学》2013 年第 5 期。

③ 葛克昌：《量能原则为税法结构性原则——与熊伟台北对话》，《月旦财经法杂志》2005 年第 1 期。

④ 许多奇：《论税法量能平等负担原则》，《中国法学》2013 年第 5 期。

⑤ 曹明星：《量能课税原则新论》，《税务研究》2012 年第 7 期。

⑥ 杨小强：《保有环节房地产税改革与量能课税原则》，《政法论坛》2015 年第 2 期；张富强、刘娟：《量能课税原则下房产保有税立法的正义价值》，《社会科学战线》2017 年第 4 期；叶姗：《房地产税法建制中的量能课税考量》，《法学家》2019 年第 1 期。

⑦ 柯格钟：《量能原则作为税法之基本原则》，《月旦法学杂志》2006 年第 136 期。

能因为落实的难度太大和阻力太强，就抛弃该原则对于财产税和间接税的理论指导力和约束力。

三、现实困境：房地产税与量能课税原则的张力

从 1951 年《城市房地产税暂行条例》到 1986 年《房产税暂行条例》，房地产税在我国已经有 60 余年的历史。房地产税在过去并非是一个引人注目的税种，在地方财政收入中的占比亦远不如增值税和所得税。2011 年房地产税试点改革后，征税范围扩大即部分非经营性房屋纳入课征范围，引发了人们的热切关注，折射出纳税人对于房地产税负担过重的担忧。房地产税的具体制度设计将直接与纳税义务人的税收负担相关联，而房地产税与量能课税原则之间具有天然的张力，极易出现纳税人主观不愿或者客观不能缴纳税款的情形。具体而言，在征税对象方面，房产与负税能力之间的关联微弱，导致房地产税的课税正当性存疑；在计税依据方面，房产价值与收入之间的增长错位，导致纳税义务人的税收负担失衡；在课证目的方面，财政收入与量能课税之间或有龃龉，导致量能课税原则较难落实。

（一）征税对象之张力：房产与负税能力关联微弱

“税者，非国家对私有财产权之分享，而系对财产权人经济利用行为所得盈余之参与分配。”① 房地产税在本质上并非对房产本体征税，而是对房产可能产生的收益征税，以在国家与个人之间分配财产收益。② 房地产税针对房产潜在的收益能力征税，与针对实际收益课证的所得税相互补充。③ 国家将房产的潜在收益能力表征为纳税人的实际负税能力，二者之间是否得以直接对应并无充分的论证，且在现实中二者常常存在割裂与错位的情形，使得房产税难与量能课税原则契合。在纳税人的房产潜在收益能力未实现时，其无法获得经济负担能力的实际提升，此时纳税人虽无需缴纳个人所得税，但仍应缴纳房地产税。即便纳税人将房产的潜在收益能力实现，纳税人将可能面临需要同时缴纳个人

---

① 葛克昌：《租税国的危机》，厦门大学出版社 2016 年版，第 62 页。

② 谢立斌：《房地产税的宪法学思考——以宪法财产权为中心》，《比较法研究》2019 年第 4 期。

③ 陈清秀：《量能课税与实质课税原则（上）》，《月旦法学杂志》2010 年第 183 期。

所得税和房地产税的境地。在前种情况下，出现税基和税源的错位，[1] 即在没有最终的税源即实际收入的情况下，对税基即房产征收房地产税；在后种情况下，两个税种的税源实质上是同一的，可能导致重复征税，两种情形都与量能课税原则相悖。

因此，财产潜在收益能力与负税能力之间简单对应的正当性是存疑的，相较之下，实际的金钱给付能力则与负税能力更为吻合。税收是一种无直接对价的金钱债权，衡量纳税人负担税收的能力也应当与金钱给付能力相对应。纳税义务人负担能力的衡量因素主要包括所得、财产和消费。所得和消费表征财富的动态获得与使用，均体现了金钱的流入与流出，能够较为切实地反映纳税义务人的金钱给付能力。而财产税是在财产的保有环节课征的静态税，无法直接体现纳税人的实际流动的金钱给付能力。故而在纳税人负税能力的衡量因素中，所得与负税能力的关联度最为强烈，财产则为最末。有学者认为，根据量能课税原则，立法者在选择对所得还是行为或者财产课税时，均应当优先选择对所得课税。[2] 可见所得与量能课税原则最为契合，正因如此，学者们讨论量能课税原则时也多从个人所得税的角度出发。房地产税则因课税对象即房产与负税能力之间的失联，与量能课税原则或有扞格。

（二）计税依据之张力：房产价值与收入增长错位

在大多数国家，房地产税的计税依据通常为房产的评估价值，评估价值一般以房产的价值为基础。我国重庆和上海的改革试点也规定，待条件成熟之后逐渐采取评估价值作为计税依据。在农业时期，人们的生活直接依赖于房产，房产能够很好地体现个人的财富能力；工业时期后，个人财富能力更加体现在他所能获得的收入即所得上，而不仅是在房产价值上。[3] 收入被普遍认为是负税能力的最佳体现，若要使得房地产税与量能课税原则契合，先决条件是要在房产价值和收入之间建立联系。[4]

然而经济学研究表明，房产价值和收入之间的关联度较低，且这种关联会

---

① 叶姗：《房地产税法建制中的量能课税考量》，《法学家》2019 年第 1 期。

② 葛克昌：《税法基本问题（财政宪法篇）》，北京大学出版社 2004 年版，第 127 页。

③ See John Cowie, "Property Tax Exemption Based on Age", New Dimensions in Legislation, Vol. 1 (1971), pp. 11—16.

④ See Jerry W. Markham, "The Property Tax——A Withering Vine", Kentucky Law Journal, Vol. 60, No. 1 (1971), pp. 174—208.

随着时间的增加逐渐减弱。[①] 加之现代房产价值还可能出现虚假繁荣泡沫，即使采用评估值方法，房产价值与纳税人收入之间不匹配也易使得房产税额不合理地超过纳税人的负担能力。尤其是我国早期买房和享受福利分房的纳税人，其收入并未随房价暴涨而成比例增长，我国的房价收入比已远超“极度不可负担”的警戒线水平，[②] 出现了“房产上富有而收入上贫穷的纳税人”。[③] 可见，房产价值与收入之间不存在天然的连接，甚至二者之间的缺口还正在逐渐拉大。上述房产价值与收入之间增长的错位，造成房地产税额与负税能力之间的不匹配，为纳税人带来难以承受的税收负担，不符合量能课税原则的意涵。

（三）课证目的之张力：财政收入与量能课税或有龃龉

我国学界普遍认为开征房地产税的主要目的应为筹集地方财政收入，宏观调控实乃房地产税无法承受之重。[④] 在分税制的背景下，地方政府的财力被大大削弱，支出责任却逐渐增多，出现事权与财权不匹配、支出责任与财政收入不匹配的问题。土地出让金本为地方政府的财政收入提供了一个纾解的渠道，但在强调财政法定和经济下行的外部压力下，土地财政在正当性和可行性上都弊端丛生，难以为继。尽管房地产税在量能课税方面受到颇多质疑，但由于其具有税源的稳定性和税基的广泛性等优点，仍是很多国家地方主体税种的良好选择。在美国，房地产税即为地方的主体税种，并成为州政府和地方政府的重要财政来源。[⑤] 将房地产税培育为地方主体税种并全面开征，将有利于缓解地方财政收入紧张的局面，解决财权与事权不匹配的难题，对于完善中央与地方的财政关系亦有所裨益。[⑥]

房地产税的财政收入目的与量能课税原则之间有出现冲突的可能。财政收入目的着眼于税收取得的纯粹数量，以弥补地方政府的财政缺口。例如，美国

---

① 张平、侯一麟：《中国城镇居民的房地产税缴纳能力与地区差异》，《公共行政评论》2016年第2期。

② 孔培嘉、石绍宾：《职能定位、支付能力与房地产税最优设计》，《财经论坛》2019年第12期。

③ See John A. Miller, “Rationalizing Injustice: The Supreme Court and the Property Tax”, Hofstra Law Review, Vol. 22, No. 1 (1993), pp. 79—144.

④ 姚海放：《宏观调控抑或税收法治：论房产税改革的目标》，《法学家》2011年第3期；刘剑文：《论房地产税法的功能定位》，《广东社会科学》2015年第5期；叶姗：《房地产税法建制中的量能课税考量》，《法学家》2019年第1期。

⑤ 徐阳光、武诗敏：《房地产税的正当性反思与立法建议》，《行政管理改革》2019年第4期。

⑥ 刘剑文：《论房地产税法的功能定位》，《广东社会科学》2015年第5期。

是根据“以支定收”的方法来确定房地产税的税率，即将所有财政支出减去除房地产税之外的其他财政收入，得出应征收的房地产税总额，从而确定当年的房地产税的税率。① 量能课税原则的“衡量标准专以义务人之负担能力为准，大体不以国家财政需要为依据”。② 量能课税原则着眼于应纳税额与纳税人负税能力之间的适当匹配，即每个纳税人应当缴纳的房地产税额应当具有一个隐含的合理上限。可以说，量能课税原则构成对财政收入目的的一个合理限制，对财政收入目的的盲目追求将可能造成对量能课税原则的违背。量能课税原则的实质合理与财政收入目的的数量导向之间形成了张力，使得量能课税原则的落实面临财政收入方面的阻力。

四、适用路径：房地产税负担调节机制的构建

房地产税与量能课税原则之间的扞格使得纳税人负税能力与税收负担错位，减损了房地产税的理论正当性和客观可行性。房地产税的税制设计和运行不仅应从国家视角考虑财政收入的筹集，也需从纳税人角度考虑税收负担的适度。为防止纳税人的房地产税负担过重，需要在房地产税的税制要素设计和税制运行过程中均贯彻量能课税原则，构建使纳税人房地产税税收负担与负税能力相匹配的调节机制，即本文所称房地产税负担调节机制。房地产税负担调节机制包括税制要素设计和税制运行过程中两方面的调节，前者更多涉及房地产税内部静态的模式选择，在源头上合理界定负税能力的范围；后者更关注外界动态因素对房地产税负担的影响，在后端根据具体情况调节税收负担。

（一）税制要素设计中的负担调节机制

将非经营性房屋纳入房地产税的课证范围，不仅有助于筹集财政收入目的的实现，也是量能课税原则的体现。③ 与仅满足居住需求的住房刚需者相比，超出居住需求的炒房投机者坐拥数套房产，明显具有更强的负税能力，不应当等同视之而一概免税。对居住房产全面征税，是房地产税向量能课税原则迈近

① 胡怡建、田志伟、李长生编著：《房地产税国际比较》，中国税务出版社 2017 年版，第 29 页。
② 葛克昌：《税法基本问题（财政宪法篇）》，北京大学出版社 2004 年版，第 121 页。
③ 张富强、刘娟：《量能课税原则下房产保有税立法的正义价值》，《社会科学战线》2017 年第 4 期。

的一步，但也必须注意在对居住需求的住房进行征税过程中量能课税原则的落实。税收负担适当的前提是负担能力的合理界定。在房地产税的既有语境下，房产是纳税人负担能力的表征，其在税制要素中具化为计税依据和免征额。

1. 计税依据的设计

各国房地产税的计税依据大致可分为面积、市场价值和租金收入三种模式。[①] 由于市场价值最能体现房产的真实现值和纳税人的税负能力，多数国家均选择房产的市场价值作为计税依据，面积和租金收入则多为发展中国家和经济转轨国家选择。[②] 在以面积作为计税依据的情况下，房地产税的税率通常为定额税率，量能课税需通过定额税率的合理制定来实现。面积模式虽因税基计量简便易行而有利于稽征效率，但若要使应纳税额与房产价值相称，则需要综合考量房产的位置、环境和结构等众多因素以制定不同区域的差别税率。[③] 简言之，面积模式将带来更简易的征管系统，但也需要更复杂的税率设计。这实际上与市场价值模式有殊途同归之效果，但面积模式在准确反映房价市场变动和房产个体差异方面还是略逊一筹，其更适合作为尚未建立完善评估制度的国家的过渡模式，并非落实量能课税原则的最优选择。在以租金收入作为计税依据的情况下，房产租金作为纳税人的实际收益，是负税能力的实质提升，但容易招致对租金收入重复征收房地产税与所得税的质疑，有违量能课税原则。此外，由于私人租赁的隐蔽性较强，租金可能会在租赁双方之间被故意低估，从而造成逃税的后果。

相较之下，市场价值模式能够更为客观准确、公开透明地体现房产的实际价值，与量能课税原则更为契合。且随着大数据和算法等新兴技术的出现，房地产税税基的批量评估技术逐渐发展，[④] 市场价值模式的征管成本也将大大降低，实现量能课税原则与稽征经济原则的融合。市场价值的传统评估方法有收益法、市价法和成本法三种，从数据的可获得性、估值的可行性来看，收益法

---

① 董黎明、裴鸿蕾：《房产税计税依据：典型国家经验借鉴与启示》，《地方财政研究》2015年第2期。

② See William J. McCluskey Michael E. Bell, "Rental Value versus Capital Values: Alternative Bases for the Property Tax", International Studies Program, Working paper 8—18, 2008, p. 7.

③ See Roy Bahl, "Property Tax Reform in Developing and Transition Countries", The Fiscal Reform and Economic Governance Task Order, GEG - I - 00 - 04 - 00001 - 00 Task Order, No. 07, 2009, p. 11.

④ 吴桐仪、邓大松：《基于粒子群优化算法的房地产税基评估——以武汉市10个区的数据为例》，《经济与管理研究》2015年第2期。

适合租赁市场较活跃的房产，市价法适合买卖市场较活跃的房产，成本法则可用于其他房产。由于市价法更能反映房产的实际价值，在评估过程中应当优先使用市价法。[①] 考虑到纳税人的实际负税能力可能与高企的房价并不匹配，为抵消房地产市场波动以稳定纳税人的税收负担，各国通常将计税依据的评估价值调整为市场价值的一定比例。例如，在日本的固定资产税中，小规模住宅用地的计税依据是市场价值的1/6，一般住宅用地的计税依据是市场价值的1/3；在韩国的综合房地产税中，房产的计税依据是评估价值和“公平市场价值比率”的乘积，该比率根据房地产市场情况和财政情况等因素在60%和100%之间确定。此外，各国通常设置重新评估的周期，使得计税依据能够及时反映房价和纳税人负税能力的变动。例如，日本的评估周期为三年，丹麦的评估周期为两年。[②]

我国《房产税暂行条例》规定的计税依据是房产原值一次减除10%至30%的余值或者房产租金，上海和重庆改革试点的计税依据是房产的市场交易价格。可见，我国现行的计税依据具有三种模式，即房产原值的余值模式、房产租金模式和房产交易价格模式。其中房产原值的余值模式和房产交易价格模式虽均基于房产的市场价值，但不同于国际通行的评估价值模式。房产原值的余值由于忽视了房产的时间价值，无法反映房产因市场变化和自然损耗等因素造成的实际升值或贬值，不能准确地体现纳税人的负税能力。[③] 改革试点的房产交易价格模式，可能出现享有相同条件的房产的后期买房者，因为房价上涨而计税依据增加，相较于早期买房者应当缴纳更多的房地产税，不符合量能课税原则中的横向公平意涵。[④] 出于量能课税原则的考量和与国际多数国家接轨的目的，评估价值势必成为我国房地产税的计税依据。且在我国上海和重庆改革试点的暂行办法中，均规定在条件成熟之后将适用房产评估值作为计税依据。在以评估价值作为计税依据的基础上，还可通过评估率的设置，即计算计税依据时市场价值的比例系数的设置，来调节纳税人的实际税收负担。例如，我国现行房

---

① 焦嫣然：《房地产税计税依据确定方法的法律分析》，《税务研究》2019年第4期。

② 李文、董旸：《海外房地产税比较》，《税务与经济》2015年第2期。

③ 张富强、吴泽钦：《关于我国房产税计税依据优化设计的法律思考》，《法治论坛》2016年第2期。

④ See John A. Miller, “Rationalizing Injustice: The Supreme Court and the Property Tax”, Hofstra Law Review, Vol. 22, No. 1 (1993), pp. 79—144.

产税的计税依据是房产原值一次减除10%至30%的余值，上海改革试点的计税依据为房产交易价值的70%，均是对计税依据一定程度的调低。此外，我国还应当在考量征管成本和房价变动等因素的基础上，设置重新评估的适当周期，实现税收负担与负税能力的同频。

2. 免征额的设计

“如果按宪法理解应能负担原则的含义，租税应该尽可能朝人税化发展。”[①]量能课税原则要求租税应当尊重人权，更加考虑人的因素，物税也应当向人税发展。房地产税作为典型的物税，其虽基于房产价值进行税额的征收，但也应当考虑纳税人的负担能力，不得有损其生存权，无视其基本生活的最低保障。故与个人所得税类似，房地产税也应当设置基本生存的扣减，即设置免征额。免征额的税基部分在本质上并不具有负税能力，免征额的厘定有利于量能课税中“能”的准确衡量，从而间接影响纳税人的税收负担。免征额与一般的税收优惠的性质并不相同。免征额是对税基的扣减，其出于对纳税人生存权的保障和人性尊严最低限度的维系而设定，属于绝对的课税禁区,[②] 适用于房地产税的所有纳税人；一般税收优惠是对税额的减免，多出于政策考量和行为诱导的目的，属于相对的自由裁量范围，仅适用于满足条件的特定纳税人。

免征额的设置有按照面积扣减、按照套数扣减和按照价值扣减三种模式。设置免征额的初衷是保障纳税人的生存权，生存的本质需求乃基于房产本身的物理性质。面积扣减模式相较于套数扣减模式更为精准,[③] 相较于价值扣减模式更符合免税额的根本目的，因此面积扣减模式与量能课税原则最为契合。面积扣减模式在征管成本、财政收入筹集和个人收入调节等方面受到质疑，但这不能成为选择其作为理想模式的阻碍。首先，在征管成本方面，因套数扣减模式无需进行面积的计算，价值扣减模式与房地产税计税依据的单位相通，均在计量上更为简易直观，在征管成本上更占优势。但随着我国不动产登记制度的不断完善，以及信息技术在税收稽征中的运用，面积扣减模式的征管成本将会大大降低。其次，在财政收入筹集方面，有学者认为若将房地产税定位为地方

---

① ［日］北野弘久：《税法学原理》，吉田庆子等译，中国检察出版社2001年版，第105页。

② 王婷婷：《课税禁区的范畴、机理与构建路径》，《经济法论坛》2014年第1期。

③ 刘志鑫：《论房产税征税对象选择与税收减免——以税负平等为视角》，《清华法学》2014年第5期。

主体税种，人均价值扣减模式因更具有公共价值捕获性而满足宽口径要求，更有利于实现地方财政收入筹集的目的。[①] 但只有免征额关注房产的使用价值，[②] 计税依据才基于评估价值。“高价值房产—高品质公共服务—高额税款”之间的对价关系，[③] 能为房产价值与税额之间提供合理连接，但并不能为免征额奠定正当性基础。财政收入目的的实现不应当从保障纳税人生存权的免征额入手，而可通过税率等其他要素的设计实现。最后，在个人收入调节方面，面积扣减模式由于无法体现房产价值和纳税能力，被认为可能会导致“中心城区的小面积房产的税收负担小于边远地区的大面积房产”，[④] 从而造成税负不公平的后果。而在价值扣减模式下，税收负担将更加向高收入家庭倾斜，更有利于收入的公平分配。[⑤] 以上观点背后体现的担忧是，总价更高的房产最终的应纳税额却更低，这将导致负税能力更强的人的税收负担却更轻。该观点忽视的关键一点是，用于维系生存底线的免税额度并不具有负税能力，负税能力仅能在去除基本生活所需的基础上衡量。而且调节收入公平分配可通过累进税率来实现，不应当在具有替代手段的情况下，通过牺牲基本权利的保障来追求更高阶的目标。

此外，在确定应当按照面积设置免征额的基础上，还需解决选择人均面积扣减抑或家庭面积扣减的问题。“量能原则衡量之负担，系依个人，而非夫妻、家庭或其他社会群体之负担能力。”[⑥] 每个家庭内部的具体人数不尽相同，若均按照相同的家庭面积扣减，对于成员较多的家庭而言，免征额可能不能满足所有人基本生存的住房空间需求。这种情况则相当于对没有负税能力的部分房产进行了征税，有损纳税人的生存权保障，亦不符合量能课税原则的要求，故更宜选择尊重人的个体性的人均面积扣减模式。

（二）税制运行过程中的负担调节机制

税制运行过程中的负担调节机制是在税额即将超过或已经超过纳税人的负

---

① 孔培嘉、石绍宾：《职能定位、支付能力与房地产税最优设计》，《财经论坛》2019 年第 12 期。

② 李建军、范源源：《地方财政可持续视角下房地产税改革于收入测量》，《地方财政研究》2019 年第 6 期。

③ 任强、侯一麟、马海涛：《公共服务资本化与房产市值：对中国是否应当开征房地产税的启示》，《财贸经济》2017 年第 12 期。

④ 吴旭东、田芳：《关于我国居民房房地产税免税扣除的思考》，《地方财政研究》2015 年第 12 期。

⑤ 张平、侯一麟：《房地产税的纳税能力、税负分布及再分配效应》，《经济研究》2016 年第 12 期。

⑥ 葛克昌：《人性尊严、人格发展——赋税人权之底线》，《月旦法学杂志》2012 年第 206 期。

税能力时的补救措施，其运行机理是通过对税收负担的调节使其与实质负税能力相匹配，其核心要素是税收负担和实质负税能力的调节、衡量和匹配。税收负担的调节涉及调节工具的选择，实质负税能力的衡量涉及调节中介的选择，要使二者实现合理匹配则涉及调节标准的确立。

第一，调节工具的选择。调节工具应当从纳税人税收负担的影响因素中选择。纳税人的税收负担具化为应纳税额，应纳税额由计税依据和税率共同决定。调节纳税人的房地产税负担可通过应纳税额直接调节，也可通过计税依据和税率间接调节。由于房地产税背负着为地方政府筹集财政收入的目的，其税率的确定通常依国家财政需要而决定，量能课税原则则主要作用于税基的确定。① 通过将对计税依据和税率的裁量，分别对应量能课税原则的落实和财政收入目的的实现，可较好地缓解量能课税与课证目的之间的张力关系。因此，对房地产税税收负担的调节主要通过应纳税额和计税依据两个工具来进行。

第二，调节中介的选择。"税制发展的历史就是一部寻求测度纳税能力标准的历史。"② 在人丁、财产、消费或产品和所得等衡量标准中，所得最终夺得魁首，成为衡量个人负税能力的最佳指标。③ 鉴于纳税人的负税能力与其所得的关系最为紧密，可将所得收入作为房产与负税能力之间的桥梁，通过制度设计实现房产税额与所得收入之间的同频，以此解决房产与纳税能力关联微弱和房产价值与收入增长错位的难题。

第三，调节标准的确立。调节标准是指调节之后的税收负担与负税能力实现匹配的衡量标准，即判断调节是否适当的标准。从个人负税能力角度来看，调节后的税收负担应当是纳税人所能实际承受的，房地产税额不得超过个人所得的适当比例，使个人所得除了用于日常生活和发展之后，还有实际能力负担房地产税。从财产权保护角度来看，房地产税的征收不得侵蚀房产的本体，故房地产税额也不能超过房产价值的适当比例。德国联邦法院曾确立了"半数原则"，即所得税额和财产税额的总和不得超过财产价值的一半。④

---

① 葛克昌：《税法基本问题（财政宪法篇）》，北京大学出版社2004年版，第124页。

② 陈国文：《量能课税的探寻：英国19世纪所得税法对"所得"的驯服》，刘剑文主编：《财税法学前沿问题研究8：事权与支出责任的法制化研究》，法律出版社2018年版，第14页。

③ 刘剑文、熊伟：《税法基础理论》，北京大学出版社2004年版，第129页。

④ 陈清秀：《税法各论》，法律出版社2016年版，第18页。

房地产税制运行过程中的负担调节机制的域外经验，大体上可分为应纳税额与计税依据两条路径。

第一，应纳税额的直接调节机制。应纳税额直接反映纳税人的税收负担，可以通过对于应纳税额的调整或者消化，调节纳税人的实质负担。一方面，可以设置房地产税额与收入之间的挂钩机制，使得经济能力明显无法承担房地产税的人群得以减轻负担。例如，美国有“断路器”（circuit breaker）制度，对于符合一定条件的家庭，在应当缴纳的房地产税额超过所得的一定比例时，可以对超出部分直接豁免或者用于抵扣个人所得税额。该制度在各州的适用范围不同，其中有 10 个州将该制度适用于符合收入门槛的所有家庭，有 8 个州将该制度适用于符合收入门槛的低收入阶层、残疾人和老年人等弱势群体。① 此外，还可针对特殊人群直接冻结应纳税额，即固定应当缴纳的房地产税额，使其不再随计税依据和税率的增加而增加。例如，美国对于收入低于一定水平的老年人使用税负冻结政策，即将老年人的房地产税的应纳税额固定在某一基年。② 另一方面，可将房地产税额作为个人所得税应税收入的扣除项目，以解决重复征税问题。美国《国内收入法典》第 164 条规定，向州和地方缴纳的房地产税可作为应税收入的扣除项目。③ 有的国家未考虑房产税额与收入之间的关系，而是直接设置应纳税额的最高上限，例如，韩国规定本年度对房产征收的财产税和综合房地产税的总额不得超过上一年度的 150%，超过部分将无需进行缴纳。但这一设置仅在房产的市场价值变动较大的情况下适用，无法做到负担调节的常态化。

第二，计税依据的间接调节机制。房产价值的大幅波动是导致纳税人房地产税负担过重的重要原因，通过对计税依据即房产的评估价值的调整，可间接影响纳税人的实质税负。一方面，可以直接调低计税依据。例如，日本的负担水平调节措施，即基于纳税人房地产税的负担水平高低，调节房地产的计税依据。其中，负担水平是指上一年度的计税依据与本年度的评估价值的比值，若负担水平超过某一特定比例，将会对计税依据进行调低，从而间接降低房地产税的实际缴纳税额，使得纳税人每年度缴纳的房地产税不会因房价变动而有过

---

① 张京萍、陈宇编著：《美国税制研究》，经济科学出版社 2017 年版，第 245 页。
② 张京萍、陈宇编著：《美国税制研究》，经济科学出版社 2017 年版，第 246 页。
③ 徐阳光、武诗敏：《房地产税的正当性反思与立法建议》，《行政管理改革》2019 年第 4 期。

大的波动。另一方面，可以设置计税依据的增长上限。美国某些州设置了计税依据的年度增长上限，例如，加州规定只要房产没有被出售，其评估价值的年度增长率不得超过2%。纽约州的房产评估价值的年度增长率上限为2%和通货膨胀率中的较低者。密歇根州的房产评估价值的年度增长率上限为5%和通货膨胀率中的较低者。这些规定也使得纳税人的应纳税额不受房价波动的影响，避免承担过重的税收负担。

从现实角度来看，目前我国计税依据的评估配套制度尚未建立，采取应纳税额的直接调节机制更具有现实可行性。我国重庆和上海的房地产税改革试点所采取的计税依据为房产的市场价格，并规定在条件成熟之后再逐步采用评估价值标准。相较于市场交易价值，将房产的评估价值作为计税依据更加符合税收正义要求，采取前者实为对现实妥协的无奈之举。但即便我国建立起完善的评估制度，也更宜选择应纳税额的直接调节机制。因为从调节效果来看，应纳税额的直接调节机制因无需过多复杂计算而更加简便快捷，直接使得纳税人的税收负担具有显性的降低。这不仅提高了纳税人负担调节的效率，也使得纳税人更易产生主观上的获得感，提高房地产税的遵从度。而计税依据的间接调节虽然可能更为精准，但在房价波动幅度不大的情况下，其调节作用并不如直接负担调节机制明显。此外，计税依据的单因素调节无法顾及税率对于纳税人应纳税额的影响。税率和计税依据的裁量权分别对应财政收入目的和量能课税原则，单对计税依据进行调节可能无法抵消税率对于应纳税额的影响。人们始终畏惧公权力的肆意膨胀，在财政收入目的出现导向偏差的情形下，纳税人最终的税收负担还是可能出现过重的情况，应纳税额的直接调节则可以打消纳税人以上的担忧。总之，相较于计税依据的间接调节机制，应纳税额的直接调节机制在调节效果上更胜一筹，且更加具有客观的可行性和可操作性。我国宜选择对应纳税额进行直接调节的负担调节机制，设置房地产税额与收入之间的挂钩机制，并将房地产税作为个人所得税的扣减项目。

五、结语

房地产税改革进程中涉及众多利益博弈，立法和实施都面临重重阻力。房地产税征税范围的扩大以及房价的高企，引起了人们对于负税过重的担忧。纳税人税收遵从意愿与负税能力和税收负担之间的不匹配度，使如何适当合理地调节纳税人的税收负担成为无法忽视的重要课题。量能课税原则作为房地产税法的重要基本原则，不仅为房地产税的征纳提供正当性基础，还为房地产税制的具体建设提供价值导向。为实现房地产税与量能课税原则之间的契合，税收负担调节机制的建立尤为必要。我国在房地产税的税制要素设计和税制运行过程中，均应当关注纳税人税收负担的合理适度。当然税收负担调节机制仅是量能课税原则与房地产税的契合点之一，量能课税原则的全面有效落实还有待更多其他立法、行政和司法制度的协调配合。

论 坛

Economic Law Review

"竞争中立"的社会本位考量

陈 鹏*

目 次

一、引言

"竞争中立"并非要求改变企业的产权性质和公私产权的比例，而是要求政府营造一个国有企业与私有企业公平竞争的环境，也没有强调国有企业应当退出一般性竞争领域，而是让国有企业和民营企业在公平的市场竞争中优胜劣汰。在我国，国有企业将资本利润用于社会目的，为社会福利和公共善治提供物质基础。① 简言之，将商业性经营净所得用于公共事业，其与西方国家倡导的"竞争中立"所适用的对象企业情况有显著差别。我们在适用"竞争中立"时，应考虑该项政策制定的社会背景、发展脉络和应用环境，如此才能正确认识该政策的目的和功效，从而实现繁荣经济与社会利益最大化的目的。

---

* 中国人民大学法学院博士研究生。

① 史际春：《论营利性》，《法学家》2013 年第 3 期。

二、竞争中立政策的演变及其本土化

(一)“竞争中立”的源起及异化

任何一个法学语词都没有确定的、固定不变的意义，而是依其产生的背景和使用的语境有着多种意义，只有弄清这些背景和语境才能确定它们的意义。①“竞争中立”应以促进和维护公平竞争为目标，其产生和使用有着深刻的历史背景。只有探询这一背景才能对“竞争中立”准确定位，运用社会本位理念对“竞争中立”进行考量时才能做到有的放矢，避免落入国际贸易保护主义陷阱和经济阶段性波动的潜在风险。②

1. 澳大利亚创立竞争中立政策

“竞争中立”(Competitive Neutrality)，也称为“竞争中性”，作为一种实践意义的理念，产生于20世纪90年代初的澳大利亚。当时，澳大利亚试图改善经济领域中阻碍生产力发展的不利因素，区分商业性与非商业性竞争领域，营造高水平竞争环境，促进经济繁荣与就业增长。③ 为此，澳大利亚联邦政府在1992年成立竞争政策咨询委员会，并于1993年形成西尔默报告（现称Hilmer Review)。该报告详细论述了当时影响众多产业发展的竞争壁垒，提出优先考虑的六大领域问题，其中包括竞争中立政策;④ 同时指出，克服这些问题应当运用市场机制（market - based mechanisms)，而不是政府监管的解决措施（regulatory solutions)。⑤ 根据西尔默报告，澳大利亚政府理事会（The Council of Australian Governments）于1995年达成关于国家竞争政策（National Competition Policy，简称NCP）的三个协议，包括“竞争原则协议”（Competition Principles Agreement，简称CPA)、“行为准则协议”（Conduct Code Agreement，简称CCA)

---

① 张文显主编:《马克思主义法理学》，吉林大学出版社1993年版，第105页。

② 丁茂中:《我国竞争中立政策的引入及实施》,《法学》2015年第9期。

③ 宋彪:《竞争中立政策：一个解读国企改革的视角》，刘俊海主编：《中国资本市场法治评论》(第5卷)，法律出版社2016年版，第84页。

④ 该六大问题是：竞争中立政策、公司反竞争行动、监管对竞争的限制、限制竞争的公共垄断结构、垄断性基础设施的准入限制以及垄断定价。

⑤ See Matthew Rennie, Fiona Lindsay, “Competitive Neutrality and State-Owned Enterprises in Australia: Review of Practices and their Relevance for Other Countries”, OECD Corporate Governance Working Papers No. 4, OECD Publishing, 2011, p. 7.

和"实施国家竞争政策及相关改革的协议"（Agreement to Implement the National Competition Policy and Related Reforms）。根据三个协议，联邦与州、地方陆续建立了独立的专家咨询机构——国家竞争理事会（National Competition Council，简称 NCC），负责提供专业建议，协助实施竞争中立政策，监督竞争改革进程。1998 年，联邦政府调整原产业委员会、经济规划咨询委员会以及产业经济局的职能，合并成立生产力委员会（Productivity Commission）。该委员会内设竞争中立政策投诉办公室（Australian Government Competition Neutrality Complaints Office，简称 AGCNCO），负责受理和调查针对国有企业和商业活动违反"竞争中立"原则的投诉案件。经过 1995 年至 2005 年的不断努力，竞争中立政策获得成功，澳大利亚在 OECD 成员国中取得令人瞩目的经济成就。因其正确处理公司社会性与营利性之间的辩证关系，社会整体利益得到显著提升，在 2005 年后关于"竞争中立"改革的争论就此停止。"竞争中立"依旧在诸如能源、交通、基础设施、规划与气候变化等领域的改革中适用。①

2. OECD 对"竞争中立"的发展

澳大利亚政府对"竞争中立"的推崇与成功实践，直接影响到 OECD 对同一问题的讨论和研究。2010 年，OECD 工作组秘书处与竞争委员会共同形成"OECD 公司治理工作报告第 1 号"——《竞争中立政策与国有企业：挑战与政策选择》（以下简称《竞争中立政策报告 2011》）。OECD 国家的经验表明，在国有企业与私有企业竞争的市场中，存在一些扭曲竞争的因素，它们源自政府对国有企业的所有权；政府赋予国有企业各种"优惠待遇"（preferential treatment），制造了"不公平竞争环境"（uneven - playing field），限制了私人企业竞争。尽管 OECD 发布了《国有企业治理准则指南》（以下简称《指南》），涵盖有构建"公平竞争环境"目标的建议；但《指南》并未对如何实现该目标做出更多具体建议，而且一些成员国执行《指南》的力度不够。由此来看，OECD 全力推行《指南》以确保竞争中立政策的实现将是一个漫长的过程。在此环境下，倡导更具有操作意义的竞争中立政策理念或许是弥补《指南》功能不足的可选方案。事实上，在"第 1 号报告"发布不久，OECD 即向其所有成员国连

---

① See Matthew Rennie, Fiona Lindsay, "Competitive Neutrality and State-Owned Enterprises in Australia: Review of Practices and their Relevance for Other Countries", OECD Corporate Governance Working Papers No. 4, OECD Publishing, 2011, p. 10.

带欧盟、部分观察国的国有产权主管当局发放调查问题，收集这些国家针对竞争中立政策的具体举措，形成《竞争中立政策：各国实践》的调查报告。2012年，OECD再次发布《竞争中立政策：维持国有企业与私人企业公平竞争环境》（以下简称《竞争中立政策2012》），分析总结了“竞争中立”的内涵及其在成员国实施的情况、遭遇的挑战和可能的完善途径，指出本报告涵盖范围超过《指南》，不仅包括国有企业，还包括具有商业属性的其他政府活动。这些报告内容基本呈现了OECD对于“竞争中立”的观点和态度。

3. 美国推崇“竞争中立”的意图

美国面对中国企业在国际市场上的迅速崛起，接二连三责难中国的国家资本主义有悖于OECD国家所“赞同”的“竞争中立”，强调“竞争中立”的含义是使竞争不受外来因素的影响，其核心是对现有的国际经济规则进行更新和调整，以“弥补现有国际经济规则无法保证国有企业与私营企业公平竞争的缺陷”。① 但其实质上是借“竞争中立”形式上的同等适用，来限制广大发展中国家政府采取特定措施对国际市场竞争中现存的实质上有失公平的问题进行矫正，以维持本国企业在国际市场中的优势地位。② 在研究美国近年来有关“竞争中立”的国际主张与国内需求后，有专家学者指出，美国推动“竞争中立”，来限制国有企业的竞争优势，主要是以中国等国家普遍存在的国有企业为目标，在美国与其他国家的竞争中保护美国企业的利益。一方面，美国积极推动他国的自由贸易，从而为本国商品和资金打开市场；另一方面，美国又加强对本国产业的保护，抑制别国竞争。此外，美国也想借此继续抑制其他国家通过投资获取美国技术。③ 历史反复证明，“规则的制定者或主导者能够从中获得巨大的额外经济利益”。④

（二）“竞争中立”与社会本位

“竞争中立”可以从理念和实操两个方面理解。理念上的“竞争中立”是指政府企业与私人企业在市场竞争中拥有同样的条件和地位，⑤ 而不是推进国

---

① 吴云：《美国出新招对付“中国模式”》，《人民日报》2011年11月24日。

② 丁茂中：《我国竞争中立政策的引入及实施》，《法学》2015年第9期。

③ 王婷：《竞争中立政策：国际贸易与投资规则的新焦点》，《国际经济合作》2012年第9期。

④ 李向阳：《国际经济规则的形成机制》，《世界经济与政治》2006年第9期。

⑤ 宋彪：《竞争中性的渊源、政策目标与公共垄断改革》，张守文主编：《经济法研究》（第18卷），北京大学出版社2017年版，第181页。

有产权的私有化，其是一项企业外部的监管政策而不是企业内部的经营管理制度。如澳大利亚 CPA 第 1（5）条规定："本协议对企业的产权性质和形式是中立的，它没有促进公有产权或私有产权的目的。"实操上的"竞争中立"是指政府在推行竞争中立过程中，通过立法、执法、司法以及政策等方式表现出来的政府企业与私人企业的市场竞争状态。在此意义上，"竞争中立"没有统一的含义，不同政府对其会进行差异化运行及管理。实际上，澳大利亚 CPA 第 3 条关于竞争中立政策和原则的规定并未界定该概念的内涵和外延，而只是规定竞争中立政策的目标和范围，即"消除由于政府企业从事重大的商业活动所带来的资源配置扭曲""竞争中立政策原则仅适用于政府企业的商业活动，并不适用于非商业、非营利性活动"。因为非商业、非营利性活动是提供公共产品和公共服务的，私人企业难以或不愿进入该领域，只能由国有企业承担，国有企业承担着社会责任。① 由于澳大利亚是联邦制国家，各州、地方政府有独立的立法权，加之上述规定并未清晰界定公共所有权企业、重大商业活动、非商业活动等概念，各州、各地方政府在贯彻"竞争中立"原则时，均根据当地实际情况进行差异化处理。

1. "竞争中立"的八大基石

为将"竞争中立"从理念落实到具体的市场运行和政府管理活动中，OECD 总结出"竞争中立"的八大基石，分别是：(1) 推进政府企业的机构或形式合理化（streamlining government business），包括分离自然垄断中的竞争性业务与非竞争性业务，或者对从事竞争性业务的政府企业进行公司化改造；(2) 确定政府企业履行特定职能的成本，并设置适当的成本分摊机制以促进信息披露，提高透明度，旨在确保履行公共服务职责的报酬不会被用于交叉补贴（cross - subsidies）商业活动而获得定价优势；(3) 政府企业在竞争性商业环境中的经营活动应获得与可比企业类似的回报率（ROR）；(4) 如果要求政府企业履行公共服务职能，则应对其进行足够、透明和可计算的补偿；(5) 政府企业应当与私人企业公平地承担纳税义务；(6) 公司化的政府企业应与私人企业处于相同的监管环境，实际上，一些政府企业可能因履行公共服务职能而不适用于竞争法；(7) 政府企业获取融资的条件应与私营企业一样，避免政府企业

---

① 《中共中央关于全面深化改革若干重大问题的决定》。

获得特惠融资（concessionary financing）；（8）政府采购政策与程序应是竞争性、无歧视且保持高度透明化。[①] 由此，政府企业经过公司化改造后可以从事竞争性、商业性活动，但是不能有不正当的竞争优势。当从事非商业活动而获得补贴时，只能专款专用。

2. 社会本位是“竞争中立”本土化资源

“竞争中立”在澳大利亚的发展及实践表明，其是一个复杂的政策工具体系，涉及一国的市场化程度、行业监管理念、竞争规制目的以及社会责任承担等因素。然而，OECD无法提供一个澳大利亚竞争政策框架所涵盖的系统化制度，总结的八大基石之间缺乏严密的逻辑关联，无法回避政府企业治理规范与竞争政策之间相对独立和脱节的现实。OECD总结的八大基石是碎片化的制度提炼，没有更高层次的抽象理论，难以切实地指导成员国建构符合“竞争中立”原则的公平竞争环境。[②] 尽管“竞争中立”萦绕在国际市场已经数十年，但至今仍不完整和统一。如果不立足于“竞争中立”的精神及其依据的经济体制的价值判断，那么任何标准都如同无根之浮萍，是解释者恣意妄为的结果而已。因此，“竞争中立”的适用需要考虑一国国情及其现有的经济体系，“如果不系统分析所在国家竞争中立政策不足的成因与要害，而只是照搬移植澳大利亚1996年竞争中立政策以及其后的国家改革议程，其做法自然是不合适的”。[③] 中国最大的国情是正处于并将长期处于社会主义初级阶段，自1978年以来，主要围绕国有企业改革进行的经济体制改革，建立了社会主义市场经济体系。如果削足适履用OECD概括的“竞争中立”的八大基石来评价我国的市场经济制度、国有企业和私有企业的营商环境，不考虑“竞争中立”的功能是防止国有企业分布在非其所长的领域、过多占用有限的经济资源、限制非国有经济的发展，使国民经济的整体效益降低，[④] 目的是营造一个公平竞争的市场竞争环境，激发经济主体活力，实现社会整体利益的最大化，那么“竞争中立”注定是难

---

① 经济合作与发展组织：《竞争中立政策：维持国有企业与私有企业公平竞争的环境》，谢晖译，经济科学出版社2015年版，第1—5页。

② 宋彪：《竞争中性的渊源、政策目标与公共垄断改革》，张守文主编：《经济法研究》（第18卷），北京大学出版社2017年版，第188页。

③ Matthew Rennie, Fiona Lindsay, “Competitive Neutrality and State-Owned Enterprises in Australia: Review of Practices and their Relevance for Other Countries”, OECD Corporate Governance Working Papers No. 4, OECD Publishing, 2011, pp. 41—42.

④ 朱锦清：《国有企业改革的法律调整》，清华大学出版社2013年版，第177页。

以本土化的，因为“只有符合社会公共利益的竞争行为，才能得到肯定”。[①]“由于各国的经济和社会发展水平不同，具体国情千差万别，虽然在宏观调控和市场规制方面所要解决的问题有其共性，但同时也会有许多具体差异。”[②] 这就决定了我国在引进“竞争中立”时，首先应以本国的问题为基础，再去参考借鉴吸收该规则。考量“竞争中立”是否能够最大限度地提升社会公共整体利益，即社会本位的考量。

“社会本位”是由“社会”和“本位”构成的复合名词。“本位”一词的含义相对固定，它强调的是主导、中心、起点和重点。社会本位承认社会和社会公共利益的独立地位，并将法律天平的重心适当向社会公共利益倾斜，从而使个人与社会之间的关系趋向和谐。经济法将社会本位作为本学科的核心理念和安身立命之本。[③] 理念是创立并运行制度的理论基础，只有建立在适当理念基础之上的制度才具有蓬勃的生命力。并且，制度在经济运行过程中具有内生性与稀缺性，有效率的制度安排才是经济增长的动力。“竞争中立”要想获得我国的普遍认同，必须接受社会本位理念的评价和修正，代表全体或某些社会成员的共同利益，壮大社会整体利益。

三、“竞争中立”应与我国政经体制相协调

（一）“竞争中立”应与宪法相一致

近代以来的西方资产阶级宪法普遍采行个人本位和权利本位原则，20 世纪以来，大多数国家的宪法中实际上确立了社会公共利益原则，我国宪法也体现着社会本位性。我国《宪法》规定，中华人民共和国的社会主义经济制度的基础是生产资料的社会主义公有制，即全民所有制和劳动群众集体所有制。社会主义公有制消灭人剥削人的制度，实行各尽所能、按劳分配的原则。“竞争中立”应与宪法协调，主要是应与宪法中的社会本位条款及其精神相一致。

“竞争中立”是西方资本主义市场经济国家提出的原则，有其适用的深层次的政治、经济、文化背景及地域范围，它的适用需要考虑各国的实际情况。

---

① 徐孟洲：《经济法理论对法学基础理论的几点创新》，《法学家》2008 年第 3 期。
② 张守文：《经济法研究的“合”与“同”》，《政法论坛》2006 年第 3 期。
③ 薛克鹏：《论经济法的社会本位理念及其实现》，《现代法学》2006 年第 6 期。

我国《宪法》规定了国家实行社会主义市场经济。相对于资本主义市场经济，社会主义市场经济以公有制为主导，国家通过积极作为来组织、管理、统筹、平衡、协调国民经济。其中，全民所有制企业，是我国所有制和经济社会发展的重要基础，国有资本经营利润属于一种财政收入。[①] 同时，国有企业不仅提供公共服务，如在边远地区修建铁路、铺设电网、架设信号塔、建立邮政网点，还要承担社会责任，如扶贫济困。“为社会提供公共产品和服务的公益性事业和企业只能由政府或国家所有。”[②] 社会主义公有制中，全民所有制或集体所有制企业从事竞争性业务获得的利润用于承担社会责任、提供公共服务，而不是将国有企业经营利润分配给私人股东，这和民营企业的本质不同。“竞争中立”要求政府创造公平的市场环境，将商业性经营业务与非商业性经营业务相分离。对于商业性经营业务要求国有企业与民营企业平等竞争，国有企业不能垄断经营，这符合我国宪法规定的基本经济制度。

“竞争中立”适用于竞争性业务，对非竞争性业务并不适用。澳大利亚政府对政府企业履行社会服务职能采取财政补贴政策，我国国有企业在承担社会责任提供公共产品时，主要依靠的是市场竞争获取的经营利润去补贴非竞争性业务的支出，承担社会责任。[③] 这点和“竞争中立”的适用前提正好相反。同时，我国《宪法》第七条规定，国有经济，即社会主义全民所有制经济，是国民经济中的主导力量。国家保障国有经济的巩固和发展。国有经济在整个国民经济中处于主导地位。为了让国有企业走出去，能够在欧美国家开展业务，既需要照顾西方国家提出并认为市场经济国家都应当普遍遵循的“竞争中立”原则，又应当全面分析“竞争中立”不足的原因，保证“竞争中立”与我国《宪法》相匹配，以此来保护和实现社会公共利益。因为社会公共利益的内涵不仅包括自由公平竞争秩序维护，而且还有宏观经济管理秩序维持。[④]

（二）“竞争中立”不应否定、扭曲政府与市场间的正当关系

无论是资本主义市场经济国家还是社会主义市场经济国家，政府与市场的关系具有普适性。澳大利亚的“竞争中立”针对国内市场中国企与私企的竞

① 庞凤喜主编：《税收原理与中国税制》（第五版），中国财政经济出版社2017年版，第12页。
② 朱锦清：《国有企业改革的法律调整》，清华大学出版社2013年版，第174页。
③ 史际春、罗伟恒：《论“竞争中立”》，《经贸法律评论》2019年第3期。
④ 王保树：《论经济法的法益目标》，《清华大学学报》（哲学社会科学版）2001年第5期。

争，强调实质公平；OECD 总结的"竞争中立"针对国际市场关注不同国家国企与私企竞争，强调形式公平；美国极力推崇的"竞争中立"针对国际市场关注国企与私企竞争，强调自由公平。表面上，各国和国际组织的"竞争中立"强调国企与私企的公平竞争问题，实质上暗含的法理是政府与市场之间的关系，是政府基于市场的角色定位和功能发挥。

竞争是市场之精神，是社会正义和社会运转良好的基本要求。"市场机制能够有效配置资源、形成兼容的激励机制的根本原因在于，通过市场竞争形成的价格能够反映供求及资源的稀缺程度，只有通过市场的自由竞争才能形成这一价格信号，才能实现市场所有有效的机制。"① 要充分发挥市场在资源配置中的决定性作用，就必须采取维护市场竞争的措施。但是客观存在的市场在配置资源上的失灵和失效问题，决定了政府干预的必要性，政府就要积极作为，采取各种措施去调节社会和市场不能通过自身解决的问题。这种调节，包括维护交易安全、维护市场公平竞争。② "竞争中立"应尊重政府与市场之间的正当关系，保障政府所代表的社会公共利益实现。

美国主张的"竞争中立"是使竞争不受外来因素的干扰，即禁止政府干预市场。这并不是美国政府昏聩的表现，它恰好凸显出美国政府的真实想法，即通过国际市场高度甚至完全的自由竞争来保证美国企业垄断或继续垄断全世界的重要核心技术、产品、服务等市场。澳大利亚创建与 OECD 概括的"竞争中立"都充分肯定了政府对市场的干预，但限制政府针对国企与私企非中立性干预在于公平竞争，以维护社会公共利益。如此界定政府在"竞争中立"中的功能总体合理，比较符合政府与市场耦合的客观规律。正如《中共中央关于全面深化改革若干重大问题的决定》所指出："政府的职责和作用主要是保持宏观经济稳定，加强和优化公共服务，保障公平竞争，加强市场监管，维护市场秩序，推动可持续发展，促进共同富裕，弥补市场失灵。""竞争中立"不能否定、扭曲政府与市场之间的正当关系，应当允许政府干预市场，但是对政府非中立性干预市场进行限制。

而此种限制并非 OECD 归纳的"竞争中立"八大基石所呈现出来的板块化

① 吴敬琏：《没有竞争的市场更可怕》，《新华日报》2013 年 2 月 26 日。
② 史际春：《政府与市场关系的法治思考》，《中共中央党校学报》2014 年第 6 期。

标准而绝对化。“竞争中立政策允许政府依法采取合理的非中立性干预措施。”① 澳大利亚在实践竞争中立政策期间，也会采取一些非中立性的干预措施。例如，要求电信公司 Telstra 履行电信普遍服务义务，即不管是以廉价的光纤方式还是以高昂的卫星方式必须为全体澳大利亚国民提供 64kbit/s ISDN 接入服务。实际上，澳大利亚政府采取非中立性措施干预市场并不纯粹是一种客观现象孤立存在，其通过法律授权政府根据特定情形采取非中立性干预措施。市场优胜劣汰的基本法则导致自由竞争走向垄断，造成市场失灵，损害社会公共利益，这决定了政府非中立性干预的存在，但是由于政府会出现失灵又使得法律对其非中立性的干预严格限制。事实上，西方发达国家是通过对政府商业活动的逐步改革才形成今天政府与市场间成熟体制。即便是极力推崇“竞争中立”的美国也是如此。以美国邮政为例，根据1970年《邮政重组法案》规定，美国邮政服务一直享受一系列特权以及反垄断豁免权，直到2007年邮政重组法案修订，政府才开始考虑行业竞争，允许反垄断法适用于美国邮政服务。② 可见，即使在市场经济发达国家，也在不断改革和调整政府与市场的关系以繁荣市场，进一步提升社会整体利益。

四、“竞争中立”应与经济法治相协调

（一）“竞争中立”应与经济法的基本原则相协调

任何部门法都将追逐、保护和实现一定的利益作为自己的目标及任务。我国社会主义法律体系中诸多法律部门共同承担着保障和实现自然人（公民）利益、法人利益、国家利益、社会公共利益的责任。然而，每一个法律部门不可能毫无主次地保障和实现每一种利益，而只能首先保护和实现其中一种性质的利益，然后反射进行间接的保护和实现另一种利益。因此，每一个法律部门的法益只能是该部门凸显的一种利益目标，并由多种利益目标组成的利益保护结构。“凸显社会公共利益的法益结构是经济法的法益结构，而不是民商法的法益

---

① 丁茂中：《我国竞争中立政策的引入及实施》，《法学》2015年第9期。

② See Antonio Capobianco, Hans Christiansen, Competitive Neutrality and State-Owned Enterprises: Challenges and Policy Options, 2011, p. 7.

结构。"[①]"经济法的理念应为经济社会化条件下的实质公平、正义，其核心内容是社会整体经济利益的实现，表现为经济法是公私交融、社会本位法，是平衡协调、综合调整法。"[②] 经济法是社会本位法，以实现社会整体利益为目标。作为经济法子部门的竞争法应以社会公共利益的最大化为导向，"竞争中立"应受经济法的社会本位法的约束，以实现社会整体利益的最大化。

1. 维护公平竞争原则下的"竞争中立"

维护公平竞争的权利，其表在实现社会公共利益，其里在社会本位。市场经济发展的历史经验、教训，促使人们逐渐放弃了自由竞争理念，几乎所有国家的竞争法律和竞争政策都选择了公平竞争作为价值导向，以此提升经济运行效率，扩大社会整体利益。维护公平竞争理念是经济法反映社会主义市场经济内在要求和本质的一项基础性原理。维护公平竞争的要求不仅直接体现在竞争法中，而且在经济法诸如规划和产业政策、财政税收、金融外汇、企业组织等制度和具体执法和司法中，都必须考虑国有企业与私营企业公平竞争的问题。

澳大利亚2004年公布的《澳大利亚政府对经理人的竞争中立政策指南》（Australian Government Competitive Neutrality Guidelines for Managers）特别说明：政府对行政管理和公共资源的高效配置和使用应透明和让人信服，而实现其的一个重要路径就是对政府商业活动实行竞争中立政策。[③]"竞争中立"应以维护市场公平竞争为使命，保证和实现社会公共利益为目标。虽然"竞争中立"是限制政府非中立性干预和例外允许政府非中立性干预的唯一评价标准，但其根基在社会本位，即出于扶持、振兴、改善本国经济结构以及管理公共事务的需要。

以社会本位为土壤所培植的"竞争中立"，所促进的公平竞争不仅限于形式公平，更应兼顾实质公平。民商法与经济法的发展历史证明，形式公平与实质公平的局部两相分离可能导致实质不公平。这个问题因"竞争中立"由地域性市场经验上升为多数主要经济体的市场规则时变得更为突出。例如，OECD看似客观论述了"竞争中立"应当遵守的八大基石，但其并没有合理地阐述不同国家、地区因经济发展水平和特点等缘故而客观存在的法律、经济实力差异，

---

① 王保树：《论经济法的法益目标》，《清华大学学报》（哲学社会科学版）2001年第5期。

② 史际春主编：《经济法》（第三版），中国人民大学出版社2015年版，第70页。

③ See Australian Government Competitive Neutrality Guidelines for Managers, 2004, p. 4.

这导致 OECD 总结的“竞争中立”在性质上仅停留在形式公平，将会加深拥有历史、经济优势的国家对长期处于劣势的国家在国际竞争中的矛盾冲突。以社会本位理念对“竞争中立”进行考量的目的在于实现公平竞争形式与实质的归一。

2. 责权利相统一原则下的“竞争中立”

责权利相统一理念，是指经济法的法律关系中，各监管主体和国有企业所承受的权（力）利、利益、义务、职责和责任必须相匹配，不应有脱节、错位、不平衡、不到位等现象存在。“从法律实践看，全部法律行为都是围绕权利和义务而进行的，权利和义务通贯法律行为和操作的全部过程。”① 当法律要维护公平竞争的营商环境，保持社会稳定和保障正当的竞争关系时，以法律规范为载体的“竞争中立”所要面对和解决的是那些可能会不遵守“竞争中立”的义务、责任承担者。

在市场经济国家，“竞争中立”作为一种理念，将其转化为我国的竞争法律制度，就应当在社会本位统领下，根据责权利相统一原则，运用权（力）利、利益、义务、责任等手段将“竞争中立”转化为社会规范，从而为人们设定行为模式。简言之，“竞争中立”的实现，重点是如何在社会本位的统率下，将其转化为法律上的权（力）利、利益、义务、责任。因此，国有企业是否具有不正当的竞争优势，需要与其承担的社会责任、提供的公共服务相比对。国有企业通过规模经营、先进技术、成熟的管理、较高的信用获得市场竞争优势，带来的较高经营利润用于建设基础设施、向社会提供普遍服务，促进整个社会利益的提升，也不应是违背“竞争中立”的。因为，受到社会本位理念规制的“竞争中立”是在确立一个公平、平等的竞争环境实现社会公共利益的最大化。

尽管因特殊的“血缘”关系使得国企经常获得一些额外的竞争优势，但因投资国有企业主体的多元化和产权持有形式的多样化，这种额外竞争优势并非普遍、均衡惠及所有国企。更为重要的是，国有企业承担着更多的社会责任，负有“维护和增进社会公益的义务”，② 扮演着公共服务提供者的角色。根据公共服务普遍性提供原则，国企向老少边穷等经济欠发达地区提供与发达地区相

---

① 张文显：《法哲学范畴研究》，中国政法大学出版社 2001 年版，第 327 页。

② 卢代富：《国外企业社会责任界说述评》，《现代法学》2001 年第 3 期。

同的公共服务的成本是远高于收益的，亏损一般不是通过政府财政拨款来弥补，而是该国企通过向发达地区提供竞争性服务获得利润来补偿。与澳大利亚相反，中国的国有企业往往要以竞争性业务的盈利反哺政策性业务或公益事业。因此，企业享有的个别竞争优势是以承担更多的社会责任为条件，并且竞争中立不等于竞争优势。当然，应当防止政府对国有企业承担社会责任的过度补偿，[①] 违背“竞争中立”，降低资源优化配置效率，损害社会公共利益。

(二)“竞争中立”应与竞争法及竞争政策相协调

我国《反垄断法》第一条和《反不正当竞争法》第一条均提出“保护公平竞争”的社会本位立法观。竞争法既要维护市场主体之间的公平竞争，又要保证它们在法律的框架内进行。竞争政策是政府制定的旨在调整市场机构、规范市场行为、维护市场公平竞争的一系列规则和措施。“竞争中立”规则属于竞争政策。竞争法和竞争政策是为了追求一定社会、经济目标等的总体正义，是一种注重社会整体利益的经济法，是实现公平竞争，追求消费者福祉和社会公共利益最大化。反垄断法是一种公法，并通过维护竞争性过程来寻求对公共利益的保护。[②]《宪法》第七条规定国有经济是国民经济的主导力量。《反垄断法》第七条第一款规定国有经济占控制地位的关系国民经济命脉和国家安全的行业以及依法实行专营专卖的行业，国家对其经营者的合法经营活动予以保护，并对经营者的经营行为及其商品和服务的价格依法实施监管和调控，维护消费者利益，促进技术进步。国有经济垄断的行业，它的组织和经营是依照我国《宪法》和《反垄断法》的要求是合法的。《反垄断法》第十五条、第五十六条规定了反垄断豁免制度，涉及社会公共利益。

竞争法规制的是企业的垄断行为，而不考虑该企业的所有制性质。因为，垄断的成因与所有制没有关系，国有资本与私人资本都可在垄断行业中经营。[③] 质言之，竞争法对不同所有权的企业是中立的。而“竞争中立”却强调了由于企业所有权优势造成的市场不平等竞争地位，这种源自所有权的竞争优势有时不是来自企业的故意行为，而是制度设计上的固有缺陷。就规制手段上来说，

---

① 唐宜红、姚曦：《竞争中立政策：国际市场新规则》，《国际贸易》2013 年第 3 期。

② See Karen Yeung, “Privatizing Competition Regulation”, Oxford Journal of Legal Studies, Vol. 18, 1998, p. 594.

③ 史际春：《论营利性》，《法学家》2013 年第 3 期。

竞争法保障市场的公平竞争环境是通过市场自我监督的事后机制，其是目的导向，只有当企业违规事件发生后才进行起诉、规制。“竞争中立”包括事后申诉机制和事前改革机制，是行为和组织导向，通过指导国有企业进行自主改革，消除国有企业过度竞争优势对市场机制的扭曲，创建一个公平的市场竞争环境。可以通过审查竞争法，逐步将政府商业活动纳入竞争法之内，或通过减少对国有企业的优惠条款来达到“竞争中立”。竞争法可以成为实现“竞争中立”的途径。[①]

五、结语

本文是从社会本位理念角度来考察“竞争中立”。竞争中立政策由澳大利亚创设，OECD进一步将其发展，美国对“竞争中立”进行了调整以满足本国利益要求，并强行将其推广为国际经贸领域的一项重要规则，以达到保护本国产业利益、遏制他国发展的目的。“竞争中立”是我国进行国际贸易应直面的规则。在用“竞争中立”来规范政府与市场关系时，需要对竞争中立产生的历史背景和发展路径有清楚的认识，才能掌握其产生目的和真谛。我国需要比对成功适用“竞争中立”国家的政治、经济、法律、历史等方面的异同，探寻制度背后是否有相同或者相似的价值判断，如此才能对“竞争中立”的本土化奠定制度上的基础，创造国有企业与私营企业实质上公平竞争的营商环境。实行社会主义市场经济的中国有着自己的经济法学理论与实践，“竞争中立”的制度化需要受到社会本位理念的考量，接受其调整，目的是通过公平竞争秩序的维护以实现社会公共利益的最大化。

---

① 唐宜红、姚曦：《竞争中立政策：国际市场新规则》，《国际贸易》2013年第3期。

人大预算问责法律制度建构论

沈　斌*

目　次

一、引言

十八届三中全会以后，我国建立现代公共预算制度的步伐明显加快。预算监督，尤其是人大对政府的立法监督作为公共预算的精神要义，已经成为现代公共预算制度的核心价值表征。立法机构本质上是一个问责机构，其核心职能在于促使政府对立法机构进而对人民负责。① 作为立法机关代表人民对政府进行问责的重要方式，公共预算能够较为理想地解决国家治理中政府如何使用权

* 中南财经政法大学法学院博士研究生。

① 林慕华、马骏：《中国地方人民代表大会预算监督研究》，《中国社会科学》2012 年第 6 期。

力的基本问题。[①] 而人大预算问责,[②] 即追究政府未尽积极预算责任时应当承担的不利后果，是落实人大立法监督权力的重要表现，也是延续法治控权逻辑的必然产物。[③] 易言之，无论是基于落实人大预算监督效力的现实需要，还是出于实现公共预算之公共利益最大化的价值考量，构建人大预算问责制度都是现代公共预算的必然制度要求。然而现实中，我国囿于传统公共行政责任文化缺失，行政体制权责不清，以及法律制度创新乏力等原因，尚未建立起包括预算问责在内的制度化的公共行政问责机制。[④] 学界也尚未有针对人大预算问责的系统制度探讨，人大预算问责事实上处于实践缺位和理论空白的非正常状态，并成为我国人大预算监督效果不彰、政府预算执行规范性缺失的重要制度性根源。有鉴于此，在我国探索建立人大预算问责法律制度，已然势在必行。

二、预算责任形式的明确

就释义学角度来看，“责任”应该涵摄积极与消极两个层面：积极意义的责任，是指分内应做之事；消极意义的责任，是指未做好分内应做之事所应承担的不利后果。在问责的意义上，“责任”应指消极意义的责任。本文所言预算责任亦是指消极意义的责任，即政府未尽积极的预算责任而应承担的不利后果。责任形式则是指责任主体未做好分内应做之事所应承担的不利后果的具体形态。作为一种公共行政责任，预算责任在责任形式上可以类型化为政治责任、法律责任和道德责任三类。[⑤] 人大作为适格问责主体，预算责任形式包括政治责任和法律责任两种类型。

---

① 马骏:《实现政治问责的三条道路》,《中国社会科学》2010年第5期。

② 预算问责具有两重价值含义，一是作为立法机关对政府进行政治问责的工具；二是立法机关对政府履行公共预算职责的结果进行事后评估，并对政府的失责行为施加不利后果。前者是静态的问责工具，后者是动态的问责活动。本文主要是在第二重意义上论述人大预算问责制度。

③ 陈治:《预算问责的制度省思与矫正——克服部门法思维局限》，李昌麒、岳彩申主编:《经济法论坛》(第17卷)，法律出版社2016年版，第85页。

④ 高志宏:《困境与根源：我国行政问责制的现实考察》,《政治与法律》2009年第10期。

⑤ 学界对公共责任的分类尚存争论，有“三责任说”“四责任说”和“五责任说”。谷志军:《重大行政决策责任追究的适用范围》,《理论视野》2016年第4期。笔者认为，“四责任说”与“五责任说”所指的行政责任、刑事责任和经济责任在性质上都属于法律责任，属于法律责任的下位概念。故坚持政治责任、法律责任与道德责任的“三责任说”。

（一）预算政治责任

现代政治是以代议制为表现形式的间接民主政治，本质上属于一种责任政治。政治责任作为责任政治的重要形式，在代议制民主政治中具有重要制度价值。一方面，政治责任主体能够履行积极意义的政治责任是公众持久而稳定地服从既有政治秩序的根本条件。另一方面，公众对维持现行政治秩序之政治制度的认同感，也仰赖于有相应的机制能够迫使没有履行好积极意义政治责任的主体承担消极意义的政治责任。[①] 对应“责任”的双层含义，政治责任也包括积极与消极两个层次。概括而言，政治责任是指政治官员制定符合公民意志的公共政策并推动其实施的职责，及其没有履行好该职责时应承担的谴责和制裁等不利后果。[②] 现代政治与行政二分理念下，政治责任实质上是一种行政决策责任，因政治决策执行不当或违法而引起的责任属于法律责任中行政责任的范畴。作为现代公共行政的基本方式和内容，公共预算当然构成政治责任的适格场域。进言之，现代公共预算以公共利益最大化为根本准则和终极目标，[③] 而公共利益最大化以预算绩效为基本衡量标准。由此，可将预算政治责任归结为预算权力主体科学合理编制公共预算并推动其规范有效执行的积极责任，及其没有履行好该职责时应承担的谴责和制裁等不利后果。在问责意义上，预算政治责任是指消极意义上的政治责任，即公共预算权力主体未能保证公共预算决策合理性与有效性时所应承担的制裁、惩罚等不利后果。

根据民主政治的基本原理，政治责任应该由人民或人民代表组成的议会来判断。[④] 作为代议制机关的人民代表大会是政府政治责任最为合适的问责机关。[⑤] 人大对政府进行预算政治问责的主体适格性导因于现代宪政制度和宪政实践。首先，在我国人民代表大会制度下，人大是国家立法机关和国家权力机关。行政机关是权力机关的执行机关，由权力机关产生并对其负有严格的政治责任。对政府进行政治问责是人大作为权力机关落实政府政治责任的主要手段。其次，我国《宪法》和相关组织法明确规定了人大对一府两院一委的监督权。

① 张贤明：《政治责任的逻辑与实现》，《政治学研究》2003 年第 4 期。
② 张贤明：《政治责任与法律责任的比较分析》，《政治学研究》2000 年第 1 期。
③ 刘剑文：《预算法的三维建构：观念、原则和机制》，《法学杂志》2015 年第 4 期。
④ 萨孟武：《政治学》，三民书局 1986 年版，第 166 页。
⑤ 周美雷：《发挥人大在政治问责制建设中的重要作用》，《理论探索》2015 年第 6 期。

理论而言，监督权是由众多下位权力组成的权力束，包括知情权、调查权、审议权和处置权等四方面的权力。[①] 知情权、调查权等信息维度上的监督权力构成人大政治问责的前置条件，审议权、处置权等强制性权力是人大预算监督权行使的必然结果。在此意义上，由人大对政府进行政治问责是人大监督权的题中之义。最后，西方发达国家中，作为民意机关的议会普遍享有对政府及其政治官员的问责权，而且这种问责权主要表现为询问、质询、弹劾与罢免等形式的政治责任。通过代议制机关一体政治问责之制度设计，确保政府履行公共预算在内的积极意义的政治责任，是国际通行惯例和政治现代化的必然要求。

政治责任在承担方式上具有独特性，其实质是责任主体在政治上受信任的程度降低，具体责任承担方式随责任主体失去信任程度的不同而变化，最为严厉的政治责任形式就是剥夺责任主体行使政治权力的资格。[②] 概括而言，政治责任包括纠正和惩罚两大类型。纠正是指否定和停止违法或不当政治行为。实践中，责令改正、宣布无效、予以否决、撤销或改变决定等即属政治责任的承担形式。惩罚是指对责任主体进行惩戒，以防止类似政治行为的再次发生。实践中，主要表现为解散机关、改组机构等单位责任和降职、罢免、撤换、引咎辞职、责令辞职等个人责任。[③] 政治责任形式并未形成逻辑严密的制度体系，具有很强的开放性，可在问责实践中根据落实积极意义政治责任的实际需要创设适切的责任形式。

在公共预算场域，政治责任亦包括纠正与惩罚两大类型。就纠正而言，最常见且有效的责任形式是预算修正和预算否决。囿于其属于人大事中审批监督的范围而不属于事后问责的范畴，不再详述。就惩罚而言，我国公共预算实践中尚不存在制度化的惩罚性政治责任形式。这也是我国预算问责不利，预算监督流于形式的重要制度根源。理论而言，惩罚性预算政治责任构成预算政治问责的重要载体，创设妥适的惩罚性政治责任形式不仅是健全预算政治责任制度的形式需要，而且是提升人大预算监督效力的实质要求。

前已述及，政治责任的本质是责任主体在政治上受信任的程度降低。在公共预算领域，如果公民对预算责任主体信任程度降低并且拥有直接的处置权力，

---

① 周美雷：《发挥人大在政治问责制建设中的重要作用》，《理论探索》2015年第6期。

② 张贤明：《政治责任与法律责任的比较分析》，《政治学研究》2000年第1期。

③ 俞德鹏：《政治法律责任：政治责任与法律责任的交叉域》，《宁夏社会科学》2017年第1期。

作为情感和理性逻辑演绎的结果，应该可以期待公民作出如下两种选择。一是减少作为责任主体的预算部门可支配预算资金的份额；二是剥夺作为责任主体的预算官员的预算权力。囿于我国实行党委、政府与人大混合集体决策的行政体制，[①] 随着人大参与公共预算程度的不断提升，公共预算的混合决策体制亦越加明显，实践中很难准确定位负有直接政治责任的预算权力主体和预算官员。因此，剥夺预算官员预算权力的政治责任方式在实践中通常很难适用，只有在预算官员存在重大且直接明显的决策失误的少数情况下，方可适用弹劾、罢免、引咎辞职、责令辞职等政治责任形式。而减少预算责任主体可支配预算资金份额的政治责任方式是较为可行且有效的政治责任承担方式，应当成为预算政治责任的主要形式。理由在于，一方面，预算政治问责，即公民对责任主体政治上信任程度降低的原因通常在于公共预算运行的低效率和无效率，减少责任主体可支配预算资金份额正是抑制和约束预算无效率现象的直接措施。另一方面，预算部门可支配预算资金的减少，实质上降低了部门首长为自己和本部门成员谋利益的能力，本质上是对责任部门首长的变相惩罚，从而发挥预算责任的惩戒功能。

（二）预算法律责任

法律责任与法律义务密切关联，前者是后者逻辑演绎的必然结果。一个人在法律上要对一定的行为负责，或者为此行为承担法律责任，也即是在为相反行为时应受制裁。[②] 基于义务—责任的逻辑范式，预算法律责任是指预算法主体违反预算法规定的义务时应当受到的制裁和惩罚，或应当承受的不利法律后果。[③]

预算法律责任导因于公共预算的法律性，经由立法机关批准的公共预算具有法律上的规范效力，政府部门必须严格执行，否则应承担违反法定预算的责任。在法治发展进程中，法律责任演化出刑事责任、民事责任、行政责任和经济责任四种责任类型。就预算法律责任而言，其应当涵盖行政法律责任和刑事法律责任两种类型。原因在于，民事责任、行政责任以及经济责任是按照责任产生的社会领域为标准划分的责任类型，公共预算属于公共行政的基本方式和

---

① 谷志军、陈科霖：《当代中国决策问责的内在逻辑及优化策略》，《政治学研究》2017 年第 3 期。
② ［奥］凯尔森：《法与国家的一般理论》，沈宗灵译，商务印书馆 2013 年版，第 113 页。
③ 朱大旗、何遐祥：《预算法律责任探析》，《法学家》2008 年第 5 期。

内容，因公共预算执行不当产生的法律责任当然属于行政责任的范畴。而刑事责任则不属于领域责任，其是按照责任的严重程度和承担责任的方式而设定的较为严重的责任形式，所有领域都会出现刑事责任，[①] 具有公共行政属性的预算领域亦不例外。而且，就立法实践来看，我国预算法也确实规定了以行政责任为主，以刑事责任为辅的预算法律责任形式。[②] 在人大预算问责语境下，预算法律责任仅指行政责任，盖因刑事责任具有严格的法定追责程序，司法机关是唯一适格的刑事责任判定主体。行政责任亦是一个复合概念，包括针对行政主体的行政处分责任和针对行政相对人的行政处罚责任。囿于预算法主要规范的是国家系统内部的关系，[③] 预算法律责任是由预算权力主体承担的责任，显然属于行政处分责任的范畴。

现行《预算法》并没有明确规定预算行政责任的追责主体，亦没有专门的《行政问责法》来规定行政问责主体等事项。实践中，行政问责通常由行政机关内部同体问责。理性而论，无论是基于我国人大宪政体制的制度逻辑，还是出于我国预算问责的实践需求，由人大作为预算行政责任的追责主体都具有合法性与合理性。一方面，在我国，人大作为国家权力机关可以行使一切它认为应该由其行使的权力，预算行政问责权亦不例外。宪法直接授予人大监督权和任免权，行政问责权是人大监督权的行使结果，任免权亦与撤职、开除等行政责任形式存在密切关系。另一方面，我国行政问责实践中，由政府主导的同体问责方式存在重大弊端。政府不仅是公共利益的代表，亦有其自利的一面，在自利利益驱动下不可避免地会出现包庇和懈怠之举。我国行政问责运行困难、效果不彰的现实即是明证。[④] 虽然监察体制改革设立了独立于行政机关的监察委员会，一定程度上实现了异体行政问责。但是监察委员会的问责对象仅限于国家公职人员，且偏重于廉政反腐监督，问责范围相对有限，无法涵盖所有的行政责任主体和问责情形。此外，就预算法律责任条款的演变来看，现行《预算法》在2014年修订时舍弃了原《预算法》第七十四条和第七十五条将政府、

---

① 俞德鹏:《政治法律责任：政治责任与法律责任的交叉域》,《宁夏社会科学》2017年第1期。

② 我国现行《预算法》第九十二条至第九十五条规定了行政主体的行政责任，第九十六条规定了上述主体的刑事责任。

③ 朱大旗、何遐祥:《预算法律责任探析》,《法学家》2008年第5期。

④ 陈翔、陈国权:《我国地方政府问责制的文本分析》,《浙江社会科学》2007年第1期。

财政部门和（违法主体）上级机关列为法定问责主体的立法规定。[①] 理性而论，责任条款的立法变迁虽然是立法者认识到政府内部同体问责效果不彰而进行的迫不得已的选择，但问责主体的开放性却为预算行政问责的实践探索留存了开放性空间，从而提供了人大作为预算行政问责主体的可能性。综上，由人大作为问责主体追究政府部门及其工作人员的行政责任具有适法性与必要性。

结合《公务员法》《监察法》的规定和行政问责的实际需要，可以考虑将人大作为预算单位之单位责任和相关领导人员之个人责任的问责主体。理由在于，一是尚未有法律明确规定单位行政责任的问责主体，而且就责任承担方式来看，单位行政责任以纠正为主要责任方式，由作为预算审批机关的人大进行异体问责符合预算审批权力行使的延续性。二是部门领导人员的行政责任虽然可由上级行政机关或者监察机关问责，但保留人大对部门领导人员预算行政问责的可能性不仅有利于督促政府内部同体行政问责，而且作为预算审批机关，人大预算行政问责相对于监察机关更具有权威性和专业性优势。[②] 具体责任形式上，预算行政责任主要是纠正责任和惩罚责任，以单位为责任主体的预算行政责任主要是纠正责任，具体包括责令改正、退还资金、没收违法所得等；以个人为责任主体的预算行政责任主要是惩罚责任，具体包括警告、通报批评、降级、撤职、开除等常见行政责任形式。

三、预算责任要件的厘定

人大预算问责以政治责任和行政责任为主要责任形式，行政责任法律化是行政责任作为法律责任的本质要求。而政治责任虽然不可能全部由法律予以明文规定，[③] 但是实现政治责任的法律化和制度化仍是法治国家的应有价值追求。鉴于此，应当明确预算政治责任和行政责任的构成要件，构建法制化的预算责

---

① 原《预算法》第七十四条和第七十五条分别针对不同预算违法情况规定了两类问责主体，对于擅自动用国库库款或者擅自以其他方式支配已入国库的库款的预算违法行为，由政府财政部门责令改正，并由上级机关给予个人责任主体行政处分。对于隐瞒预算收入或者将不应当在预算内支出的款项转为预算内支出的预算违法行为，由上级政府或者本级财政部门责令改正，并由上级机关给予个人责任主体行政处分。

② 在学界，亦不乏由人大作为政府及其部门领导人员行政责任之问责主体的学术主张。陈党：《行政责任追究制度与法治政府建设》，《山东大学学报》（哲学社会科学版）2017 年第 3 期。

③ 张贤明：《政治责任与法律责任的比较分析》，《政治学研究》2001 年第 1 期。

任制度。法律责任构成要件是承担法律责任必须符合的标准或必须具备的条件，一般包括责任主体、违法行为、损害结果、因果关系、主观过错五个方面。[①]基于政治责任法律化的法治要求和行政责任的法律责任本质，以下将按法律责任要件的一般框架分析预算政治责任和行政责任的构成要件。

（一）责任主体

责任主体是指因违反法律、违反约定或者法律直接规定的事由而承担责任的单位和个人。责任主体因责任类型不同而对其有不同的限定。就预算政治责任而言，人大预算政治问责的对象限于预算部门（单位）及相关领导人员，适格责任主体包括单位和个人两类，且以单位主体为主导。预算政治责任和预算行政责任的责任主体包括各预算部门和单位以及各级政府、预算部门、财政部门、审计部门等相关政府部门的领导人员。

（二）违法行为

违法行为包括作为或不作为，是法律责任的核心构成要件。但违法行为并非所有责任类型的必备要件。比如，违约行为、法律直接规定的事由等都可能导致行为人承担相应的法律责任。法律责任是否需要以行为违法性为构成要件应视具体责任类型予以判断。

就预算政治责任而言，囿于政治责任的实质是行为人政治上受信任程度的降低，违法行为当然可以构成行为人政治上受信任程度降低的原因。不过，在政治上，人们更看重行为结果而不是行为本身，行为违法性并不是导致行为人受信任程度降低的唯一原因，甚至不是主要原因。质言之，相对于一般法律责任而言，政治责任与政府行为是否违法无关，而是关系到政策是否有效。[②] 因此，政治责任不以行为违法性为必备要件，预算政治责任亦是如此。

就预算行政责任而言，违法行为不但是预算行政责任的必备构成要件，而且是核心构成要件。行为人应当承担行政责任的原因就在于违反了预算法或法定预算的强制性规定。然而，预算行政责任是预算权力主体违反预算法规定而产生的法律责任，行为违法性本质上包括直接违反预算法条文和违反法定预算而间接违反预算法两种情形。虽然基于法律规范逻辑结构完整性的要求，《预算

① 张文显：《法理学》，法律出版社2007年版，第195—196页。

② 王成栋：《政府责任论》，中国政法大学出版社1999年版，第80页。

法》通常会规定法律责任条款。但是受制于立法技术和能力等因素，《预算法》规定的法律责任条款并不能穷尽所有的预算违法行为，导致法律规范逻辑结构中行为模式和法律后果的脱节。违法行为本质上是指违反法律规范规定的行为模式的行为，而不是法律责任条款直接规定的行为。故预算违法行为的范围不能仅限于法律责任条款明文规定的行为，而必须扩至所有规定行为人行为模式的法律条款，甚至是法定预算。

（三）主观过错

主观过错是指责任主体实施可能产生法律责任的行为时存在的主观心理状态，包括故意或过失两种类型。追根溯源，早期囿于责任认定遵循客观责任原则，主观要件对法律责任的认定并无实质意义，行为人主观过错仅对法律责任的承担方式和程度产生一定影响。现代过错责任原则成为法律责任归责的主导原则和构成要件之一。然而，过错责任原则并不适用于全部法律责任类型，仍存在无过错亦成立的法律责任。

就预算政治责任而言，判断政治责任的实现状况应该坚持的基本立场和态度是，依据政治行为导致的实际后果，而不是行为主体的主观意图或目的。[①] 政治责任的成就无需以行为人存在主观过错为要件，即政治责任的认定应当遵循无过错责任原则或客观责任原则。究其原因，政治责任本质上是一种信任责任，公民基于信任而委托政府履行特定职能，提供社会公共产品和服务，当政府受托者履行职能未能达到预期目标时，作为委托者的公民就应当有权采取表明自身信任程度降低的问责行动，而绝无探查受托者履职不力原因的义务。

就预算行政责任而言，行政责任本质上是一种特殊过错责任，在过错认定时应当遵循过错推定原则。申言之，只要行为人实施了违法行为就视其存在主观过错，而不必再追究行为人真实的主观心理状态。[②] 然而，囿于预算违法行为的特殊性，预算行政责任的过错认定不能照搬一般行政责任归责之“违法原则”。具体而言，行为人直接违反预算法明文规定当然可以判定存在主观过错。但在因追求预算有效性而违反法定预算却又不直接违反预算法明文规定的特殊

---

① 张贤明：《政治责任的逻辑与实现》，《政治学研究》2003 年第 4 期。

② 薛佐文、孙启福主编：《法理学》，法律出版社 2002 年版，第 339 页。

违法情形下，行为人是否具有主观过错则不可一概而论。原因在于，有效性是公共预算追求的实质价值，且公共预算毕竟不同于法律，在规范性和强制性等方面都弱于法律。在此条件下，认定主观过错的理性方案是，参照行政法上的比例原则，综合考量行为人偏离法定预算的程度及危害后果，违反法定预算所产生的预算效益，以及当事人通过合法程序实现相同预算效益的可能性等因素而综合判断。

（四）损害结果

损害结果是指违法行为或其他不当行为侵害他人或社会公共权益所造成的损失和危害，包括实际损害、丧失所得利益及预期可得利益、造成危害的可能性等。损害结果应当具有确定性，损害事实在客观上能够认定。损害结果虽然是绝大部分法律责任构成的必备要件，但并不具有绝对性。

就预算政治责任而言，判断政治责任的基本依据是政治行为导致的实际效果和后果。政治责任是结果责任，损害结果是政治责任的必备要件。从公共预算本质出发，预算政治责任的损害结果应当是丧失预期可得利益的类型。详言之，政治责任的实质在于责任主体政治上受信任程度的降低，导致预算政治责任主体受信任程度降低的原因则主要在于公共预算运行结果不能达致公民预期的目标，即公共预算的无效率。此即预算政治责任结果要件的基本表现形态。

就预算行政责任而言，预算行政责任的判定实际上遵循违法原则，只要行为人行为违法即可认定其具有主观过错并应承担行政责任。因此，损害结果并不是预算行政责任的必备构成要件，而只对行政责任的承担方式产生一定影响。原因在于，法制秩序本质上亦构成法律所维护之社会公共利益，违法行为本身即意味着法律所维护之法制秩序遭受破坏。在违法行为作为行政责任必备要件的条件下，损害结果不再具有作为行政责任必备要件的必要性。

（五）因果关系

因果关系是违法行为或其他不当行为与损害结果之间的必然逻辑关系。其是归责的前提和基础，是认定法律责任的基本依据，对确定行为主体、责任主体以及决定责任范围具有重要意义。因果关系判定应当遵循如下原则，即在不以损害结果为法律责任必备要件的条件下亦就无需再判定违法行为与损害结果之间的因果关系；只要以损害结果为构成要件则就必须考虑违法行为与损害结果之间的因果关系。[①] 预算政治责任作为结果责任以损害结果为必备要件，故应当吸纳因果关系为构成要件。然而，囿于政治责任不以违法行为为必备要件，与损害结果构成因果关系者不应限于违法行为，而应涵盖责任主体实施的所有行为。预算行政责任不以损害结果为必备要件，从而也就没有必要将因果关系作为构成要件。但这并非意味着因果关系在预算行政责任认定程序中毫无意义。盖因通过因果关系要件判定违法行为所导致的损害结果范围对具体预算行政责任的承担方式的确定仍具有重要参照价值。

四、预算问责程序的构建

预算问责本质是对责任主体权利的限制和剥夺，除必须满足法定构成要件之外，还必须经过法定程序。[②] 构建制度化的预算问责程序是人大预算问责法治化的必然要求，亦是实现我国预算问责由“运动式权力问责”向“常规化制度问责”转变的必然要求。鉴于人民代表大会作为非常设机关的性质，除依法需要由人民代表大会做出免职决定的个别问责案件外，由人大常委会作为预算问责的法定主体是可行的选择。根据行政问责的一般原理，并结合我国人大政治问责的实践经验，人大预算问责应当经过立案、调查、质询、决议与执行等程序。

立案是预算问责程序的起始环节，是指问责主体依职权或依申请对特定预算责任主体启动问责程序。具体而言，人大启动立案程序的方式有两种，一是依据职权立案，即由人大根据日常预算监督发现的预算问题和违法行为主动对特定主体立案问责；二是依据申请立案，即人大根据有关主体的问责要求和建议被动对特定主体立案问责。依职权立案可以由人大常委会、各专门委员会、大会主席团和一定比例的人大代表或人大常委会组成人员作为问责发起主体。依申请立案的申请又分为有权问责申请和建议问责申请。有权问责申请是指申请主体有权向人大提出预算问责申请且人大必须予以立案的类型；建议问责申请是指申请主体提出预算问责申请后人大在初步审查的基础上再决定是否予以

---

① 赵大华：《论经济法权力主体的经济法律责任》，《法商研究》2016年第5期。

② 陈党：《行政责任追究制度与法治政府建设》，《山东大学学报》（哲学社会科学版）2017年第3期。

立案的类型。前者主体范围限定为政府、财政部门、审计部门、监察部门、法院、检察院以及下级人大常委会。后者主体范围具有开放性，包括前述主体之外的其他国家机关、社会团体、企事业组织和公民。依申请立案程序分流的目的在于，避免预算问责申请泛滥影响预算权力主体的正常履职和公共预算的正常运行。实践中，可以考虑由人大财政经济委员会作为预算问责立案申请的受理主体，并对建议问责申请是否予以立案作出专业性判断。

调查程序是人大预算问责的必经程序。根据《宪法》和《预算法》的规定，人大及其常委会有权就预决算中的重大事项或者特定问题组织调查，并有权对政府及财政部门进行询问。特定问题调查权和询问权构成人大预算问责调查程序的权力基础和基本方式。预算问责，即预算责任类型的确定、责任要件的判断以及具体责任形式的承担等都以人大掌握责任主体相关信息为前提和基础。通过调查程序，人大应当初步明确预算问责的基本责任类型以及责任要件是否成就等，并据此作出继续问责或者终止问责的程序决定。

质询程序是在调查程序的基础上，由人大与责任主体直接开展质询与回应解释的程序。问责本质上是一个包含角色定位、回应解释以及责任承担三位一体的概念。[①] 责任主体的回应性解释是进一步获取问责相关信息的基本途径，亦是保障责任主体救济权利和确保预算责任承担准确性的必然要求。质询程序的基本功能就在于借由人大质询权的运用，为问责主体进一步补充和矫正预算责任相关信息和责任主体进行回应性陈述、申辩提供制度化平台。

决议程序是人大在调查程序和质询程序基础上对责任主体是否应当承担预算责任以及承担何种类型与何种形式的预算责任所进行的终极判断。人大作为代议制机关实行集体决策，预算问责决议的最终形成应该按照人大议事规则，在充分讨论的基础上，通过简单多数票决程序作出。根据预算问责案件的复杂性情况，人大可以在质询审问程序结束后即刻表决，并当面向责任主体宣读，也可以在质询审问程序结束经过内部讨论后再另行表决，并向责任主体下发问责决议通知。作为国家权力机关，各级人大对本级预算部门或政府、预算部门、财政部门、审计部门等相关部门领导人员的预算问责决议应当具有终局性，责任主体的权利救济应当全部寓于质询环节的质询与申辩程序，不应该也没必要

---

① 陈治:《国家治理视域下预算权配置的反思与转型》,《中国法律评论》2018年第6期。

再设置额外的申诉程序。

执行程序是人大预算问责的最终环节，亦是预算问责强制性得以落实的关键程序。预算问责执行应该视具体预算责任形式采取不同的执行程序。单位政治责任是减少预算部门和单位预算资金的责任，应该由人大通知政府财政部门在编制未来年度公共预算时予以落实。单位行政责任是纠正责任，应该由人大通知财政部门予以执行。个人政治责任和行政责任是惩罚责任，除由人大或其常委会直接决定予以免职的责任形式外，还应该通知责任主体所在机关的上级机关和监察机关予以执行。

五、预算问责保障机制

作为预算监督的重要机制和表征，人大预算问责的监督效力主要体现在信息和强制两个维度。预算问责强制性的实现建立在充分且有效的预算信息基础之上。人大预算问责并非孤立的制度系统，其有效运转依赖于外界预算信息的畅通输入，依赖于预算公开、绩效预算和审计独立等制度机制的保障。

（一）预算公开

正如有学者所言，政务公开是政治责任实现的前提条件。政务公开缺失，则难以判断政府是否履行了积极意义的政治责任，亦很难对政府是否应当承担消极意义的政治责任作出决断，谈论政治责任实现也就毫无意义。[①] 事实上，不仅是政治责任，所有以政府为责任主体的责任追究皆离不开政务公开，行政责任亦是如此。在人大预算问责语境下，预算政治责任和预算行政责任的追究皆有赖于预算公开制度的构建与落实。

作为嵌于公共预算事物本质的价值属性，预算公开不仅是保障公民知情权、参与权和监督权，规范政府财政权力运作过程的需要，而且亦是建设责任政府和法治政府，实现国家治理现代化的需要。[②] 人大预算问责中，预算公开的价值主要体现在为人大获取政府预算行为信息和结果信息提供制度渠道，为人大预算问责提供内在信息支持和外在驱动力量。预算公开应该包括两重含义：一

---

① 张贤明：《政治责任的逻辑与实现》，《政治学研究》2003 年第 4 期。

② 刘剑文、侯卓：《预算公开：内涵、功能与保障》，《中国财政》2015 年第 1 期。

是政府预算信息对人大公开；二是全部预算信息对社会公众公开。前者是人大作为国家权力机关行使预算监督权所对应的政府义务，后者是社会公众作为预算资金来源者行使知情权所对应的权力主体义务。预算信息对人大公开可以为人大预算问责提供直接信息支撑，预算信息对社会公众公开则可以通过社会舆论的力量督促人大履行预算问责职能。

我国通过2014年《预算法》的修订，预算公开基本实现了静态文本意义上的初步制度建构，完成了预算公开法律制度构建的艰难起步。然而，预算公开的制度实现应坚持程序性规定和实体性制度并重的改革方案，通过程序规范构建各方互动平台，通过实体规范确认各方主体的权利义务。① 并遵循疏导预算公开障碍、拓深预算公开力度、堵住公开制度漏洞、补足公开规范缺失等完善路径。②

上述改革路径和措施确实有助于落实预算公开制度，有助于社会公众在掌握预算信息的基础上对人大预算问责形成外在驱动力量。然而，一方面，预算信息在人大和政府之间的畅通传输是落实人大"钱袋子"权力的必要保障。在人大预算问责中，政府预算信息直接对人大公开具有重大理论与实践价值。③ 为此，必须重视政府预算信息直接向人大公开制度建设。另一方面，预算信息在政府与人大之间的畅通传输不仅取决于预算公开法律制度的构建和完善，而且取决于现代信息技术在预算公开实践中的应用。大数据时代的数据库、云计算、数据挖掘和联机等技术改变了传统的预算监督流程，能够在一定程度上实现预算权力主体之间以及权利主体之间在公共预算网络中处于平等地位。④ 除稳步推进预算公开法律制度建设之外，预算公开实践还应该充分应用现代信息技术，实现预算信息在人大与政府之间的实时共享和对社会公众的及时全面公开。

（二）绩效预算

绩效预算是与传统渐进预算相对应的现代预算管理形式，即提交所需资金

---

① 黎江虹：《预算公开的实体法进路》，《法商研究》2015年第1期。

② 刘剑文、侯卓：《论预算公开的制度性突破与实现路径》，《税务研究》2014年第11期。

③ 周振超、李英：《人大预算监督权的困境与出路——基于预算信息传输的视角》，《探索》2016年第3期。

④ 杨志安、邱国庆：《数据开放、社会参与和政府预算监督》，《青海社会科学》2017年第6期。

的使用目的和目标，提议用来实现这些目标的项目成本，并测量每个项目成绩和已完成工作情况的定量数据。[①] 追根溯源，绩效预算是超预算时代以提升公共预算效率为目标所创设的预算管理形式，本质上是通过将支出与产出绩效联系起来以促使政府部门能够以较少的成本提供更好的服务。囿于在管理理念和运行效率方面的先进性，绩效预算制度在当前预算制度发达的西方国家广为流行。

在预算问责语境下，绩效预算构成人大预算问责不可或缺的制度前提和基础，将支出绩效与预算问责相联结也是绩效预算的重要标志。[②] 具体而言，绩效评价和绩效评价结果应用是绩效预算管理的重要环节。绩效评价是对政府预算运行是否有效率的评估和判断。前文述及，政府预算运行是否有效率不仅是认定预算政治责任的根本准则，亦是特殊情形下判断预算行政责任的重要考量因素。预算绩效评价是人大预算问责的重要信息来源和判断依据。同时，绩效评价结果应用作为绩效预算管理的落脚点是对预算运行效果的奖优罚劣，减少或取消被评价为效率低下预算部门和预算项目未来财政年度的预算资金供给是绩效评价结果应用的必然要求。这正好契合预算政治责任的实现方式。在此意义上，绩效预算管理不仅是预算问责的必然制度前提，而且亦是预算政治问责的基本表现形式。

党的十九大报告明确指出“全面实施绩效管理”，标志着我国开始步入全面绩效管理的预算改革时代。国务院颁发《全面实施预算绩效管理的意见》，绩效预算制度改革进入实践探索阶段。然而，绩效预算囿于需要赋予支出部门近乎不受约束的预算执行灵活性，必须建立在预算法治业已充分实现的制度环境下，否则猖獗的机会主义行为会葬送预算控制功能，非但不能实现预算绩效，而且会弱化预算执行秩序，造成预算低效率。职是之故，在我国预算法治尚未健全，预算规范性还有待提升的现实环境下，绩效预算管理改革必须慎之又慎。

我国当前绩效预算管理改革可以在继续巩固和提升预算规范性的基础上尝试如下改革措施。一是落实绩效目标管理。绩效目标是绩效预算管理的起点，是部门预算编制、执行和绩效评价的前提和基础。绩效预算管理改革的首要工

---

① See Donald Axelord, Budgeting for Modern Government, St. Martins Press, 1988, p. 12.
② 陈治：《国家治理转型中的预算制度变革》，《法制与社会发展》2015 年第 2 期。

作就是实行绩效目标管理，推动绩效目标预算编制、审核管理和批复管理的全覆盖。二是实施绩效执行监控。绩效预算是结果导向的预算管理，预算执行者享有充分的执行自主权。为防止和矫正我国绩效管理实践中存在的跑冒滴漏、挤占挪用、执行进度缓慢等违规和低效率行为，有必要对绩效预算执行施加较为严苛的监控措施。三是探索绩效评价方法和体系。绩效评价是绩效预算管理的核心和关键，评价方法和体系的合理性与科学性对绩效预算管理的实际效果至关重要。为此，可以考虑借鉴域外经验，根据不同的利益相关方选择评价方法，将评价方法和赋权方法结合起来构建全覆盖的绩效管理体系。[①] 四是探求绩效结果应用机制。预算绩效评价的目的在于应用，建立奖优罚劣的绩效评价结果应用机制是绩效预算管理的必然要求。为推动绩效评价结果的有效应用，应当建立绩效评价结果内部公示制度、报送制度和社会公开制度，接受部门内部、监督部门和社会公众的全方位监督。[②]

（三）审计独立

审计制度在财政制度发展进程中扮演着重要角色，专业且独立之财政审计体系的建立是人类社会从“前预算时代”进入“预算时代”的重要标志。[③] 预算审计的根本价值就在于为立法机关履行预算监督职能提供技术支撑。在预算问责语境下，预算审计是察觉责任主体违法行为、确保绩效结果准确的主要途径和渠道。在我国实践中，为数不多的问责案例大都起因于审计发现的预算违法问题。预算审计构成人大预算问责的前提条件和制度基础，完善我国审计体制是落实人大预算问责的必然要求。

我国现行审计体制建立于20世纪80年代，以1982年《宪法》为直接法律依据，囿于计划经济占主导地位的经济体制过渡时期而打上了行政主导的烙印。众所周知，行政型审计体制具有显而易见的弊端，在独立性缺失的条件下无法希冀审计机关能够客观履行审计监督职能。实践中，作为审计监督对象的政府可以控制审计工作报告，审计监督完全成为政府内部的自查自纠，人大难以获

---

① 马蔡琛、赵青：《预算绩效评价方法与权重设计：国际经验与中国现实》，《中央财经大学学报》2018年第8期。

② 夏津津、夏先德：《新时代推动全面实施绩效管理基本构想》，《财政研究》2018年第4期。

③ See Naomi Caiden. Patterns of Budgeting. Public Administration Review, 1978, 38 (6).

取预算审计发现的全部信息和问题，[①] 人大预算问责丧失了最为重要的预算信息来源。在此条件下，无论是出于人大预算问责的现实考量，还是基于审计制度之事物本质和发展规律考虑，变革我国当前行政型审计体制都势在必行。

独立性是国家审计的本质特征。[②] 借鉴域外经验，构建具有较高独立性的立法型审计体制或独立型审计体制是我国审计体制改革的必然归宿。然而，审计体制改革是涉及国家宪制层面的重大制度变革，必须经过充分的实践经验累积和渐进的制度探索沉淀。就我国实践来看，囿于审计对人大履行预算监督职能的极端重要性，许多地方人大对如何在现行审计体制下发挥审计在预算监督中的作用进行了卓有成效的实践探索。委托审计、指导审计等“立法审计”[③] 工作形式在实践中应运而生，深圳市曾尝试在行政型审计体制下另行建立隶属于人大的审计机构，即双轨制审计体制。[④] 理性而论，立法机关设置专职审计机构是立法审计实践发展到一定阶段的产物，在立法机关尚未建立专职审计机构的情况下，也不能否认存在某些具有立法审计属性的审计实践。[⑤] 括而言之，我国审计体制改革的可行路径是，首先，在行政型审计体制下探索立法审计工作模式，总结实践中委托审计、指导审计等立法审计工作经验；其次，在立法审计工作经验充分后尝试设立专属于人大的审计委员会或工作机构，实行双轨制审计体制；最后，在时机成熟时通过修宪完全过渡到立法型审计体制。

六、结语

在建立现代公共预算制度的时代背景下，作为公共预算立法监督的重要形式表征，人大预算问责法律制度的重要性被提升至新的历史高度。在我国人大预算问责理论空白和实践缺位的条件下，本文首先在理论上探讨了构建人大预

---

① 曾凡证：《加强人大对预算执行监督的路径》，《法学》2017 年第 12 期。

② 上官泽明、吴秋生：《不同视野下国家审计治理能力评价与比较》，《中南财经政法大学学报》2017 年第 1 期。

③ “立法审计”是指由立法机关领导或主导的与立法机关预算监督职能相联系的审计工作。杨肃昌：《“立法审计”：一个新概念的理论诠释与实践思考——基于加强地方人大预算监督的视角》，《审计与经济研究》2013 年第 1 期。

④ 由于种种因素的制约，深圳市双轨制审计体制改革方案被暂时搁浅。

⑤ 杨肃昌：《“立法审计”：一个新概念的理论诠释与实践思考——基于加强地方人大预算监督的视角》，《审计与经济研究》2013 年第 1 期。

算问责法律制度的系统方案，提出人大预算问责视域下的政府预算责任包括政治责任和行政责任两种类型。前者是结果责任，以适格责任主体、特定损害结果以及损害结果与责任主体行为之间的因果关系为必备要件，后者是违法责任，以适格主体、违法行为和主观过错为必备要件。为保障问责的适法性和可行性，必须构造包括立案、调查、质询、决议、执行等环节的问责程序，并改革完善预算公开、绩效预算、审计独立等人大预算问责配套制度。

家族信托永续传承的法律立场

——以反永续原则为中心

彭雨晨*

目　次

一、背景与问题

家族信托（family trust）是“信托公司接受单一个人或者家庭的委托，以家庭财富的保护、传承和管理为主要信托目的，提供财产规划、风险隔离、资产配置、子女教育、家族治理、公益（慈善）事业等定制化事务管理和金融服务的信托业务。”① 改革开放40余年来，中国经济总量已经跃居世界第二，不少家庭率先富裕起来。有报告显示，到2019年底，我国可投资资产超过1千万

* 北京大学法学院2018级经济法学博士研究生。

① 中国银行保险监督委员会：《信托部关于加强规范资产管理业务过渡期内信托监管工作的通知》（信托函〔2018〕37号）第二条。

元的高净值人群约为220万人。[①] 目前，改革开放初期成长起来的高净值人群已到晚年，如何实现家庭财富稳定传承成为高净值人群的迫切需求。[②] 家族信托以其保护和传承家族财富的功能，成为财富传承的首选工具。然而，我国目前关于家族信托的理论研究和法制建设暂付阙如，亟待对此问题予以通盘研究，并设计相关规则以满足家族信托市场的发展需要。

本文研究家族信托永续传承问题。在家族信托创立后的很长时间里，衡平法院都遵循“反永续原则”（the rule against perpetuities）禁止家族信托永续传承。20世纪中叶之后，很多普通法系国家或地区却掀起一场废除反永续原则运动，允许家族信托永续传承。不过，这一运动在美国遭到许多学者反对，他们主张应复兴反永续原则，禁止家族信托永续传承。面对这种复杂局面，我国又应当对家族信托永续传承持何种法律立场呢？本文将以反永续原则的嬗变为中心，针对这一问题展开探讨。

二、禁止家族信托永续传承的传统立法流变

信托是为满足英国人民传承家族财富的需求而产生的。衡平法院虽然认可信托制度，但是曾经长期禁止家族信托永续传承，[③] 并且因为当时种种复杂的社会历史背景而在17世纪提出反永续原则。反永续原则经过100余年的案例积累才最终成型，并发展出复杂的适用规则。

（一）禁止家族信托永续传承的社会历史背景

信托制度是英国人民希望自由处置土地的愿望与英国僵化落后的封建土地制度之间发生冲突的产物。封建领主享有很多附随于土地之上的权益，佃户很难按照自己的意愿自由决定土地的继承事项。[④] 为了对抗这种僵硬的土地制度，

---

① 该报告于2019年中发布，此处数据为当时预测值。招商银行、贝恩咨询：《2019中国私人财富报告》，第3—5页。

② 高达21%的高净值人群有着财富传承的目标，在所有目标中排行第2名。招商银行、贝恩咨询：《2019中国私人财富报告》，第14页。

③ See George L. Haskins, “Extending the Grasp of the Dead Hand: Reflections on the Origins of the Rule Against Perpetuities”, University of Pennsylvania Law Review, Vol. 126, 1977, p. 35.

④ See generally 4 William Holdsworth, A History of English Law 446 - 48 (3d ed. 1945) (16 vols. 1922 - 1966). Quoted in John H. Langbein, “The Contractarian Basis of the Law of Trusts”, The Yale Law Journal, Vol. 105, 1995, pp. 632—633.

英国人创立了用益（Use）制度，以达到避免向领主支付高昂金钱、方便自由处置土地等目的。[①] 当然，获得土地自由处置权利最基本的用途还是为了能让土地在家族内传承。[②] 从这一角度看，信托最初的形态便是家族信托。衡平法院认可信托的法律效力，不过却选择了禁止家族信托永续传承的法律立场，并于17世纪确立反永续原则，在这背后有着深厚的政治、经济和宗教原因。

首先，在政治上，这一立场是为了平衡封建地主阶级和新兴资产阶级的利益。17世纪的英国正处于封建主义制度和资本主义制度发生交替的动荡时期。作为当时财富基础的土地，[③] 成为传统封建地主阶级和新兴资产阶级激烈争夺的目标。此时，封建制度已经行将就木，封建地主阶级也日益没落。残余的封建地主们意图持续保有土地，并希望拥有自由处置土地的权利，维持家族的世代荣华，避免家道中落的风险。然而，这一诉求与资产阶级新贵的利益存在尖锐对立，因为资本主义生产方式有可能利用土地创造更大价值，限制土地流通便限制了英国经济进一步发展的动力。[④] 反永续原则既认可封建地主处置土地的权利，又将其限制在一定范围内，实现了两大阶级利益的平衡。

其次，这一立场也有经济和宗教基础。在经济上，这一立场是为了防止家族信托阻碍土地的自由流动。[⑤] 财产只有自由流动才能体现价值。“土地应该可以自由转让是英国财产法制度的一个基本观念。”[⑥] 同时，在宗教上，认为土地是上帝赠与给人类的，永久存续的家族信托会使得该家族长期占有土地，这一做法违背了上帝的旨意。[⑦]

---

① See Graham Moffat, Trusts Law: Text and Materials (5th ed.), Cambridge University Press, 2009, pp. 36—38.

② See Graham Virgo, The Principles of Equity & Trusts (2nd ed.), Oxford University Press, 2016, p. 45.

③ See George L. Haskins, “Extending the Grasp of the Dead Hand: Reflections on the Origins of the Rule Against Perpetuities”, University of Pennsylvania Law Review, Vol. 126, 1977, p. 27.

④ ［美］约翰·G. 斯普兰克林：《美国财产法精解》，钟书峰译，北京大学出版社2009年版，第93—94页。

⑤ See Jesse Dukeminier, James E. Krier, “The Rise of the Perpetual Trust”, UCLA Law Review, Vol. 50, 2003, pp. 1319—1320.

⑥ ［美］约翰·G. 斯普兰克林：《美国财产法精解》，钟书峰译，北京大学出版社2009年版，第118页。

⑦ See Gary Watt, Trusts & Equity (7th ed.), Oxford University Press, 2016, p. 182. 作者回顾了“Duke of Norfolk's Case”，认为该案的依据之一是1620年的“Pell v. Browne”案，法官在“Pell v. Browne”案中提出土地是上帝所赠，某一家族的长期占有，违背了上帝旨意。

（二）反永续原则的提出与成熟

依循反对家族信托永续传承的法律立场，衡平法院在1682年的“Duke of Norfolk's Case”一案中正式提出了反永续原则。① 经过百余年的发展，传统反永续原则在1833年的“Cadell v. Palmer”一案中最终完善成型。②

“Duke of Norfolk's Case”③ 是一起关于贵族遗产纠纷的案件。Arundel伯爵制订了一项遗产计划，规定由长子甲继承伯爵爵位，次子乙继承男爵爵位，同时规定如果乙后来从甲处袭得伯爵爵位，需将男爵爵位转给幼子丙。甲继承伯爵爵位后又袭获Norfolk公爵之位，在甲去世后，乙一并继承了公爵和伯爵两个爵位，但是却拒绝按照遗产计划的规定将男爵爵位转给丙，于是丙向法院提起诉讼，要求乙履行遗产计划。最后法官并未支持丙的诉求，并指出可能有未来权益（contingent future interest）如果不能在某人去世前确定，就是无效的。该案件中形成的规则便被称为反永续原则。

“Duke of Norfolk's Case”案虽然提出了反永续原则，但是信托设立人处置自己遗产的自由也应予以保障，然而在“Duke of Norfolk's Case”案中并未明确处置遗产自由的边界在哪里，或者说该案并未明确家族信托合法的存续期限。这一问题一直到1833年的“Cadell v. Palmer”一案中才予以解决，法院在该案中正式提出了永续期间的经典计算公式——“某人的存世年限加上21年”。④ 传统反永续原则自此正式形成。

（三）反永续原则的内涵解析

反永续原则的经典概念是由哈佛大学John Chipman Gray教授总结而来，它是指信托中“某种权益如果不能在该权益创造时的某在世之人去世后21年之内

---

① See Lewis M. Simes, “Is the Rule against Perpetuities Doomed (The Wait and See Doctrine)”, Michigan Law Review, Vol. 52, 1953—1954, p. 179.

② See Steven J. Horowitz, Robert H. Sitkoff, “Unconstitutional Perpetual Trusts”, Vanderbilt Law Review, Vol. 67, 2014, pp. 1777—1778.

③ “Duke of Norfolk's Case (1682)”一案的案号是“3 Ch. Cas. 1, 22 Eng. Rep. 931”。本文未能在网上搜索到该案判决内容，本段相关案情与判决是综合论文及维基百科相关信息而来。See Steven J. Horowitz, Robert H. Sitkoff, “Unconstitutional Perpetual Trusts”, Vanderbilt Law Review, Vol. 67, 2014, pp. 1776—1777. See George L. Haskins, “Extending the Grasp of the Dead Hand: Reflections on the Origins of the Rule Against Perpetuities”, University of Pennsylvania Law Review, Vol. 126, 1977, pp. 35—45.

④ See (1833) 6 Eng. Rep. 956 (H. L.) 974 -75; 1 Cl. & Fin. 372, 421. Quoted in Steven J. Horowitz, Robert H. Sitkoff, “Unconstitutional Perpetual Trusts”, Vanderbilt Law Review, Vol. 67, 2014, p. 1778.

确定，那么将不具有法律效力”。[①] 反永续原则的制度精神可以归纳为“三反”：“反对永久归属”“反对资本转移限制”以及“反对收入（过度）积累”。[②] 虽然反永续原则几乎适用于所有类型的信托，但是这一原则的创设和存在意义主要是以财富保有和传承为目的的家族信托，更准确地说是禁止其中带有永久存续色彩的王朝信托（dynasty trust）[③]。不过，慈善目的信托不会受到反永续原则的规制。[④]

理解反永续原则的内涵，最为关键的是厘清“权益”（interest）、“永续期间”（perpetuities period）和“确定”（vesting）三个词的含义。首先，反永续原则所指的“权益”仅限于不确定剩余权、附开放条件的确定剩余权、执行权和指定权等部分“未来权益”（future interest）。[⑤] 其次，反永续原则规定的“永续期间”仅指在权益创立时与信托有关的某在世之人的寿命加上21年，特殊情形下未出生的胎儿也可以作为某在世之人。“21年”这一时限背后的考虑是英国当时的法定成年年龄，法院意图让未来权益的“确定时间延续到设立者孙辈成年时”。[⑥] 最后，“确定”是指必须在永续期间内明确家族信托财产的归属关系。[⑦] 如果未来权益不能在这段时间内确定，那么该权益便是无效的。[⑧]

---

① John Chipman Gray, The Rule Against Perpetuities, General Books, 2010, § 201, p. 168.

② Gary Watt, Trusts & Equity (7th ed.), Oxford University Press, 2016, p. 182. 英国Gary Watt教授将上述三点称为反永续原则的三项具体规则。

③ 能够永久存续的信托被称为王朝信托。See Brian Layman, “Perpetual Dynasty Trusts: One of the Most Powerful Tools in the Estate Planner's Arsenal”, Akron Law Review, Vol. 32, 1999, p. 750.

④ See Graham Virgo, The Principles of Equity & Trusts (2nd ed.), Oxford University Press, 2016, p. 174.

⑤ See Peter Wendel, Wills, Trusts, and Estates: Keyed to Dukeminier/Sitkoff/Lindgren (8th ed.), Wolters Kluwer, 2010, p. 331. 关于未来权益的具体分类和译名可参见［美］约翰·G. 斯普兰克林：《美国财产法精解》，钟书峰译，北京大学出版社2009年版，第161页。

⑥ See J. E. Penner, The Law of Trusts (10th ed.), Oxford University Press, 2016, p. 85. 该书作者指出在反永续原则创立的年代，英国成年年龄便是21岁。

⑦ See J. E. Penner, The Law of Trusts (10th ed.), Oxford University Press, 2016, p. 84.

⑧ 比如，如果信托文件中规定信托持续到某人曾孙一代，由于在某人去世加上21年后，某人的子女或者孙子女都有可能继续生育，在信托设立时无法确定永续期间内曾孙一代到底都有哪些人，信托财产的归属也就无法确定，因此曾孙一代享有的未来权益是无效的。See Thomas P. Gallanis, “The New Direction of American Trust Law”, Iowa Law Review, Vol. 97, 2011, p. 230.

三、允许家族信托永续传承的现代立法转型

反永续原则立意虽好，但适用上存在很多问题。进入20世纪后，一场旨在弥补反永续原则漏洞的运动在许多普通法法域展开。这一运动首先在学术界拉开帷幕，之后拓展为多个法域的立法修订活动。一些法域选择适当完善反永续原则，但是更多法域却更为激进，直接废除了反永续原则。本文以典型代表美国为例，对这段法制发展历史及其背后原因予以阐明。

（一）传统反永续原则的缺陷

传统反永续原则的适用是在权益创立时预测未来情形，法院在适用传统反永续原则时坚持以“可能发生”（what - might - happen）的事件作为判断未来权益是否有效的标准。[①] 而且判断是否“违反”传统反永续原则的标准非常低，只要传统反永续原则可能被违反，哪怕是“最低可能性”，也会被认为满足了“违反”标准。[②] 可见，传统反永续原则的适用建立在诸多假设之上，导致其推论存在诸多不确定性或者不合常理的地方。

传统反永续原则最为经典的荒谬案例是“能生育的耄耋老人”和“未出生的寡妇”。[③] 在能生育的耄耋老人案例（Fertile Octogenarian Case）中，甲设立遗嘱信托，让其妹妹乙和乙的儿孙辈依序成为信托受益人，虽然乙已届耄耋之年，但是由于法律假定所有人都可继续生育子女，即使是乙也不例外，由于乙可能会在甲死后生育丙，而乙的子辈全部去世是乙的孙辈得以享有信托权益的前提，但是丙可能存活很长时间，从而导致乙孙辈的未来权益不能在“权益创立时某在世之人去世后21年”内确定，因此信托中为乙孙辈设置的未来权益是无效的。[④] 在未出生的寡妇案例（Unborn Widow Case）中，甲在遗嘱信托文件中规定，由其儿子乙、乙的遗孀依次享受信托权益，在遗孀去世时信托权益分给乙

① See Jesse Dukeminier, “A Modern Guide to Perpetuities”, California Law Review, Vol. 74, 1986, p. 1876.

② ［美］劳伦斯·M. 弗里德曼：《遗嘱、信托与继承法的社会史》，沈朝晖译，法律出版社2017年版，第173页。

③ ［美］劳伦斯·M. 弗里德曼：《遗嘱、信托与继承法的社会史》，沈朝晖译，法律出版社2017年版，第173—174页。

④ See Jesse Dukeminier, “A Modern Guide to Perpetuities”, California Law Review, Vol. 74, 1986, pp. 1876—1877.

的在世后嗣，但是该信托中第三顺位的未来权益是无效的，因为乙未来的婚姻状况难以预估，有可能乙再婚的遗孀在权益创立时并未出生，这有可能使得第三顺位的未来权益无法在永续期间内确定，该权益因此无效。①

（二）反永续原则的补缺

正因为传统反永续原则的适用产生了非常多的争议，即使是专业人士也可能在设计家族信托条款时出错。因此立法者引入“等等看”（wait and see）规则和直接明确家族信托存续期间的方法弥补反永续原则的设计缺陷。

传统反永续原则在信托设立之时依据将来可能出现的事件判断该信托是否有效，“等等看”规则认为应等待一段时间后再依据实际发生的事件判断信托的有效性。② 美国是“等等看”规则的发源地，这一规则最早由哈佛大学 W. Barton Leach 教授在 1952 年提出，认为应该适当延长确定未来权益的时间，采用实际发生的事件来决定未来权益是否有效。③ 如此便能够克服采用可能发生的事件作为判断标准带来的许多弊端。但这一提议遭到了 Lewis Simes 教授等人的反对，认为“等等看”规则会导致反永续原则意图规制目标的失败，家族信托限制财产流通的问题将更严重。④

尽管如此，美国部分州还是全部或者部分采用了“等等看”规则。⑤ 随后，美国法学会（American Law Institute）组织学者在 1983 年制定的《财产法（第二次）重述》中也采纳“等等看”规则。《财产法（第二次）重述》的规则与传统反永续原则的不同只在于如何确定信托无效的情形。⑥《财产法（第二次）重述》规定只有在永续期间内依据真实事件确实无法确定信托财产的归属，才

---

① See W. Barton Leach, “Perpetuities in Perspective: Ending the Rule’s Reign of Terror”, Harvard Law Review, Vol. 65, 1952, p. 731.

② See Lawrence W. Waggoner, “The Uniform Statutory Rule Against Perpetuities”, Real Property, Probate and Trust Journal, Vol. 21, 1986, pp. 571—572.

③ See W. Barton Leach, “Perpetuities in Perspective: Ending the Rule’s Reign of Terror”, Harvard Law Review, Vol. 65, 1952, p. 730.

④ See Lewis M. Simes, “Is the Rule against Perpetuities Doomed (The Wait and See Doctrine)”, Michigan Law Review, Vol. 52, 1953—1954, p. 190.

⑤ 根据作者搜索总结，截至 1971 年，美国共有 6 个州完全采纳了“等等看”规则，6 个州部分采纳了“等等看”规则。See Jesse Dukeminier, James E. Krier, “The Rise of the Perpetual Trust”, UCLA Law Review, Vol. 50, 2003, pp. 1306—1307.

⑥ See Lawrence W. Waggoner, “The American Law Institute Proposes a New Approach to Perpetuities: Limiting the Dead Hand to Two Younger Generations” (June 1, 2010), University of Michigan Public Law Working Paper No. 200.

应认定某权益无效。[①] 这一方法显然与传统反永续原则站在信托订立时推测信托财产可能无法确定归属的方式非常不同。此外，虽然《财产法（第二次）重述》关于永续期间的计算方式仍然延续了“权益创立时某在世之人寿命加上21年”的算法，但是该重述明确规定了“某在世之人”的可选范围。[②] 然而《财产法（第二次）重述》关于“某在世之人”的可选范围的规则几乎未得到美国各州的采用。[③] 之后不久，统一州法委员会（Uniform Law Commission）组织学者于1986年制定的《统一反永续法》（Uniform Statutory Rule Against Perpetuities, USRAP）中再次采用了“等等看”规则。《统一反永续法》的规则与《财产法（第二次）重述》选择的规则制定方式完全相同，只是《统一反永续法》将永续期间确定为权益确立后90年，[④] 原因是起草者认为传统的“权益创立时某在世之人寿命加上21年”的计算方式存在着难以在法条中恰当表述、不方便在实践中操作等诸多困难。[⑤] 不过，《统一反永续法》也允许信托设立者选择永续期间的传统算法。[⑥] 最终，美国各州相关立法普遍采用了《统一反永续法》提出的“等等看”规则。[⑦]

作为反永续原则诞生地的英国也引入了“等等看”规则，不过这一规则直到2009年才被纳入《2009年反永续和积累法》（The Perpetuities and Accumulation Act 2009）之中。[⑧] 在此之前，英国立法者选择通过直接明确永续期间的方式减少不确定性，部分解决反永续原则的缺陷。在《1964年反永续和积累法》中，立法者规定信托设立者可以选择将信托的永续期间最长定为80年。[⑨] 之后在《2009年反永续和积累法》中立法者将其进一步延长到125年。[⑩]

---

① See Restatement (Second) of Property: Donative Transfers § 1.4 and comment a (1983).

② See Restatement (Second) of Property: Donative Transfers § 1.3 (1983).

③ See Lawrence W. Waggoner, “Congress Promotes Perpetual Trusts: Why?” (2014), Law & Economics Working Papers No. 80.

④ See Uniform Statutory Rule Against Perpetuities §1 (a) (2).

⑤ See Lawrence W. Waggoner, “The Uniform Statutory Rule Against Perpetuities”, Real Property, Probate and Trust Journal, Vol. 21, 1986, pp. 575—579.

⑥ See Uniform Statutory Rule Against Perpetuities §1 (a) (1).

⑦ See Lawrence W. Waggoner, “The American Law Institute Proposes a New Approach to Perpetuities: Limiting the Dead Hand to Two Younger Generations” (June 1, 2010), University of Michigan Public Law Working Paper No. 200.

⑧ See the Perpetuities and Accumulation Act 2009 section 7.

⑨ See the Perpetuities and Accumulation Act 1964 section 1 (1).

⑩ See the Perpetuities and Accumulation Act 2009 section 5 (1).

（三）美国废除反永续原则运动及其原因探析

除了提出“等等看”规则外，美国还发生了废除反永续原则运动，允许设置永续传承或接近于永续传承的家族信托。① 事实上，废除反永续原则运动不只发生在美国，还包括了很多普通法法域，如英属维京群岛、百慕大等地。因美国的转变最为典型，本文将详细梳理美国废除反永续原则运动的流变，并探究其具体原因。

废除反永续原则有一定理论支撑。反对者认为反永续原则适用非常复杂，而且这一原则的创设目的主要规制土地传承，不能适应以股票作为主要财产形式的当代社会；此外，反永续原则意图实现的目标可以有更好的方式达到，不必继续使用问题重重的反永续原则。② 尽管有上述理论，但这一运动的产生原因更多是“联邦税法漏洞和（部分）州争取（扩大本州）信托业务”，③ 而非为解决反永续原则的缺陷。

1986年之前，永久存续类家族信托在美国尚未得到青睐，④ 因此没有大规模出现。这是因为美国早已开征了遗产税和赠与税，如果要在美国设立家族信托，设立时需缴纳高额税款，之后在家族信托存续期间发生的代际传承虽然不需纳税，但是在家族信托终止、信托财产回归到委托人后代手中后又需要继续纳税。由于税负较高，家族信托并不是一个非常好的财富传承工具。为何1986年之后情况发生了显著变化呢？因为美国联邦政府于1986年开征了隔代遗产税（Generation - skipping transfer tax，GST），并制定了不恰当的高额免征规则。隔代遗产税的设立目的本是弥补隔代财富传承不纳税的漏洞，不过在1986年创设隔代遗产税时，美国国会给予每人100万美元的免征额，随后这一免征额又被扩大。因为在这段时间内设立家族信托可以在免征额范围内免税，所以家族信

① See Lawrence W. Waggoner, “From Here to Eternity: The Folly of Perpetual Trusts” (2014), Law & Economics Working Papers No. 76, Available at https://repository.law.umich.edu/law_econ_current/76, pp. 1—4, visited on Jan. 17, 2020.

② 关于上述三点反对理由的详细论述可参见 Note, “Dynasty Trusts and the Rule against Perpetuities”, Harvard Law Review, Vol. 116, 2005, pp. 2596—2598.

③ Thomas P. Gallanis, “The New Direction of American Trust Law”, Iowa Law Review, Vol. 97, 2011, p. 232.

④ See Lawrence W. Waggoner, “Curtailing Dead - Hand Control: the American Law Institute Declares the Perpetual - Trust Movement Ill Advised” (June 1, 2010), University of Michigan Public Law Working Paper No. 199.

托在豁免规则出台后呈现高速创立的态势。隔代遗产税的豁免条款使得某些家族信托不仅在设立时可以在一定额度内免缴隔代遗产税，而且在设立后也可以一直免缴隔代遗产税。①

美国国会本来是想将隔代遗产税豁免条款的适用期限交由各州依据其反永续原则具体决定，② 但是意想不到的是这一留白反而催生了废除反永续原则运动。调查显示，相比于保留反永续原则的州，废除反永续原则的州在信托资产和平均账户金额上都有显著成长。③ 银行和信托公司看到这一商机，极力敦促州立法者废除反永续原则，使家族信托能够永久存续。④ 州立法机关与这些利益团体一拍即合，因为州立法机关也希望本州能够在关于信托资金的州际竞争中脱颖而出，吸引他们到本州设置家族信托。⑤ 部分州采取废除行动之后，其他州也纷纷效仿。有的州彻底废除了反永续原则，有的州将家族信托存续期间延长到数百年乃至上千年，以达到实质上废除反永续原则的目的。⑥ 统计显示，“截至2003年，约有1千亿美元的信托资金流入那些允许永久存续类家族信托合法存在的州”。⑦ 现在的数字恐怕远不止这么多。废除反永续原则的州际竞争彻底演变为“朝底竞争”，并产生了严重后果。

四、家族信托永续传承的可能危害与反永续原则的复兴

家族信托永续传承产生的问题归根结底是“死者之手”和生者控制之间的冲突，是个人私利与社会公益之间的矛盾。由于允许家族信托永续传承不仅会

---

① See Lawrence W. Waggoner, “US Perpetual Trusts”, Law Quarterly Review, Vol. 127, 2011, p. 423.

② See Lawrence W. Waggoner, “The American Law Institute Proposes a New Approach to Perpetuities: Limiting the Dead Hand to Two Younger Generations” (June 1, 2010), University of Michigan Public Law Working Paper No. 200.

③ See Robert H. Sitkoff, Max M. Schanzenbach, “Jurisdictional Competition for Trust Funds: An Empirical Analysis of Perpetuities and Taxes”, The Yale Law Journal, Vol. 115, 2005, p. 410.

④ [美] 劳伦斯·M. 弗里德曼：《遗嘱、信托与继承法的社会史》，沈朝晖译，法律出版社2017年版，第180页。

⑤ See Note, “Dynasty Trusts and the Rule against Perpetuities”, Harvard Law Review, Vol. 116, 2005, p. 2590.

⑥ 有统计显示不同州采取的方法大概有6种。See Note, “Dynasty Trusts and the Rule against Perpetuities”, Harvard Law Review, Vol. 116, 2005, p. 2591.

⑦ Robert H. Sitkoff, Max M. Schanzenbach, “Jurisdictional Competition for Trust Funds: An Empirical Analysis of Perpetuities and Taxes”, The Yale Law Journal, Vol. 115, 2005, pp. 410—411.

造成法律技术上的问题，而且会产生严重的贫富分化和代际矛盾等社会问题，因此美国几乎所有学者都反对废除反永续原则。美国《财产法（第三次）重述》再次写入反永续原则，说明目前反永续原则在美国已经有了逐步复兴的势头。

（一）家族信托永续传承在法律技术层面的可能危害

如果允许家族信托永久存续，数百年后家族信托最终可能既无法很好地应对未来挑战，又会产生巨大的管理成本。

如果家族信托可以永久存续，信托文件很可能难以适应数百年后社会的实际情况。① 无论是信托设立人还是辅助起草信托条款的律师，都仅具有有限理性，无法预见未来可能发生的各种情形。然而世殊时异，数百年、数千年后的世界肯定与现在大不相同，目前制定的信托条款很可能不足以应对未来的问题。对此，Robert H. Sitkoff 和 Max M. Schanzenbach 两位学者指出，如果每一代人都有权自行决定某些条款，比如信托是否继续，那么信托文件僵化的问题就可以很大程度上得以解决。② 但这一解决方法并非没有问题，设置家族信托的一个目的是避免后代子孙挥霍滥用家族财富的行为，现在又赋予他们这种终止或改变信托条款的权利，家族信托的根本目的也就无法实现。

此外，美国 Lawrence W. Waggoner 教授建立模型推算后得出结论，理论上信托设立者 350 年后将有 11 多万名后代成为受益人。③ 此时无论是处理管理人是否违反信义义务的纠纷，还是管理人处理信托收益分配事务，或者是受益人集体重新选择信托管理人，都会衍生出许多麻烦，产生巨大的管理成本。④ 而在限制家族信托存续期间的模式下，家族信托终止时后代数量一般只有数十人，发生纠纷可能性和信托运行成本将大为降低。为解决管理成本问题，有观点指

① See Lawrence W. Waggoner, "US Perpetual Trusts", Law Quarterly Review, Vol. 127, 2011, p. 429. 作者是以不同时代关于 family class – gift definitions 的定义差异为例予以说明。

② See Robert H. Sitkoff, Max M. Schanzenbach, "Jurisdictional Competition for Trust Funds: An Empirical Analysis of Perpetuities and Taxes", The Yale Law Journal, Vol. 115, 2005, p. 413.

③ See Lawrence W. Waggoner, "From Here to Eternity: The Folly of Perpetual Trusts", (2014). Law & Economics Working Papers No. 76.

④ See Lawrence W. Waggoner, "From Here to Eternity: The Folly of Perpetual Trusts", (2014). Law & Economics Working Papers No. 76.

出，可以每隔一段时间将家族信托拆分为若干小型信托。[①] 这一观点倘若真的被实施，也将遇到许多障碍，比如某些地产、房产并不适宜被拆分，再如家族持有的某公司60%股票，若不拆分可以享有充分的控制权溢价，一旦拆分控制权溢价就可能消失。

（二）家族信托永续传承可能加剧贫富分化

允许家族信托永续传承可能使得富裕阶层借此途径世代累积财富，导致财富过度集中，造成贫富分化现象不断变得严峻。

市场经济的发展离不开财产支配自由、竞争自由等制度的支持。但是对个人自由、市场自由的绝对推崇不可避免地会导致贫富悬殊的局面。现代社会主要依靠“损有余而补不足”的方式，遏制贫富分化加剧的趋势。

但是永续传承的家族信托破坏了上述努力。富裕阶层的财富增长速度本来就要快于贫穷阶层的财富增长速度，[②] 而永续传承的家族信托可能会让财富在两大阶层间分配不均的问题更为严重。[③] 一个不争的事实是，往往只有富裕阶层才会考虑设立家族信托。如果像某些离岸地或者美国某些州一样，富裕阶层放入家族信托中的财产可以低税率传承，并且始终交由专业机构制定理财规划，显然他们的财富有很大可能性持续增长。美国 Stephen E. Greer 教授曾做过推算，如果信托财产每年增值5%，在每30年缴纳50%遗产税的情况下，120年后信托资产也将增长约20倍。[④] 对于没有运用家族信托的其他阶层来说，他们不仅理财能力较弱，而且世代传承时都可能面临高昂的税收，财富增长速度理论上远赶不上富裕阶层的增长速度。

当然，理论上信托设立者的后代数量会急剧膨胀，并且信托收益会平均分配给后代子孙，家族信托对贫富差距的影响可能会因此减弱。但如果富裕阶层在设置家族信托时规定信托需积累若干年再行分配，或者信托的一部分财产用于分配，另一部分财产只积累不分配，那么数百年后该信托的财产将积累到非常恐怖的程度，社会的贫富分化也将持续性扩大，并最终危害到整个社会。

---

① See Steven J. Horowitz, Robert H. Sitkoff, “Unconstitutional Perpetual Trusts”, Vanderbilt Law Review, Vol. 67, 2014, pp. 1815—1816.

② ［法］托马斯·皮凯蒂：《21世纪资本论》，巴曙松等译，中信出版社2014年版，第444页。

③ ［美］劳伦斯·M. 弗里德曼：《遗嘱、信托与继承法的社会史》，沈朝晖译，法律出版社2017年版，第185页。

④ See Stephen E. Greer, “The Alaska Dynasty Trust”, Alaska Law Review, Vol. 18, 2001, pp. 256.

（三）家族信托永续传承制造代际矛盾

家族信托永续传承产生的另一个社会问题是代际矛盾。反永续原则的设计旨在约束“死者之手”对财产控制的时间，意图在前后代之间达成平衡。[①] 但允许家族信托永续传承打破了这一平衡，制造了代际矛盾。具体来看，家族信托永续传承产生的代际矛盾具体可分为代际意志矛盾和代际资源矛盾。

上代人利用家族信托处置财产的意志应得到尊重，但下代人的意志也应得到尊重。如果准许家族信托永久存续，并始终按照信托文件的约定执行，之后许多代人的意志都将缺乏可实施性。上代人的意志不应对许多代之后的人的意志形成过分约束，这既不现实，也有违法律尊重每一个人自由的价值观。

家族信托永续传承还将造成代际资源矛盾。每一代人都应享有满足他们基本需求的权利，但社会资源有限，如果上一代人将过多资源锁定在家族信托中，后续许多代人处置资源的权利都将受到减损，资源难以实现最大化利用，这不利于人类世代可持续性发展。

有观点指出，代际矛盾有可能化解，比如给后代处置信托财产的一定权限，这样就可能将代际矛盾转变为代际合作。[②] 问题是，数百年后如果信托设立者的后代达到几万人，如何协调他们的意见？因此，这一观点在家族信托永续传承的背景下将越来越不具有可操作性。

（四）反永续原则在美国的复兴

正是因为上述这些危害，美国学者几乎都反对废除反永续原则运动，[③] 并呼吁该原则的回归。作为对学界呼声的实践，在美国法学会组织制定的《财产法（第三次）重述》中重新写入了反永续原则。

不过，《财产法（第三次）重述》中规定的永续期间与以往均不相同，既没有沿用传统反永续原则和《财产法（第二次）重述》中“权益设立时某在世之人的寿命加上 21 年”的传统算法，也没有沿用《统一反永续法》中“权益设立后 90 年”的固定算法，而是采用了“后两代人”（two younger generations）

---

① See Lewis M. Simes, “The Policy Against Perpetuities”, University of Pennsylvania Law Review, Vol. 103, 1955, p. 723.

② See Note, “Dynasty Trusts and the Rule against Perpetuities”, Harvard Law Review, Vol. 116, 2005, pp. 2606—2607.

③ See Bridget J. Crawford, “Who Is Afraid of Perpetual Trusts”, Michigan Law Review First Impressions, Vol. 111, 2012, p. 79.

的新算法确定家族信托的存续期间。① 这一新算法并非针对未来权益是否确定，而是强调届时家族信托必须终止。② 可见，《财产法（第三次）重述》这一规则设计已经从未来权益是否确定的窠臼中跳脱出来，采取了一种新思路处理家族信托最长存续期间的问题。

五、家族信托永续传承的中国立场：问题检讨与制度建议

相比于普通法系国家对家族信托问题的持续深入研究，我国关于这一问题的探讨尚属空白。然而时不我待，2019年的统计显示我国家族信托存续规模已接近千亿元，③ 更有人预测2020年我国家族信托市场将超过6千亿元。④ 飞速发展的家族信托市场亟待监管规则的规范。是否应允许家族信托永续传承是当下最为迫切的问题，因为我国在这一问题上还存在诸多法律漏洞尚未填补。立足于我国当下及未来一段时期内贫富分化、阶层固化等问题日益严峻的国情，本文建议我国应该树立反对家族信托永续传承的法律立场，在《信托法》中明确反永续原则，并且应当尽快完善相关税制改革和其他制度，以应对家族信托永续传承可能带来的危害。

（一）我国现有规则未明确家族信托可否永续传承

我国《信托法》和其他有关家族信托的法规都未明确家族信托是否可以永久存续的问题。《信托法》与家族信托永续传承相关条文主要是第九条和第十一条。《信托法》第九条第二款规定信托期限并非信托文件的必备条款，因此并不需要写明，同时该条也未对家族信托存续期间做出限制。《信托法》第十一条第（五）项规定了受益人确定原则，当“受益人或者受益人范围不能确定”时，设立的信托不具有法律效力。由于受益人确定原则只要求受益人是可

---

① See Restatement (Third) of Property: Wills and Other Donative Transfers § 27.1 (b) (2011).

② See Lawrence W. Waggoner, “The American Law Institute Proposes a New Approach to Perpetuities: Limiting the Dead Hand to Two Younger Generations” (June 1, 2010), University of Michigan Public Law Working Paper No. 200.

③ 信托百佬汇：《家族信托概貌：存续规模近千亿 50 亿以上信托有 8 家》，载新浪网 https://finance.sina.com.cn/trust/xthydt/2019-06-01/doc-ihvhiqay2842260.shtml，访问时间：2020年1月17日。

④ 杜冰：《北京银行发布〈中国家族信托行业发展报告（2016）〉》，载中国金融新闻网 http://www.financialnews.com.cn/yh/sd/201612/t20161212_109409.html，访问时间：2020年1月17日。

以确定的，[1] 并未像反永续原则一样，只要存在违反受益人确定原则的最低可能性就认为违反了受益人确定原则，因此依据该规定也不能解读出禁止家族信托永续传承的意图。

银监会在《中国银监会办公厅关于做好信托业保障基金筹集和管理等有关具体事项的通知》《信托部关于加强规范资产管理业务过渡期内信托监管工作的通知》等监管规则中，仅部分涉及家族信托业务的监管框架，但是尚未就家族信托的存续期间等细节问题作出规定。[2]

（二）家族信托相关税制设计尚存较大缺失

我国推行家族信托的另一大短板是在相关税制设计上存在缺失。完善的税制设计可以有效制约永久存续类家族信托可能产生的危害，然而我国目前还没有关于遗产税、赠与税、隔代遗产税等税制设置计划。

如前文所述，税制设计对家族信托的设立有很大影响。如果开征遗产税、赠与税、隔代遗产税等税收，家族信托积累财富的速度将大幅缩小。按照前文 Stephen E. Greer 教授的计算模型，倘若每 30 年缴纳 50% 遗产税，120 年内家族信托财产将增长约 20 倍。按照这一模型，如果将时间拉得更长，家族信托的财富积累效果和税收抑制积累效果将体现得更为明显。600 年后，在不缴纳遗产税的情形下，家族信托财产将增长约 5.17 万亿倍；在缴纳遗产税的情形下，家族信托财产将增长约 493 万倍。这一简单模型雄辩地证明：第一，倘若允许家族信托永续传承，富者越富的现象将越发严重；第二，税制设计将使得这一危害得到很大程度的缓解。

虽然税收的作用非常显著，但是目前我国还没有开征遗产税和赠与税，[3] 遑论隔代遗产税。而这一税制设计的缺失可能导致较为严重的后果。从法理层面来看，税收法律不应该溯及既往。倘若永续传承的家族信托在我国遗产税、赠与税、隔代遗产税等税制尚未建立完善的空窗期内大量出现，不仅将导致税收损失，也将使得家族信托的可能危害加速变为现实。

---

① 赵廉慧：《信托法解释论》，中国法制出版社 2015 年版，第 93 页。

② 《中国银监会办公厅关于做好信托业保障基金筹集和管理等有关具体事项的通知》（银监办发〔2015〕32 号）、《信托部关于加强规范资产管理业务过渡期内信托监管工作的通知》（信托函〔2018〕37 号）。

③ 林佩銮：《关于我国开征遗产税与赠与税的思考》，《会计之友》2010 年第 24 期。

(三) 我国应对家族信托永续传承问题的制度建议

美国家族信托爆发增长的历史表明，废除反永续原则叠加税收漏洞，导致了永久存续类家族信托的大幅增长。目前，我国法律和监管规则尚未明确禁止永久存续的家族信托，也未开征遗产税、赠与税、隔代遗产税等相关税收，这意味着永久存续的家族信托很有可能将在我国大量出现，假以时日可能造成严重的社会问题。因此，我国应秉持反对家族信托永续传承的法律立场，尽快弥补信托法和税法上的法律制度漏洞，并思考制定相关规则应对离岸家族信托可能产生的冲击。

第一，我国应树立反对家族信托永续传承的法律立场。目前我国贫富分化程度较为严重，国家统计局数据显示，2003年至2016年，我国基尼系数长期位居0.46之上。[①] 在这种情况下，我国应该采取各种对策降低贫富分化程度。倘若允许家族信托永续传承，必然将更加恶化贫富分化问题，因此，我国应当坚定不移地树立反对家族信托永续传承的法律立场。不过，慈善型家族信托应当允许永续传承，豁免适用这一立场。

第二，尽快完善相关法律制度。首先，我国应尽快制定实施反永续原则。为加快这一原则的实施效率，可以考虑先由银保监会在其有关家族信托的监管文件中加以规定。随后在修订《信托法》时将这一原则写入法律。至于具体规则设计方式，本文建议直接限制家族信托的存续期限。由于英国《2009年反永续和积累法》“125年”固定期限的立法方式较美国《财产法（第三次）重述》“后两代人”的立法方式更为简便易行，因此本文建议借鉴英国做法，将家族信托的存续期限定为100—150年。其次，确立反永续原则的同时，仍应当加快改革家族信托的税制，最关键的是尽快论证开征遗产税、赠与税、隔代遗产税。

第三，理性对待离岸家族信托。如果我国既反对永久存续类家族信托，又对家族信托开征重税，我国富裕阶层很有可能会考虑在域外设立离岸家族信托。在当今全球化时代，有不少国家或地区为吸引资金而允许家族信托永久存续，并大幅减少该类家族信托的税收成本。笔者认为，我国不应该随波逐流，也放松对家族信托永续传承的规制力度，而应该坚持反对家族信托永续传承的法律

---

① 国家统计局：《2003——2016年全国居民人均可支配收入基尼系数》，载国家统计局官网 http://www.stats.gov.cn/ztjc/zdtjgz/yblh/zysj/201710/t20171010_1540710.html，访问时间：2020年1月17日。

立场。具体对策上，本文建议一方面加强对信托收入征税的管理，另一方面严格按照我国立场处理与家族信托有关的各类纠纷，不承认其他法域关于家族信托法律规则的效力。只要离岸家族信托的部分信托财产仍在我国境内，则赋予受益人按照我国法律规定超期解散信托的权利。

六、结语

本文以反永续原则为中心，梳理了家族信托永续传承的法律立场问题的历史演变过程，发现从17世纪至今，法律从最初禁止家族信托永续传承，转变为允许家族信托永续传承，但最近又有了回归禁止立场的趋势。同时，本文也对各阶段的演变原因加以必要总结。笔者认为，允许家族信托永续传承会产生法律技术层面和社会层面的许多问题，我国应当采取禁止家族信托永续传承的法律立场，借鉴英国立法制定实施反永续原则，并尽快完善家族信托相关的税收制度和其他制度，理性对待离岸家族信托。

立法评议

Economic Law Review

政策性保险的理论定位与法制化关键问题分析*

张力毅**

目 次

一、问题的提出

近年来，政策性保险这一用语越来越多地出现在各种学术著作与法律文件中，典型如农业保险、出口信用保险、地震巨灾保险、机动车交通事故责任强制保险

---

* 本文为2014年国家社科基金重点项目“我国机动车三责险改革问题研究”（项目编号：14AFX019）的阶段性研究成果。特别感谢在上海交通大学凯原法学院第13期思源商事法沙龙上诸位师友对论文进一步修改所提出的宝贵意见，本文文责自负。

** 南京大学法学院助理研究员，法学博士。

(以下简称交强险)，几乎都在讨论中被纳入了政策性保险的范畴。① 早在2006年出台的《国务院关于保险业改革发展的若干意见》明确提出了政策性保险的概念。② 在司法实践中，政策性保险也被广泛适用。③

传统保险法以保险的举办目的为标准，将广义之保险划分为社会保险与商业（营业）保险，④ 似乎并不见政策性保险的身影。因此，究竟应如何看待此类新型保险，以及这一全新概念的提出，是否动摇了社会保险、商业保险的传统二分法，确有加以研究的必要。另外，在《保险法》外，国家还专门出台了诸如《机动车交通事故责任强制保险条例》（以下简称《交强险条例》）、《农业保险条例》等特别行政法规，似乎法规则制定者认为在《保险法》原有的框架外，政策性保险有特别加以法制化的必要。因此，另一个重要的任务即是探究政策性保险法制化的必要性、可能的路径选择和注意点。

考虑到学界列举的诸多政策性保险中，交强险是强制实施较早的险种，在超过13年的施行期内已积累了大量的经验；交强险属于第三方保险范畴，与同属政策性保险的农业保险、地震巨灾保险的第一方保险相比有着显著的差异，较为特殊；在未来有可能纳入政策性保险范畴的诸如环境污染强制责任保险、疫苗责任强制保险都在一定程度上可以交强险为特别法制化的模板。故笔者拟以交强险为政策性保险的主要研究对象并将其与农业保险对照，展开对政策性保险的特征、政策性保险在现有保险法理论体系中的定位、现阶段所涵盖的主要险种以及政策性保险法制化的必要性、路径和可能遭遇的难题等详尽分析，希望抛砖引玉，实现学界对这一问题的持续探索。

---

① 认为农业保险、出口信用保险属于政策性保险范畴的论文，参见王伟等：《论政策性保险的内涵与外延》，《金融理论与实践》2013年第8期。认为交强险属于政策性保险范畴的论文，参见韩长印：《我国交强险立法定位问题研究》，《中国法学》2012年第5期。一般认为，地震巨灾保险（至少住宅地震保险）属于政策性保险的范畴，参见罗忠敏：《建立积极的国家巨灾风险管理体系》，《中国金融》2011年第9期。曹兴权教授在其著作中单独列举了政策性保险的一章，主要包括农业保险、交强险与巨灾保险等内容，参见曹兴权：《保险法学》，华中科技大学出版社2014年版，第153—170页。

② 主要涉及的内容为：根据不同险种的性质，按照区别对待的原则，探索对涉及国计民生的政策性保险业务给予适当的税收优惠，鼓励人民群众和企业积极参加保险。

③ 笔者于2018年1月6日在中国裁判文书网以“政策性保险”为全文关键词，并以2015年之后的二审法院的民事审判为限定条件加以检索，共得到172个相关案例，其中2015年为6个，2016年为14个，2017年为152个，可见政策性保险在司法实践中出现得日益频繁。本文所引用的相关案例都来源中国裁判文书网，下文不再赘引。

④ 参见刘宗荣：《新保险法——保险契约法的理论与实务》，翰芦图书出版有限公司2011年版，第22—23页；林群弼：《保险法论》，三民书局2008年版，第13页。

二、政策性保险的类型生成

（一）商业保险与社会保险的传统二分法

一般认知中，商业保险与社会保险的界分耳熟能详，也是在保险经营目的标准下最为重要的区分。仔细分析二者定义可知，学者强调商业保险“保险业基于营利之目的，向不特定之社会大众行销之保险契约”[①] 的特色；较为广义的社会保险则是指国家通过立法所实施的、以财政补贴为后盾的、由国家机构作为社会保险人“依法向公民强制征收社会保险费建立社会保险基金，用以对其中因年老、疾病、生育、伤残、死亡或失业而丧失劳动能力或失去工作机会的公民提供基本生活保障的社会保障制度”。商业保险与社会保险在举办主体和目的、法律关系定性、保费来源、立法干预强度以及制定法渊源五个方面都有显著差异。

第一，从举办主体和目的来看，商业保险由商业保险公司经营，并尽可能地追求利润最大化。社会保险由相关政府机构主办，并不以营利为目的，旨在为社会大多数成员的生老病死提供基本的保险保障。第二，从法律关系定性来看，商业保险主要奉行意思自治原则，保险人与投保人的权利与义务由保险合同事先约定，故属私法关系。几乎所有的社会保险的存在都缘于法律的直接规定，且迥异于传统的私法自治原则，社会成员一般无需与相关政府机构订立专门的保险合同，[②] 至于社会成员是否具有参加社会保险的资格以及在何种条件下可以获得保险给付皆有赖于成文法的明确规则，[③] 故曰“社会保险只有依法参加、依法承保的问题，而无所谓保险契约的订立问题”。[④] 因此，社会保险具有浓厚的公法因素，[⑤] 一旦发生争议国家也更多地依托于行政程序（典型如行政救济体系）而非民事程序来定分止争。第三，论及保费来源，商业保险的保

---

① 叶启洲：《保险法实例研习》，元照出版有限公司 2013 年版，第 19 页。

② 曾祥生、周珺：《商业性强制保险初论》，《武汉大学学报》（哲学社会科学版）2007 年第 4 期。

③ 郑尚元：《社会保险之认知——与商业保险之比较》，《法学杂志》2015 年第 11 期；韩长印、韩永强：《保险法新论》，中国政法大学出版社 2010 年版，第 13 页。

④ 郑玉波：《保险法论》，刘宗荣修订，三民书局 2012 年版，第 185 页。

⑤ 晚近也有越来越多的观点认为社会法这一新的法律领域正逐渐产生，钱叶芳：《“社会法法域说”证成——大陆法系和英美法系融合的一个例证》，《法学》2017 年第 4 期；郑尚元：《社会法的定位和未来》，《中国法学》2003 年第 5 期。

险费几乎都源自于投保人缴纳，保险人在保险费的计算上也一般适用“对价平衡”原则，会根据具体合同所涉风险的大小向投保人收取相应的保费。对于社会保险，特别强调财政予以其补贴的特性，① 用人单位也会分担很大一部分；社会保险往往根据投保人的收入而非保险标的风险的大小来确定保费，② 这也与商业保险有显著的差异。第四，在立法干预强度上，不同于社会保险所采取强制的投保方式，商业保险中个人或企业是否投保几乎完全自愿。第五，在制定法渊源上，鉴于社会保险“与商业保险迥异，因此，各国都另行制定法律予以调整”，③ 我国2010年亦颁布了《社会保险法》；商业保险主要由《保险法》所调整。

考虑到商业保险的诞生远早于社会保险，因而法规则制定者在构建社会保险时可谓部分对商业保险的模仿与再创新。由于国家在法政策立场上的变化，商业保险与社会保险间本就具有可能的流动性。典型如工伤保险，最早是以奠基于雇主责任基础上的商业性责任保险的形态出现的，随着工业化进程的加速导致工伤事故不断增加以及福利国家理论的深入人心，立法者逐渐认为这一领域宜由国家进行强有力的干预，所以自19世纪晚期以来各国逐渐把职业伤害纳入了社会保险的范畴，代替了原本以雇主责任为核心的侵权法框架以及相应的商业责任保险。④ 此外，纯粹的商业保险也随着风险社会下国家和社会对于风险转移的需求，慢慢地从只服务商业需要的“商人的女仆”角色转化至兼具部分准公共产品的性质，⑤ 当然商业保险领域现阶段最为重要的变化仍在于政策性保险这一新类型保险的逐渐独立，这也是本文论述的重点。

（二）商业保险与社会保险边界的骑墙者——政策性保险

随着现代风险社会的来临，出于对特定族群的风险分散的政策需要，国家逐渐开始介入某些商业保险的运营。具体手段或是强制部分风险族群必须投保某类保险（一般为责任保险）、保险人相应地也必须承保，或是直接干预保险

---

① ［美］马丁·费尔德斯坦：《反思社会保险》，王燕燕译，《经济社会体制比较》2009年第4期。在不同类型的社会保险中，国家在保费补贴提供上所扮演的角色不一样，但至少都扮演着最后贷款人的角色。

② 邢海宝：《保险法调整范围应当超越“商业”保险》，《保险研究》2012年第12期。

③ 李玉泉：《保险法》，法律出版社2003年版，第17页。

④ 关于将工伤损害分散社会保险化的阐述，可参见王利明：《建立和完善多元化的受害人救济机制》，《中国法学》2009年第4期；林嘉：《社会保险对侵权救济的影响及其发展》，《中国法学》2005年第3期。

⑤ 谢冰清：《公共政策介入保险合同的正当性研究》，《求索》2016年第9期。

合同的内容，强令保险合同必须提供某种最低限度的保障，或是为推行某类保险而直接提供补贴，从而使部分商业保险具备了某些社会保险的部分特征，在此情形下商业保险与社会保险的界限也不再如楚河汉界般分明，一类介于商业保险与社会保险间的特殊保险形态——政策性保险应运而生。由于现阶段学者对于政策性保险的概念认识并不全然一致，因而笔者列举主要代表性论述，总结出可能的共同点。

我国台湾地区学者叶启洲认为政策性保险“系指该保险原属商业保险之范畴，但因为特殊的政策性目的，例如保障车祸被害人，立法者遂一方面强制特定范围的国民订立保险契约，另一方面科以保险人承保义务，使该特定的商业保险在一定的条件下成为强制保险。此外，政策性保险的承保范围，也常由法律设置基本的强制性规定”；① 我国台湾地区的另一学者陈定辉的观点与之较为相近，认为政策性保险既不同于商业保险，也不同于社会保险，其最为典型的特征在于国家通过保险合同的方式达成社会安全目的的政策，也因此往往具有一定的强制性（强制投保或者强制承保）。② 中国大陆有学者认为政策性保险“是指国家从宏观经济利益出发，对某些关系到国计民生的行业实施保护政策而开办的不以营利为目的的保险”；③ 也有学者特别突出政策性保险中的国家财政支持与非营利的特点；④ 或者更多地强调政策性保险政策目标的实现与政府干预的特性。⑤

虽然关于政策性保险的描述各异，但都强调政策性保险中国家会推行特殊的公共政策，为达成政策目的，公权力不得不对这类保险作强势介入的主要特征。事实上，对特定政策目的的追求以及法律规则制定者对原商业保险私法自治原则的突破恰是政策性保险最主要的特色，决定了其与纯粹的商业保险有别。值得强调的是，政策性保险也不同于既有的社会保险，因为社会保险已完全脱

---

① 叶启洲：《保险法实例研习》，元照出版有限公司 2013 年版，第 20 页；另江朝国先生的观点与其相近，认为政策性保险主要是指“政府为实现某种政策目的，强制或鼓励受有特殊风险之族群投保，而保险人不得拒保之保险”。江朝国：《保险法逐条释义》（第 1 卷），元照出版有限公司 2012 年版，第 54 页。

② 陈定辉：《政策性保险法制化过程重要原则初探——以新修正强制汽车责任保险法为例》，《台湾法学杂志》第 68 期。

③ 范健等：《保险法》，法律出版社 2017 年版，第 5 页。

④ 王子丰：《政策性保险的业务边界》，《中国金融》2017 年第 11 期。

⑤ 郭锋、胡晓珂：《强制责任保险研究》，《法学杂志》2009 年第 5 期。

离了民商事法律体系的范畴而转化成了由公法调整的法定保险，故基本不存在保险合同的概念；而在政策性保险中虽然私法自治原则可能会基于政策目的受限制，但保险合同仍是确定双方权利义务的重要载体。因此，可以把社会保险作为政策性保险的发展极致，即国家为了追求某种社会政策，彻底将该保险从商业保险的范畴中脱离出来，成为完全的法定保险；对于一般的政策性保险，更多的是处于商业保险与社会保险的中间状态。基于此，笔者认为，可以将政策性保险称作商业保险与社会保险边界的骑墙者。学界之前常有将政策性保险与商业强制保险作区分的论述，① 恰如笔者所述，强制投保与否仅涉及对缔约自由的限制程度，虽属传统保险法学将社会保险与商业保险作区隔的重要依据，但作为兼具部分商业保险与社会保险特征的政策性保险，更多的是在以保险经营目的为标准的传统二分法下出现的新保险形态，并不完全与商业强制保险画等号或完全排斥，但鉴于“强制保险一般是国家或政府实现社会政策或经济政策的工具”，② 外加公权力在强制保险中对保险合同订立与内容形成方面的强势介入，可以把大部分的商业强制保险纳入政策性保险的范畴。

政策性保险并非中国大陆或我国台湾地区之特有制度设计，据学者考证，在比较法上早有相似之示例，③ 其出现也契合了近年来颇为流行的公私合作（PPP）之理念，即国家基于特别的政策目的必须推广某种保险产品，但完全由自己来提供成本太高，因此仍在很大程度上需借助于商业保险的形式，而商业保险经营者基于扩大市场占有率特别是可能提供附加产品的动因也愿意与公权力进行合作，也由于此类保险往往包含着不一般的公共政策，因此政府特别介入使其与传统奉行私法自治原则的商业保险有较大差异。当然，鉴于我国现有政治经济制度，有更多公共政策目标需实现，公权力也更有可能借助政策性保险的手段来达成，是故，在我国语境下思考政策性保险的论题有着极为特殊的意义。

---

① 邹志洪、曹顺明：《论我国强制保险立法的完善》，《保险研究》2007年第9期；王理万：《商业性强制保险制度的合宪性分析》，《法学家》2017年第2期。

② 胡海滨：《逐步扩大强制保险范围的必要性探讨》，《保险研究》2007年第3期。

③ 陈定辉：《政策性保险法制化过程重要原则初探——以新修正强制汽车责任保险法为例》，《台湾法学杂志》第68期。在英美法上，政策性保险更多地可能体现为公私合作保险的形态，也有一定的差异，对公私合作保险概念及其形态的论述可参见 Notes，“Public - Private Partnerships and Insurance Regulation”，Harvard Law Review，Vol. 121，No. 5（2008）；Craig Brown，“Private Insurance and Public Policy：Reconciling Conflicting Principles”，Canadian Business Law Journal，Vol. 47，No. 2（2009），pp. 275—282.

鉴于法学概念天然的局限性，社会保险与商业保险的概念其实和债权与物权的概念一样，更多的是从最具典型意义的极点所作的抽象，① 在两个极点之间也存在了一系列的中间样态。本文所提出的政策性保险的定义也只是对二者间最典型中间样态所做的概括。由于政策性保险种类较繁杂，难以用统一概念予以精确定位，因此，笔者拟于类型化基础上辅之以较具典型意义政策性保险予以分析，以期更好地加深对此类新型保险的理解。

（三）政策性保险的主要分类以及典型代表

英美保险法的传统分类中，根据合同内容是否涉及第三人的利益与请求有对于第一方保险与第三方保险的区分：以火灾保险为代表的财产损失险属于第一方保险，因该类保险纯粹是为了补偿被保险人在保险事故发生时自身所受到的损害，并不涉及第三人；责任保险则是第三方保险的典型，缘于责任保险的存在主要是为了保护被保险人摆脱第三人的不利请求以及防止被保险人因第三人请求所背负相应的责任而导致财产上的损失，具有明显的涉他性。② 第一方保险仅涉及被保险人本身损失的填补，第三方保险则间接涉及第三人的损害补偿。考虑到我国现有的政策性保险体系，农业保险与交强险恰是第一方政策性保险与第三方政策性保险的典型代表，本部分借用了英美法中对第一方保险与第三方保险的区分理论，对农业保险与交强险的特性予以解读。

1. 农业保险：第一方政策性保险的代表

我国 2012 年出台《农业保险条例》，宣称要将农业保险纳入政策性保险的范围。③ 根据现有的规定，首先，可确定农业保险属于立法鼓励而非强制实施的第一方保险。一方面，依据《农业保险条例》第二条，农业保险主要填补被保险人在从事农、林、畜、渔活动中，由于遭受特定保险事故所造成的财产损失，并不涉及第三人的利益。另一方面，强迫投保人为自己的利益而购买保险需要极强的法政策因素的驱动，故在社会保险之外，国家极少于第一方保险中强迫投保人购买相应的保险。《农业保险条例》第三条第四款也秉

---

① 对于债权与物权概念的极端抽象可参见张力毅：《通过契约实现的物之支配关系——债权物权化的另一种解释论框架》，《东方法学》2015 年第 6 期。

② See Jeffrey W. Stempel, Peter N. Swisher, Erik S. Knutsen, Principles of Insurance Law (Fourth Edition), LexisNexis, 2011, pp. 657—777.

③ 内容为“国家支持发展多种形式的农业保险，健全政策性农业保险制度”。

持此理念，明确规定任何单位和个人不得利用任何形式强迫他人参加农业保险。

其次，农业保险有着不同于传统的商业保险与社会保险的特征。第一，社会保险完全由公法所调整而一般不存在保险合同概念，但《农业保险条例》特别通过第二章规定了农业保险合同的内容，因而农业保险并不属于社会保险的范畴。第二，相较于纯粹的商业保险，农业保险中，国家在保费补贴、风险分散、税收减免等方面都扮演了重要的角色，这些干预在纯粹商业保险中都是不存在的。① 此外，立法还直接介入保险合同的内容，为尽量维持农业保险合同的效力对保险人的合同变更权与解除权作出必要的限制。②

最后，农业保险蕴含着国家特殊的政策目的。农业保险中公权力的特别介入，主要是缘于传统农业商业保险由于农业生产过程中的高风险，农业生产者的保费支出与保险公司的充分保险赔付间很难形成有效的平衡。③ 比较法的经验也告诉我们，农业保险介于私人物品与公共物品之间，一般只能实行所谓的“政策性经营”而非完全放任采用商业性经营。④ 我国曾做过农业保险彻底商业化的尝试，结果是农业保险市场的急剧萎缩，根本无法实现对农业生产进行有效风险分散的政策目的。⑤ 正是鉴于农业保险在稳定农民收益，解决三农问题上发挥的重要作用，并特别考虑到为实现政府支持农业发展，提高农业生产抗风险能力的政策目的，以2012年《农业保险条例》的出台为标志，农业保险被较为完整地纳入了政策性保险的范畴。

2. 交强险：第三方政策性保险的代表

在诸多第三方保险中，交强险较早被我国纳入政策性保险。随着我国在20

---

① 例如，中央与地方财政会给予符合条件的投保人一定的保险费补贴；又因自然灾害等原因导致农业保险的经营风险极大，故国家倡导建立由财政支持的农业保险大灾风险分散机制；为鼓励保险机构扩展农业保险，其经营的农业保险业务还依法享受税收优惠，参见《农业保险条例》第七条、第八条、第九条。

② 在农业保险合同有效期内，合同当事人不得因保险标的的危险程度发生变化而增加保险费或者解除农业保险合同，参见《农业保险条例》第十一条。

③ 林青：《政策性保险：我国农业保险制度的创新》，《商业研究》2005年第6期；杜彦坤：《农业政策性保险体系构建的基本思路与模式选择》，《农业经济问题》2006年第1期。

④ 陈运来：《域外农业保险立法及其启示》，《法商研究》2010年第3期。

⑤ 张金萍、高子清：《中美两国政策性农业保险发展历程与评价》，《改革与战略》2016年第10期；黄英君：《中国农业保险发展的历史演进：政府职责与制度变迁的视角》，《经济社会体制比较》2011年第6期。

世纪90年代起汽车逐渐普及，车祸事故高发。在现阶段无论科学技术如何发展，无论驾驶员如何谨慎驾驶，车祸事故都是不可避免的。在车祸事故的后续处理问题上，法律规则的制定者开始将目光聚焦于受害者损害填补上，主要考虑如何让其获得及时、有效的救济，以便让受害者及其家属早日从车祸的阴霾中挣脱出来。

考虑到单纯赋予受害人侵权法上损害赔偿请求权，其及时性和充分性会受到法庭庭审程序漫长、执行程序拖延、受害人无赔偿能力等因素的影响，[①] 因而在努力实现“受害人救济”政策目标的影响下，[②] 通过责任保险的强制化，以责任保险人的给付尽可能替代侵权法上的责任分配机制以尽快填补受害人的损害就成了立法者的首选。责任保险属于第三方保险，涉及第三人的利益，因此立法让部分责任保险强制化有充分的法政策依据，不至于过分违反“比例原则”，[③] 构成对公民财产权与行为自由的过分干预。

我国《交强险条例》在立法层面赋予了交强险政策性保险的内涵。一方面，立法强制在中国大陆道路上行驶的机动车的所有人或者管理人，都应当投保交强险；[④] 还介入保险合同的具体内容，包括限制保险人的合同解除权、规定受害人不完全的直接请求权，明定在被保险人恶意肇事的情形下保险人仍需承担部分保险责任；[⑤] 限制保险人的缔约自由以及盈利空间。[⑥] 交强险合同订立并未纯粹贯彻意思自治原则，交强险与传统商业保险有别。另一方面，交强险仍强调保险合同的订立、履行与解除，特别是投保人享有向哪一家保险公司投保的决定权而保险人也享有一定风险评估权，故也不同于社会保险。加之《交强险条例》第一条宣称交强险最主要的政策目的是“保障机动车道路交通事故受害人依法得到赔偿”，考虑到交强险是围绕受害人损害填补（被保险人的车

---

① 张俊岩：《风险社会与侵权损害救济途径多元化》，《法学家》2011年第2期；王德明：《责任保险在多元化救济体系中的位置及其法律环境分析》，《保险研究》2014年第10期。

② 具有填补受害人损害性质的汽车保险的重要政策目标之一就是“受害人救济”，see Sonja Stenger, “No－Fault Personal Injury Automobile Insurance: The Quebec and New York Experiences and a Proposal for California”, Hastings International and Comparative Law Review, Vol. 14, No. 2 (1991), p. 505.

③ 一般认为强制人民购买保险，赋予其投保义务，属于对人民行动自由以及财产权的限制，要受宪法比例原则的限制。江朝国：《强制汽车责任保险法》，元照出版有限公司2006年版，第105页。

④ 《交强险条例》第二条。

⑤ 《交强险条例》第十四条、第三十一条第一款、第二十二条。

⑥ 参见《交强险条例》第十条、第六条。

祸损害被排除出交强险的给付范围）进行规则构建，故将交强险作为第三方政策性保险的典型是妥适的。

三、政策性保险法制化的目标定位以及路径选择

（一）政策目的内容与强度的考察

虑及政策性保险最主要的特征在于国家借助该保险的推行以实现特定的政策目的，因此政策目的内容与强度将直接影响政策性保险的具体构造及推行力度，这也是政策性保险法制化的前提。因政策性保险涉及一定程度的国家强制与公权力介入，故立法者在政策性保险的选择以及政策目的内容与强度的确定上必须慎之又慎，需在特定群体利益的倾向性保护、投保人保费负担可能产生的社会影响以及保险业良好运行方面综合平衡。此种平衡属于价值考量范畴，要进行复杂的利益衡量，本部分尝试以交强险为例分析交强险政策目的内容与强度及其对具体法律规则设计的影响。

在交强险中，立法者欲实现的核心政策目标是实现受害人及时充分的救济。车祸事故的多发与不可避免，以及对受害人的破坏性影响，我国在 2006 年毫不犹豫地将其纳入强制保险的范畴。但反观这些年学术界力推的环境污染责任保险与食品安全责任保险，[①] 始终没有被改造为强制保险，恰恰说明法规则设计者对于不同险种中具体公共政策的考量是不一样的。公权力对交强险的合同内容也做了较多的干预，很多以保护受害人为目标的强制条款都由立法直接规定。即便如此，考虑到我国现阶段的经济发展水平，国家对于交强险“受害人保护”这一法政策目的实现也是有限的。在强制责任保险的保障程度上，根据责任保险给付是否能完全覆盖被害人的损害（替代原有的侵权损害赔偿），有完全保障与基本保障的区分；[②] 在平衡投保人保费负担与尽量实现受害人充分救济的考量下，交强险采取基本保障的模式，交强险给付定有明确的限额，且额度并不高（被保险人在交通事故中有责的情况下才 122000 元），投保人如有余力可以另行投保机动车商业三责险。

---

① 2014 年修订的《环境保护法》第五十二条只是强调国家鼓励投保环境污染责任保险；2015 年修订的《食品安全法》第四十三条第二款也只说明国家鼓励食品生产经营企业参加食品安全责任保险。

② 林勋发：《大陆强制汽车责任保险制度评析》，《铭传大学法学论丛》2010 年第 13 期。

交强险在“受害人保护”的政策目的外，还宣称要促进道路交通安全，并明确作为《交强险条例》的立法目的之一。“外国立法例上，明确表示以‘维护道路交通安全’作为交通事故强制责任保险法规的立法目的者，似乎并不多见。”[①] 笔者认为，我国交强险贯彻这一政策目的的主要体现是将财产损害也纳入交强险的保障范围，以减少交通拥堵的现象，维护道路交通安全，即“轻微事故的损害直接由保险公司负责赔偿，而不考虑事故当事人的过失，从而加速交通事故的处理”。[②] 对被保险人恶意肇事严重影响交通安全的情形，《交强险条例》也对保险给付进行了可能的限定，[③] 其主要目的是促进道路交通安全。法规则制定者担心在恶意肇事情形下，交强险仍承担主要的保险金给付责任会纵容这些行为，从而严重影响道路交通安全。

（二）政策性保险法制化的路径选择

明确将某种商业保险改造为政策性保险，且确定政策目的内容与强度后，立法者需要考虑如何构建具体规则以贯彻政策目的。《保险法》主要以纯粹商业保险为整体调整对象，保险合同相当大程度上遵行意思自治原则。政策性保险追求特殊的政策目的，无法在《保险法》的具体条文中得到体现。因此，完全按照商业保险的形式来塑造政策性保险，由保险人与投保人订立保险合同，再依靠《保险法》对保险合同的规定作为司法适用的主要依据，无法实现该政策性保险的政策目的。例如，观察机动车商业三责险的合同具体内容，充斥着保险人各种免除以及限制自己责任的条款，同时双方当事人可以进行免赔率的事先约定，此外受害人的直接请求权也受到了限制。在上述约定下，对车祸事故受害人的利益保护可谓既不充分也不及时。

考虑到传统商业保险模式下的契约型塑再加上《保险法》的司法适用，政策性保险的特别政策目的无法实现，因此，对政策性保险单独立法就成了立法论上的妥适选择，从而可以在《保险法》之外根据各政策性保险的政策目的量身打造内容。《保险法》也确实为其他政策性保险的特别立法预留了通道，第

---

① 陈忠五：《强制汽车责任保险法立法目的之检讨》，《台湾法学杂志》2005 年第 70 期。

② 刘锐：《中国机动车强制保险的目标定位与模式选择》，《保险研究》2011 年第 7 期。

③ 《交强险条例》第二十二条规定，在被保险人恶意肇事的情形下，保险公司在机动车交通事故责任强制保险责任限额范围内仅垫付抢救费用。这一规定被 2012 年《最高人民法院关于审理道路交通事故损害赔偿案件适用法律若干问题的解释》第十八条改变。

一百八十四条规定："国家支持发展为农业生产服务的保险事业。农业保险由法律、行政法规另行规定。强制保险，法律、行政法规另有规定的，适用其规定。"当然，该条采纳了不完全列举的方式，无法穷尽所有的政策性保险类型，如无法涵盖国家正在对第一方政策性保险的另一典型——地震巨灾保险（主要为住宅地震保险）进行特别立法的情形。[①] 笔者认为，在政策性保险的概念已被接受的前提下，可通过《保险法》这一条文径直为政策性保险搭建通往特别立法的通道，即规定"政策性保险，法律、行政法规另有规定的，适用其规定。"

虽然国家可对政策性保险进行特别立法，但《保险法》仍可作为补充法源适用，并非如部分学者所说《保险法》的适用要将部分经济政策保险完全排除。[②] 主要原因在于，虽然特别法基于政策目的对该保险的缔约自由、保险合同内容作了较大的干预，并可能给予保费补贴以及限制保险公司的盈利空间，但政策性保险在我国很大程度上仍由商业保险公司按照商业保险的模式运营，特别是保费计算与收取仍依据危险评估的结果（但会扣除政府补贴部分），而保险合同也是确定双方权利义务的重要依据，因此除特别法另有规定外，或某些极端情况下《保险法》规定与政策性保险政策目的有极大冲突需要排除外，应当承认《保险法》的补充法源地位，即可把《保险法》与政策性保险的特别立法当作一般法与特别法的关系。对此，我国《农业保险条例》第十六条与《交强险条例》第一条也都定有明文。司法实践中，法院也贯彻了这一法律适用规则，例如，针对从事政策性出口信用保险业务的中国出口信用保险公司所经营的国内贸易信用保险，有判决强调"现法律、行政法规虽然没有关于政策性保险的相关规定"，却仍肯定《保险法》相关规则可以对其加以适用。[③]

四、政策性保险法制化的关键点

（一）避免政策性保险被滥用

政策性保险固然为贯彻某政策目的而介入保险关系提供了新的路径，但也

---

① 根据巨灾保险三步走的方案，《地震巨灾保险条例》原拟2017年底前出台。陈永强：《"三步走"勾勒巨灾保险路线图》，《云南经济日报》2014年10月23日。

② 邢海宝：《保险法调整范围应当超越"商业"保险》，《保险研究》2012年第12期。

③ 黑龙江省绥化市中级人民法院（2016）黑12民终474号判决书。上诉意见认为该保险为政策性保险，《保险法》不能作为裁判依据。

要防止其被滥用而过度干涉私法自治。典型的例子是中国人民银行1998年颁布的《个人住房贷款管理办法》（已失效）第二十五条，要求借款人必须投保相应的按揭购房保险，但在成熟的市场经济中，对于住房贷款以及相应的保险完全可由双方当事人协议商定。[①] 前述规定的制定者显然是想通过按揭购房保险的强制化规定，来保护商业银行的利益，但这一做法并不成功。按揭购房保险缺乏政策性保险的基本特征，毕竟作为市场主体的商业银行的利益并不能直接与公众利益、公共政策相挂钩。可见，将商业保险改造为政策性保险必须受到一定的限制，以防止政策性保险被滥用，特别是“对于那些商业保险机构愿意做也能做到的业务，政策性保险应避而远之”。[②] 参照《保险法》关于强制保险设立的约束性规定，[③] 对政策性保险制度采取同样的“行政法规保留”原则是必要的，即只有法律、行政法规才能设立政策性保险，以“使其超越部门利益和地方利益，充分考虑全国性重要公共利益的实现和基本国策的落实”。[④] 此外，对较成熟的政策性保险，也可考虑尽快为其制定特别规则，加速其特别法制化进程。

（二）在保险法框架下通过特别立法实现政策目的

既然意识到为贯彻特定的政策目的，需将部分政策性保险从纯粹商业保险体系中独立出来加以特别立法，那么对特别法规则的整体建构，一方面，需明示该政策性保险的特殊政策目的，从而成为该特别法立法以及解释适用的指导原则。由此观之，《农业保险条例》第一条关于该条例立法目的之规定显有修正余地，因其并没有突出构建农业保险所欲实现的特殊政策目的。[⑤] 另一方面，具体规则设计不应再完全按照商业保险主要通过私法自治所形成的合同模板，而应特别注重对特定政策目的的贯彻。例如，在以追求“受害人保护”为目的之交强险中，诸多规则设计应注重受害人及时充分的救济实现，切不应照搬原

---

① 王世其：《购房按揭强制保险若干问题分析》，《法学》2003年第4期。

② 王子丰：《政策性保险的业务边界》，《中国金融》2017年第11期。

③ 《保险法》第十一条第二款规定，除法律、行政法规规定必须保险的外，保险合同自愿订立。

④ 王理万：《商业性强制保险制度的合宪性分析》，《法学家》2017年第2期。

⑤ 依据《农业保险条例》第一条规定目的主要为“规范农业保险活动，保护农业保险活动当事人的合法权益，提高农业生产抗风险能力，促进农业保险事业健康发展”，并没有像其他国家和地区的立法那样希望通过农业保险推动农业和农业生产的发展（政策目标）。李媛媛：《我国农业保险立法模式重构困境及其突破路径》，《法商研究》2017年第2期。

本机动车商业三责险中的条款，[①] 否则政策性保险的单独立法就没有意义了。

当然，考虑到《保险法》与政策性保险的特别立法是一般法与特别法的关系，政策性保险立法的规则设计仍应努力维持在《保险法》的既有理论框架下，避免引起体系上的混乱。例如，以救济受害人为目的的强制汽车保险主要是以德国、日本的强制汽车责任保险与美国部分州的强制汽车无过失保险为立法例上的典型代表，其基本框架处于以责任保险为基础的第三方保险和以意外保险为基础的第一方保险的视域下，通过传统保险法理论仍可对相关规则进行较为顺畅的解释适用。两岸在进行强制汽车责任保险规则设计时并没有尊重这一理念，皆在既有的责任保险的立法模式下融入了一些无过失保险的因素，使得强制保险给付于一定程度上和现有的机动车侵权责任框架分离，构造极为奇特，以至于在司法适用时产生了许多亟待解决的难题。[②]

此外，某一政策性保险如有多重的政策目的，必须考虑这些政策目的是否相容，如发生冲突时应如何调适。交强险为实现维护道路交通安全的目标，将财产损害纳入了交强险的赔付范围，以及在被保险人恶意肇事的情形下规定交强险对于受害人人身损害不承担保险金给付责任，就产生了较大的争议。因为，一般认为这会影响交强险最主要的政策目的——受害人保护目标的实现。[③]

（三）注重政策目的实现与遵循既有裁判方法并重

“徒法不能以自行”，再完备的成文法也必须通过司法裁判才能与现实世界相对接，“法律适用是法律治理社会的最终环节，是法律一体化调整价值目标实现的必经途径”。[④] 本文的法制化是一种动态、系统的概念，既包含立法进程，也特别强调裁判者对相应法规则的解释适用，即司法适用的过程。[⑤] 政策目的是政策性保险的最重要特征，并对政策性保险特别法制定有特殊的指导意义，

---

① 因此交强险中关于受害人直接请求权以及保障模式采事故分项限额的规定有再商榷的必要。

② 张力毅：《台湾地区强制汽车责任保险法制化经验的借鉴与反思——写在大陆〈交强险条例〉实施十周年之际》，《保险研究》2016年第12期。

③ 将部分被保险人恶意肇事情形下受害人的人身损害排除出交强险的给付范畴，对受害人保护自属不利；另考虑到交强险现阶段的保险金给付限额本身就不高，如再将财产损害纳入，会在一定程度上稀释受害人在人身损害方面所需得到的更为迫切的保障。

④ 房文翠、陈雷：《法律适用的内在约束力研究——以法律方法为视角》，《法制与社会发展》2011年第4期。

⑤ 最完整的动态法制化过程也包括行政执法程序，以政策性保险法制化为例，即囊括行政机关对于政策性保险的监管，鉴于本文主要是从私法角度对政策性保险法制化解读，故对行政执法环节不做深入探讨。

法官在司法裁判中如进行法律解释、不确定法律概念的具体化、制定法内的法律续造（类推适用、目的性扩张、目的性限缩）乃至超越成文法的法律续造时，要特别注重对政策目的的贯彻，切不可纯粹按照法条文义机械地适用法律。如在美国的强制汽车无过失保险（强制汽车责任保险），由于该保险州往往有特别立法，因此裁判者在面对法律适用的疑难问题时要特别考虑成文法所蕴含的不一般的公共政策。①

当然，将抽象的政策目的具体融入政策性保险的司法裁判时，法律适用者也要遵循法学方法论的既有路径，注重说理和论证，切不可仅为追求妥适的裁判结果不顾现有立法直接通过政策目的的援引而获得希望的结论，② 这往往会造成对形式法治的破坏。曾有法院在裁判中认为，虽然交通事故发生于保单日期生效之前，但基于交强险政策性保险的特征，保险公司应承担保险给付责任。③ 笔者认为这一论述有待商榷，对于交强险保单生效日期条款效力的判断应回归《保险法》与《交强险条例》的既有规定，无非在解释过程中融入交强险政策性保险的特性，却不能在裁判中直接依据政策性保险的特征来确立保险人的给付责任，否则可能有向“一般条款”逃避的倾向。

（四）尊重对价平衡原则的实现

现阶段各种政策性保险仍由商业保险公司经营，我国并未设立专门的政府机构予以统筹。即使是最近出现的各类农业保险公司，仍是商事主体，其从事的业务也逐步扩展至其他领域。考虑到此种实情，虽可以对保险公司的盈利作出限制，例如，交强险立法明定采取不盈不亏的费率模式，④ 也可以直接对保费进行补贴，但必须尊重商业保险运行模式的核心原则——对价平衡。

对价平衡原则是指为维持商业保险合理有序地运行，对具体保险合同，保

---

① 约翰·F. 道宾：《美国保险法》（第四版），梁鹏译，法律出版社 2008 年版，第 69 页；Michael Flynn, “Deductibles and Florida No - fault Automobile Insurance: ‘We regret to inform you……’”, Nova Law Review, Vol. 18, No. 1 (1993).

② 交强险审判中这一问题尤为严重，尤其在裁判者处理交强险保险人按分项限额赔付是否有效等问题时。张力毅：《政策性保险之政策目的如何融入司法裁判——以〈交强险条例〉第 1 条的司法适用为中心》，《华东政法大学学报》2016 年第 4 期。

③ 河南省新乡市中级人民法院（2016）豫 07 民终 3287 号判决书。

④ 不盈不亏的费率仅是总体上的，个别保险公司仍有可能依据其较高的经营水平通过控制成本而获得盈利。《交强险条例》第六条第一款规定，机动车交通事故责任强制保险实行统一的保险条款和基础保险费率。保监会按照机动车交通事故责任强制保险业务总体上不盈利不亏损的原则审批保险费率。

险人所承担的危险与投保人所缴纳的保险费间必须维持应有的平衡。[①] 一般而言，保险人所承担的危险概率越高、范围越广，投保人所需缴纳的保险费也需相应增加，否则保险人就会陷入经营的困境。当然，投保人缴纳的保险费主要指纯保险费，亦即“对价平衡原则仅及于纯保费与危险系数之间，并不包含保险人的经营成本及经营利润等附加保费”。[②] 这主要是考虑到附加保费与具体的危险承担间并没有必然联系，而与保险公司的具体经营模式与策略、管理成本密切相关，故不受对价平衡原则的调整。

既然政策性保险主要是由商业保险公司按照商业保险的模式经营，虽有特定政策目的的实现需要，公权力也可以预先对合同的主要内容进行调整，但保险人的给付义务并不是漫无边际的。比较理想的状态是国家预先对社会经济发展水平、特定政策目的的强度与实现需要、投保人的保费负担进行综合考量，而后确定保险人必须承担的保障范围与责任限额的边界，再由保险人根据对价平衡原则计算出可能的纯保险费，并加上法律所允许的附加保费，最终形成面向具体投保人的保费。司法实践中，考虑到政策性保险的特性，裁判者常会不顾及特别法既定的和合同所事先约定的保险保障范围，一味扩大保险人的给付义务，从而突破对价平衡原则，以期待所谓政策目的的实现。此种做法已将政策性保险社会保险化，忽略了其既有的经营模式，会给政策性保险制度的正常运行带来极大阻碍。《交强险条例》施行后，大量法院判决对分项限额的突破即为典型示例。[③] 此外，有观点认为，我国农业保险在通过大数法则进行费率厘定、尊重对价平衡原则方面存在着一定的不足，并未完全遵循保险经营的客观规律，未来仍需公权力作一定的介入。[④] 可见，农业保险实施过程中也存在着对商业保险运营模式及其核心原则贯彻程度不够的问题。

---

① 唐世银：《保险法上对价平衡原则的司法运用》，《法律适用》2015年第12期。

② 范庆荣：《从对价平衡原则看重复保险的保费返还法律规定的适用》，《政治与法律》2015年第6期。

③ 张力毅：《政策性保险之政策目的如何融入司法裁判——以〈交强险条例〉第1条的司法适用为中心》，《华东政法大学学报》2016年第4期；王德明：《交强险打通分项限额判决评析——兼论交强险的立法目的和对价平衡原则》，《保险研究》2014年第6期。

④ 周县华：《农业保险首先是保险》，《中国金融》2013年第5期。

五、结语

随着风险社会的来临，保险由于其特有的风险分散功能在社会生活中扮演着越来越重要的角色。在传统商业保险与社会保险的二分法下，部分商业保险随着国家基于特定政策目的的追求与实现而对保险合同的强势介入，产生了一种极其特殊的类型——政策性保险。农业保险以及交强险可谓最典型的例证。政策性保险有着许多不同于传统商业保险的特点，单纯适用《保险法》无法实现该保险特定的政策目的，因此，针对此类保险进行特别立法成了法政策的妥适选择。在政策性保险法制化过程中，考虑到政策性保险仍主要由商业保险公司按照商业保险的模式经营，立法者与裁判者固然要注重特定政策目的，但也要尊重《保险法》的既有框架与商业保险运行的核心原则——对价平衡，否则会造成司法适用的困难与政策性保险经营体系的崩塌，反而不利于政策性保险的发展。

政策性保险的出现在一定程度上预示着国家通过特定保险产品的供给来分散特定风险，并实现具体政策目的之能力在不断增强。一般认为，这样公权力的介入有其合理性，“通过公权力的有效运行以克减和消融风险社会的潜在威胁是治世的合理之道”。[①] 可以预见，随着国家对保险的更多运用，商业保险、政策性保险、社会保险三者间会有越来越多的流动性，但具体将某种保险停留在纯粹的商业保险、还是将其上升到政策性保险乃至于过渡到完全的社会保险，主要有赖于法规则制定者在特定国情基础上，对具体公共、社会以及产业政策内容与强度的考量。毕竟虽然国家基于特别政策目的需对民众的特定事故的损害予以分散，但完全可以借助不同的保险形式。[②] 例如，新西兰 1972 年《意外事故补偿法》完整地把车祸损害纳入社会安全保障制度，[③] 从而将第三方的汽

① 杨春福：《风险社会的法理解读》，《法制与社会发展》2011 年第 6 期。

② See Craig Brown, “Private Insurance and Public Policy: Reconciling Conflicting Principles”, Canadian Business Law Journal, Vol. 47, No. 2 (2009), p. 266.

③ 杨立新：《我国道路交通事故责任归责原则研究》，《法学》2008 年第 10 期；孙大伟：《作为侵权法正当性基础的结果责任——以英美侵权法理论的发展为背景》，《法制与社会发展》2009 年第 2 期；John Michael Miller, “Compensation for Motor Vehicle Injuries in New Zealand”, Cahiers de Droit, Vol. 39, No. 2 (1998).

车责任保险改造为几近完全的社会保险，跨过了政策性保险这一阶段。既有的学术研究，以政策性保险为分析工具并构建相应的理论框架，也可以更好地加深对交强险与农业保险等特殊保险的系统认识，一方面有助于完善既有的法律规则体系并对司法实践加以指导；另一方面也为将来部分商业保险改造成政策性保险提供可能的理论基础，可能的领域如正在进行的疫苗责任强制保险以及环境污染强制责任保险立法。

调查研究

Economic Law Review

人工智能自主审判有关法律问题研究

人工智能自主审判有关法律问题研究

巩轩竹* 郁宇婷** 周亦然*** 李文华****

目 次

一、前言

近年来，人工智能技术迅猛发展，已经在围棋、电竞等诸多领域超越人类。我国司法领域也相继出台了一系列文件鼓励法院的信息化与智慧化建设。2016 年，最高人民法院信息化建设工作领导小组首次提出建设“智慧法院”，并将其列入国家信息化发展战略。2018 年，最高人民法院发布《智慧法院建设评价报告（2017 年）》显示，全国“智慧法院”已初步形成。2019 年 11 月 8 日，最高人民法院院长周强在会议中强调“加强区块链、人工智能在司法领域

---

* 北京交通大学法学院 2017 级本科生。
** 北京交通大学法学院 2017 级本科生。
*** 北京交通大学法学院 2017 级本科生。
**** 北京交通大学法学院副教授，法学博士。

的应用”。[①]

根据人工智能介入司法的程度，可将人工智能的应用分为初级与高级两个阶段：初级阶段是指由弱人工智能辅助法官完成一些简单的非智力型工作，如类案推送、法庭记录、文书自动生成等，这也是我国目前正在步入的阶段；高级阶段是指强人工智能基于自然语言理解和深度学习技术，针对法律信息分析并得出判决结论。[②] 本文所探讨的“人工智能自主审判”限于高级阶段，是人工智能介入司法领域的终极形态——直接担任法官并自主得出判决意见。由于人工智能在我国司法活动中的应用正处于且将长期处于不断深入的过程，本文的研究具前瞻性，望抛砖引玉。

为进一步了解我国人工智能自主审判的发展进程以及公众对其的看法，调研人员于2019年5月起以问卷调查与实地调研相结合的方式，对我国人工智能自主审判有关问题进行了调查研究，希望能够明确人工智能自主审判的积极意义和存在问题，并提出针对性的应对建议。

二、公众对于人工智能自主审判的总体看法

2019年9月30日至10月20日开展的“司法审判人工智能化”线上问卷调查，共回收有效问卷427份，调查对象包括171位法律领域从业者或在校生，99位计算机领域从业者或在校生，以及157位其他领域的社会公众。调查发现，在法律与计算机领域中，超过八成的被调查者对人工智能自主审判有一定了解，该比例明显高于其他领域。而不论来自哪个领域，都有九成左右的社会公众对人工智能自主审判的发展有所关心（见表1与表2）。

---

① 孙航：《周强主持召开最高人民法院网络安全和信息化领导小组会议强调加强区块链和人工智能应用全面提升智慧法院建设水平》，载中国法院网 https：//www. chinacourt. org/article/detail/2019/11/id/4624079. shtml，访问时间：2020年3月25日。

② 罗维鹏：《人工智能裁判的问题归纳与前瞻》，《国家检察官学院学报》2018年第5期。

表1 公众对人工智能自主审判的了解程度

职业或专业了解程度	法律	计算机	其他
非常了解	12.8%	22.2%	11.5%
比较了解	33.9%	30.3%	21.0%
稍微了解	39.8%	30.3%	23.6%
不了解	13.5%	17.2%	43.9%

表2 公众对人工智能自主审判的关心程度

职业或专业关心程度	法律	计算机	其他
非常关心	24.7%	21.2%	16.6%
比较关心	45.6%	41.4%	38.2%
稍微关心	21.6%	27.3%	32.5%
不关心	8.1%	10.1%	12.7%

此外，综合考虑人工智能介入司法审判的现状与前景，调研问卷由初级到高级设计了五大类型化的应用场景——类案推送、文书智能生成、视频庭审、证据辅助认定以及自主审判，分别调查了社会公众对其应用的主观意愿。可以看出，公众对这五大场景的应用总体上持支持态度，支持程度大致随人工智能应用的深入而递减。其中人工智能自主审判有六成左右的社会公众支持实现，相比于其他四种场景，具有最高的争议性（见表3）。

表3 公众对人工智能在司法领域不同应用场景的支持情况

场景态度	类案推送	文书智能生成	视频庭审	证据辅助认定	自主审判
支持	340人	324人	322人	332人	266人
不支持	87人	103人	105人	95人	161人

三、人工智能自主审判的积极意义及分析

（一）审判效率方面

在针对人工智能自主审判最大优点的双选题中，72.8%的人选择了“提高审判效率”，为所有选项选择率之首，足见审判效率在司法实践中的重要地位以

及人工智能对审判效率的明显提升。近年来，我国社会日益复杂化，公民法律意识逐渐提高，各地法院受案数量呈爆发式增长，“案多人少”的矛盾一直难以得到有效解决。由此导致的问题不仅在于法官的结案压力过大，更在于当事人的权利不能得到及时、有效的保障，法律的社会效果大打折扣。在此情势下，提升司法效率的重要性不言而喻。人工智能在计算能力、检索能力上远超人类，人类裁判者的审判速率与之不可同日而语。基于机器学习的人工智能进行审判时，通过输入或识别案件事实、认定证据、比对过往判例和现有法律而自主得出判决意见，耗时只在分秒之内。有研究人员曾让LawGeex人工智能系统与20名律师进行5项合同的评审竞赛，结果人工智能不仅在审查准确率上比律师平均高出9%，更在用时上形成26秒与92分钟的强烈对比。① 可见，人工智能审判可以显著提高司法效率，减轻法官结案压力并最大限度满足群众司法需求。

（二）实体正义方面

在针对人工智能自主审判最大优点的双选题中，61.6%的社会公众选择了“判决结果更加理性、公正”。笔者认为，人工智能可以在很大程度上保障司法统一、加强证据认定并且消除司法腐败。

1. 保障司法统一

最高人民法院的指导性案例制度实施已近十年，2018年10月修订的《人民法院组织法》在法律层面明确最高人民法院具有指导性案例的创制权。此外，关于法律适用具体标准的司法解释也频繁出台，我国推进司法统一的步伐从未停滞。同案不同判一直是我国司法实践中的重要问题，究其根源，在于不同法官适用法律的标准各不相同。另外，受限于客观条件，不同地方的法院难以实现相似事实案件的交流与共享，导致司法实践的地区差异，不利于司法公正性、公信力的提高。

人工智能审判能够很大程度解决这一问题。一方面，人工智能的审判模式是以同案同判为基础的，过往判例所形成的数据库是人工智能审判的重要依据，该数据库的建设以覆盖全国各地法院、不存在地区差异为基本目标；人工智能将相同或相似事实与法律争议的案件智能分类，在审理案件时自动比对过往类

---

① 黄俏娟、罗旭东：《人工智能与法律结合的现状及发展趋势》，《计算机科学》2018年第12期。

似案件的裁判结果，从而实现类案类判。人工智能一秒钟可以阅读 100 万页判例，[①] 能够轻易统计出过往类案决策的一般模式；如果以人类速度检索、阅读相似案件，只能涵盖所有类案的冰山一角，不具有统计学意义上的参考价值，有时候难以反映类案真正的判决倾向。另一方面，只要人工智能的算法与数据库完全相同，所有人工智能的裁判尺度就绝对统一，能够避免因为人的差异性而导致认定事实、适用法律标准的不同。总之，人工智能可以保障司法过程完全统一，比较彻底地解决司法实践中同案不同判的问题。当然凡事都需要一定限度，这种剥离主观能动性的绝对统一、绝对理性是否符合司法价值，将在后文中进一步讨论。

2. 加强证据认定

证据是查明案情的依据，对当事人维护合法权益、保证审判人员依法正确裁判具有重要意义。我国审判实践中仍然存在非法证据排除落实不到位、重有罪证据轻无罪证据等问题，人工智能可以很大程度地解决上述问题。从证据客观性的角度看，人工智能可以与区块链技术相结合，保障司法审判动态过程全部在相关电子数据库内予以存留，不被随意修改，从而防止当事人为自身利益而提供不实证据。[②] 以 2019 年 10 月 24 日上线的杭州互联网法院区块链智能合约技术为例，该技术不仅保证了合同条文、当事人履约状况等证据全程留痕，而且能够在违约时自动启动救济程序。[③] 从证据合法性的角度看，人工智能具有相应的合法性检验机制，一旦有涉案证据被认定为违法，系统会自动排除该证据的采纳，防止非法证据对审判公正性产生不利影响。从证据关联性的角度看，人工智能能够依据不同案件内在的逻辑链条而形成证据模块，确定相关证明标准以及证据规则，还可以按照不同诉讼阶段对证明标准要求的差异，将证据分阶段模块化嵌入办案系统。[④] 总之，人工智能与相关技术可以在审判中有效审查证据的三性，保障证据能力和证明力。

---

① 周尚君、伍茜：《人工智能司法决策的可能与限度》，《华东政法大学学报》2019 年第 1 期。

② 史明洲：《区块链时代的民事司法》，《东方法学》2019 年第 1 期。

③ 余建华等：《杭州互联网法院区块链智能合约司法应用上线》，载中国法院网 https://www.chinacourt.org/article/detail/2019/10/id/4591024.shtml，访问时间：2020 年 3 月 25 日。

④ 参见潘庸鲁：《人工智能介入司法领域的价值与定位》，《探索与争鸣》2017 年第 10 期。

3. 消除司法腐败

腐败犹如病毒一样侵害我国司法制度的正常运行，它不仅会破坏司法秩序、增大司法成本，还会引起民众对司法权威的质疑。尽管我国司法改革已经通过一系列措施整顿和预防司法腐败，但仍然阻力重重。人工智能担任法官是杜绝腐败的路径之一，因为人工智能本身没有自我意识、情感和趋利性，判决结果如何与其利益、职业、人际等因素均无涉，也避免出现收取贿赂、以权谋私等腐败现象，能够有效避免审判者滥用权力的情况。

四、人工智能自主审判的问题及分析

（一）技术实现方面

根据问卷调查，超过一半的人认为未来50年内人工智能自主审判在技术上不能实现，其中更有15.22%的人认为在技术上永远不能实现（见图1）。

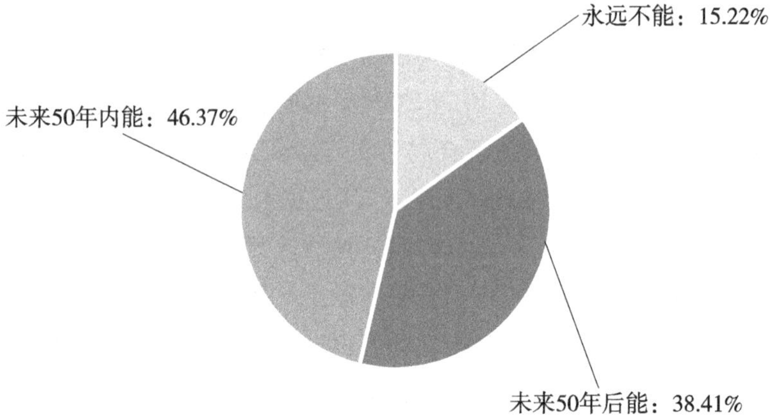

图1　公众对人工智能自主审判在技术上能否实现的看法

目前人工智能审判的技术发展颇具争议，仍然有许多障碍尚未克服。根据笔者的实地调研，我国有关人工智能的科技公司已经在数据库的构建以及智能分析芯片等技术上有所突破，但这些技术仍局限在医疗、网络安全、农业等人为干预较少的领域，在人文社科领域的运用近乎空白。我国法院的信息化程度普遍不高，建设程度不一，部分相关软件由于在使用上存在漏洞而被弃用，一些办案机器人也处于闲置状态，更多的法院工作人员倾向于用传统方式进行审判。百度创始人李彦宏认为："人工智能刚刚走到石器时代。"①人工智能在司法中的应用仅处于初级阶段，世界范围内尚没有一个成熟的"AI法官"，技术实现层面的问题体现在各方各面。例如，法律语言与代码语言之间的准确转换，法律决策过程的模型化并依此设计算法，知识图谱的准确构建，算法容易放大程序人员和社会公众的歧视，病毒入侵难以有效防范，作为学习对象的法律数据不够完善等。笔者重点就法律数据不够完善问题进行展开，抛砖引玉。

人工智能的审判模式通过深度学习大数据而提炼其中规律，形成行为比对模型，进而指导法律决策。② 因此，数据对于人工智能而言具有不可或缺的重要性，可类比人脑的知识储备或者汽车的燃料。这种大数据式的审判模式将引发两个值得讨论的问题：一是我国并非判例法系国家，将过往案例作为建模是否合适；二是我国案例数据库的建设情况如何，是否足以支撑人工智能的深度学习，以及如果数据库内容调整，人工智能将如何应对。随着全球一体化的发展，判例法体系与成文法体系有相互融合的趋势，越来越多的学者认为法典与判例相结合才能最为有效地指导司法实践。我国也一直在推进司法统一、倡导同案同判，因此，笔者认为将过往案例作为决案依据较为可行，主要挑战在于第二个问题。由于人工智能自身的局限性，其学习所需的案例与人类学习所需的案例不在一个数量级：人类学习数个例子便能理解并类推的事物，人工智能需要学习千万量级的例子才能产生相似的效果，也即需要"大数据"的支撑，所以案例数据的量必须十分充足。另外，司法审判直接决定被审判者的命运并且影响第三人的生活乃至整个社会，为了确保人工智能审判的合理性，其所学习的数据也必须具有高质量，可以被长期学习并以之指导未来的司法实践。

遗憾的是，我国目前司法数据的量与质都难以达到要求，具体体现在以下三个层面：第一，我国推进司法公开历史较短，大量案件信息并未得到公开。当下作为人工智能开发基础的法律数据基本来源于中国裁判文书网上的裁判文书，而我国 2014 年以后的生效判决才开始在中国裁判文书网上公开，距今只有

---

① 李彦宏：《人工智能刚刚走到石器时代，但未来它会像电流一样普遍》，载搜狐网 http://www.sohu.com/a/193225857_313170，访问时间：2020 年 3 月 25 日。

② 李飞：《人工智能与司法的裁判及解释》，《法律科学》（西北政法大学学报）2018 年第 5 期。

六年，公开的裁判文书数量可能只有审结案件的50%，① 远远不能囊括过往的全部判决。第二，已公开的判决书并未包含个案全貌。我国判决书中的论证和说理部分较为薄弱，至关重要的法官合议过程并未得到记录，个案中法律决策的过程和思路不能得到充分展现，部分影响案件的因素并未写入判决书。不同于英美法系国家或地区，我国判决书中不设附属意见记录不同法官的观点，使得数据难以反映案件审理的全貌，具有一定的片面性。第三，判决书中包含的内容可能错误或不适用。我国的法律在一定程度上存在着历史较短、制度不健全、规定不完善、可操作性较差的问题，再加上部分审理人员水平参差不齐和司法腐败的现象，写进判决书的事项或许包含一定人为或非人为的错误。我国社会高速发展，司法改革正在进行，法律规定与政策时有变动，大量既有判例也存在着不适应将来的司法实践的问题。

由此，作为人工智能学习对象的数据在量与质上遭遇较大的障碍。计算机领域有个著名现象的缩写为GIGO（garbage in，garbage out），含义为“输入的是垃圾，输出的也是垃圾”。② 诚然，如果使机器学习不充分、不客观的数据，最终审判结果也会与正义的要求相去甚远。

（二）法律方面

1. 导致司法过程脱离价值判断

针对人工智能自主审判缺点或风险的多选题中，最多的人选择了“判决机械”这一选项（73.1%）。具体而言，人工智能进行的审判是一种纯粹理性化的逻辑推理和数据决策，而人类法官会在案件中综合运用自己的价值观、情感、直觉与综合素养等，进行一定程度的价值判断和自由裁量，从而作出符合个案正义与实质正义的判决。笔者认为，人工智能的机械性很难被克服，而且司法过程也无法脱离价值判断。

首先，不同于三段论式的逻辑推理，人工智能的运作机制决定了它几乎不可能自主对个案进行价值判断。一方面，法官进行价值判断的前提是对案件的亲历性，法官只有亲自深入庭审过程，通过聆听、提问以及观察等方式，才能形成内心确信并据此得出合理的判决，“直接言词原则”“自由心证”“情态证

---

① 马超等:《大数据分析：中国司法裁判文书上网公开报告》,《中国法律评论》2016年第4期。

② 朱体正:《人工智能辅助刑事裁判的不确定性风险及其防范——美国威斯康星州诉卢米斯案的启示》,《浙江社会科学》2018年第6期。

据”等相关理论或制度都体现了对法官亲历性的要求。而人工智能不具有人类的观感，无法微妙地察言观色并与当事人用自然语言进行互动，其所获取的信息全部依靠人工输入或识别文字材料，不能亲历庭审，也就不能满足进行价值判断的前提。另一方面，价值判断具有零散性与不确定性，没有特定的规则可循，或者说人类目前远未掌握“价值”在大脑内的形成和运作规则，也就无法将其模型化并设计相应的程序。人类通过亿万年的进化，凭借大脑功能的优越而成为地球上最高级的动物，人类的大脑结构具有极高的生物复杂性，不论是目前的生物学还是计算机技术水平，要把人类的脑部功能通过机器重构、复现，可能性极低，这也是人工智能“奇点”理论饱受争议的原因之一。即使确实实现人脑功能复现，届时人类的生存空间与尊严都将受到严重冲击，人工智能自主审判的探讨也就失去了意义。

这又引申出一个问题：如何看待价值判断在司法审判中的地位。19 世纪，概念法学在德国兴起，法律形式主义也曾在美国盛行，拥戴者认为司法过程中能够且应当完全剥离法官的价值判断，因为法律法规可以包罗万象，法官只需严格按照三段论推理，就可以像数学一样得出“唯一正确解”。[①] 正如马克斯·韦伯所比喻的：“法官是自动售货机，投进去的是诉状和诉讼费，吐出来的是判决和从法典上抄下来的理由。”[②] 然而，概念法学、形式主义的弊端凸显，经过自由法运动，各国已经相继确立自由心证原则，虽然关于审判活动中融入价值判断的程度尚有争议，但是关于价值判断的必要性和重要性已经达成共识。笔者也认为，如果当代司法活动由于人工智能的介入而脱离价值判断，无异于司法的倒退和复位，这不但在逻辑上行不通，也不利于实质正义的实现。其理由在于，立法面面俱到、尽善尽美的假设无法成立。一方面，立法规定的有限性与现实情况的无限性之间具有不可调和的矛盾，正如世界上没有两片完全相同的树叶，每个现实中发生的案件都有其独特性，立法的篇幅有限，人类语言本身具有一定的模糊性和歧义性，立法只能将社会现象类型化，尽量用有限的法律语言概括它们的共同点，不可能穷尽所有现实情况。另一方面，法律的相对

---

① 孙海波：《在“规范拘束”与“个案正义”之间——论法教义学视野下的价值判断》，《法学论坛》2014 年第 1 期。

② ［德］马克斯·韦伯：《论经济与社会中的法律》，张乃根译，中国大百科全书 1998 年版，第 355 页。

稳定性与社会的变化性之间具有不可调和的矛盾，社会处于永不休止的动态发展过程中，作为意识形态的法律必须随之发生变革，当新的社会形势对现有法律提出挑战时，不合时宜的法律需要被废止或修改，或需要新法律的出台。法律的发展总是追随社会变迁的步伐，此其滞后性所在。因此，“自动售货机式”的想法或许在简单案件中可以实现，但是在司法实践中，事实不清或者法律规则模糊、冲突、空缺的疑难案件层出不穷，需要审判者通过自由心证原则认定事实，并通过文义解释、体系解释、目的解释等方法适用法律。换言之，对于较为疑难的非类型化案件，人类的价值判断有必要介入审判。只有赋予审判者一定自由裁量权，让其在个案中综合运用法律素养、同理心及价值观等因素作出判决，才能让个案之间的差异得到充分考量，才能使有限的、概括性的法条拥有弹性空间，得以适用于无限的现实情况。

2. 损害司法权威

问卷调查显示，71.4%的人认为人工智能的裁判结果只能作为法官的参考意见，决定权仍应掌握在法官手中，可见人工智能完全独立进行司法审判目前仍不易为公众所接受。与以前的神权国家、君权国家不同，现代国家是人民的自我统治，司法权和众多国家权力一样，本质上来自于人民的授权，由人民通过选举或者任免法官的方式来处理司法公共事务。[①] 而人民是否愿意授权于司法机关，是否愿意将切身利益交由第三方裁判并服从第三方作出的可能对自己不利的裁判结果，取决于人民对审判人员的信任程度。因此，人民是否接受人工智能担任审判者，司法的权威性能否得到保障，是一个需要讨论的问题。

笔者认为，目前人们不能完全信任人工智能的原因，除前所述人工智能技术尚不成熟、存在诸多技术障碍外，还有一些难题：

其一，人工智能审判存在“黑箱”问题，其通过学习数据而自主归纳出裁判模式，公众所能得到的只有最后的裁判结果，但对人工智能裁判的具体原理、过程一无所知。人工智能如何归纳整理现有判例，得出了怎样的裁判模型，该模型是否具有合理性，这些问题宛若处于一个黑箱之中，即使是法律专家，如果不精于算法的设计，也很难认识黑箱的运作过程。这与司法透明性、公开性的要求相去甚远，不利于获得群众的信任。

---

① 江秋伟：《论司法裁判人工智能化的空间及限度》，《学术交流》2019年第2期。

其二，人工智能审判剥夺了当事人的诸多诉讼权利，架空质证、法庭辩论、上诉、申诉等制度，其也无法承担法律责任。在人工智能担任法官的模式下，其不是基于庭审与直接言词得出判决结论，而是通过智能模型与既有案件进行配对后提供判决方案，这使得司法从对话式的裁判变为独白式的裁判，当事人没有充分进行质证与辩论、表达自己观点的空间。而且，人工智能只能得出固定的裁判结论，没有事实、法律的变化，判决也没有回转的余地，二审、再审的效用接近于无。即使通过其他途径翻案，证明之前的审理有误，人工智能也无法承担法律责任，司法责任制度被架空，没有主体对判决的公正性负责。以上当事人诉讼权利的丧失、司法程序价值的消解，也会导致公众难以信任人工智能担任法官。

其三，人工智能审判的所有模型均将概率推理作为法律判决的基础依据，[①]判决是通过数据统计“算”出来的，而概率式审判难以为民众所接受。法律具有严谨性与确定性，民众对司法普遍存在公正严谨的朴素期待，或然性的判决结果与民众对司法严谨的期待相悖，若人工智能判定某人有80%的概率犯罪，应该对其进行定罪吗？如果定罪，民众如何容忍20%的错案率，如何相信错案有一天不会发生在自己身上？概率式的审判与公众朴素的法感情相悖，使司法权威难以维持。

美国霍姆斯大法官有名言：“法律的生命不在于逻辑，而在于经验。”司法的意义不仅在于判决结果和逻辑推断，还必须以符合生活世界、可被民众理解的方式论证和展示，得到民众的服从和信仰，[②]实现“定分止争”的目的。人工智能属于“异类”，其裁判流程和决策方式与人类相异，要公众信任并将切身利益交由人工智能裁决，存在较大难度。

3. 导致法律发展的停滞

在线上调查中，60.7%的人选择了“法律发展停滞”作为人工智能最大的弊端或风险。从法社会学的角度考虑，法律需要与社会现状、时代潮流相适应，实现一定的社会功能。所谓“公正的判决”“先进的法律制度”，都是一定社会中的相对概念，其具体内涵会随着时代发生改变。马克思说：“法律应该以社会

---

① See Maxi Scherer, “Artificial Intelligence and Legal Decision-Making: The Wide Open?”, Journal ofInternational Artribition, 2019, p. 36.

② 李飞：《人工智能与司法的裁判及解释》，《法律科学》2018年第5期。

为基础，法律应该是社会共同的，由一定物质生产方式所产生的利益和需要的表现。”① 诚然，法律产生于一定的社会存在之中，其发展、变革必然与特定的社会状况存在紧密联系。立法需要随社会发展而进行动态调整，司法是联系二者之间的桥梁——立法通过指导司法实践而规制社会生活，社会生活的变化也体现于司法实践中并反作用于立法，得以让立法不断适应人民的需求和社会的发展。

然而，人工智能自主审判容易剥夺法律发展的空间。客观上，人工智能自主审判只能依靠过往判例和现有法律规定进行机械式的推理与判决，受制于固有程序和相关数据，无法推陈出新，从根本上斩断了突破现有法律框架的可能。主观上，人工智能易降低法律工作者的独立思考能力和创新能力，增强法律工作者对人工智能的依赖心理，导致恶性循环。人们可以通过某种更便捷、更直观的方式获得结果时，通常会本能性地接受该结果，而不愿意花费思维成本探讨该结果的合理性,② 这是心理上的自然倾向。这种思维在法律行业的普及会加剧法律推理过程形式化。当人们沉溺于人工智能审案的便利之中，不再亲自进行复杂的法律分析与价值判断时，当认真分析案件者反而可能承担与人工智能对抗的风险和社会压力时，司法便只能依赖于立法，而不能反哺于立法，法律的发展容易陷入停滞。

五、人工智能自主审判的发展建议

引入人工智能自主审判确实能给司法实践带来全新的发展动力，但考虑到现阶段以及未来一定时期内人工智能所能达到的水平，综合一系列法律问题，要保障人工智能在我国司法领域良性、安全的发展，还需要在多个方面加以完善。

（一）简单案件与疑难案件分流处理

随着科技进步发展，深度的机器学习、优化的算法开发和趋于完善的数据收集将使人工智能独立进行部分简单案件的审判具有可行性。然而，人工智能在价值判断、司法权威与法律发展方面无法完全替代人类，这是人工智能固有的、难以消除的问题，也是司法为实现其目的与价值而不应做让步的方面。因

① 中共中央编译局：《马克思恩格斯全集》（第3卷），人民出版社2016年版，第253页。

② 李晟：《略论人工智能语境下的法律转型》，《法学评论》2008年第1期。

此，未来可根据案件的复杂程度与类型化程度对案件分流处理，审慎确定由人工智能自主审判的案件类型及方式，形成相互衔接的差别审判制度。[①]

对于事实清楚、法律适用明确、审判模式较为固定和典型的简单案件，人工智能可自主审判，如典型的交通事故责任纠纷、交通违法、民间借贷纠纷、盗窃案件等。[②] 对此类简单案件，一方面，司法实践中存在大量既有判例，有充分的类案数据供人工智能学习，保证人工智能裁判模型的准确性；另一方面，简单案件不涉及价值冲突与法律漏洞，避开了人工智能的盲区，有特定的规则可循，存在较为固定的"唯一正确解"。因此，将上述类型化案件交由人工智能自主审判较为可行，能够充分发挥人工智能高效、理性的优势，有效缓解"案多人少"的矛盾，使法官投入更多精力于疑难复杂案件的审理，实现司法资源利用与法律纠纷解决的双重效率提升。

对于事实争议较大、法律不完善、涉及利益衡量与价值判断的疑难案件，建议仍由人类法官审判。为保障司法活动的法律效果与社会效果、逻辑理性与实践理性、普遍正义与个案正义能得到耦合，司法过程中进行价值判断、维持司法权威与促进法律发展的效果能得到实现，也为避免先例过少或没有先例而导致自动化处理结果有失偏颇，人工智能对疑难案件的审判仍然需要慎重对待，应当保证疑难案件中"人"的主动性与主导地位不被动摇。可以让人工智能在疑难案件中发挥辅助作用，负责材料搜索与推送、法庭记录、文书自动生成等活动，将法官从重复性、技术含量相对较低的工作中解放出来，聚焦于主持庭审、合议案件等工作中。

简单案件与疑难案件的具体区分，应避免"一刀切"，可以借鉴民事诉讼中的简易程序、刑事诉讼中的速裁程序与多地法院已经采用的"令状式、要素式、表格式审判"[③] 等。实现人工智能审判，还需要进行长期摸索，积累经验，最终审慎制定人工智能审理案件类型的专门规定，使不同类型案件在司法实践中能被准确识别与把握。

---

① 贾章范：《司法人工智能的话语冲突、化解路径与规范适用》，《科技与法律》2019 年第 6 期。

② 江秋伟：《论司法裁判人工智能化的空间及限度》，《学术交流》2019 年第 2 期。

③ 裴永胜、王石柱：《关于 2017 年以来全市法院开展民商事案件要素式审判和简化裁判文书情况的调研报告》，载焦作市法院官网 http：//jzzy. hncourt. gov. cn/public/detail. php？ id = 14049，访问时间：2020 年 3 月 25 日。

（二）提升司法数据的量与质

人工智能审判的质量很大程度依赖于收集的数据质量，这不仅是智能化系统运行的基石，更是保证审判活动准确、高效的支柱。收集全面、多样、真实的数据并构建法律知识图谱的工作至关重要，可从以下几个方面实现：

1. 加强数据共享

不同于商业性、社会性的数据，法律大数据更为官方化，其获得与应用主要依赖于相关司法与法律机构的配合，“数据共享”是完善数据收集工作的关键。而“官方化”的特征不仅使得法律数据的公开程度受到影响，也影响到法律数据的内容、类型及格式。基于相关的政策考量，被公开与共享的司法数据往往是司法机关按其管理目标与工作要求经过筛选而最后产出的，多呈现出格式化、预设性、法律化的特征。①

以中国裁判文书网中的法律文书共享为例，虽然2016年《最高人民法院关于人民法院在互联网公布裁判文书的规定》修订，但其约束力不强，“（除不予公布的）其他裁判文书一律在互联网公布”② 的目标并没有实现。裁判文书网的司法数据在充分性与全面性上都有欠缺，并非公众所欲知晓的有关司法实践最充分、真实的数据。为推动人工智能的有效参与，裁判文书发布的责任机制亟需进一步健全与完善，呼吁加强对裁判文书不上网的审查力度，大力推动并真正实现裁判文书网络发布的“文书必上网”原则，③ 促进文书数据共享，推动裁判文书网作为大数据平台提供更充分、更全面的数据。

除单个平台的数据共享外，各司法机关间、司法机关与行政机关间也应打破壁垒，实现各区域间、各部门间的互通共享，建立统一的司法数据库。这不仅能为我国司法机关人工智能系统的建设提供良好基础与充分支持，还能使社会公众与学界知悉国家司法运行的具体状况。通过制定相关法规与实现各司法机关的内网、内部系统互联，从法律规范与技术支持两方面进行保障，可以有效推动司法机关的内部数据互通。统一规范的制定应当细化到收集司法数据的具体操作，如司法数据的统计口径、来源渠道、采集方式、每项数据含义和计

---

① 程凡卿：《我国司法人工智能建设的问题与应对》，《东方法学》2018年第3期。

② 最高人民法院：《中国法院的司法改革：2013——2016》，人民法院出版社2017年版，第38页。

③ 最高人民法院：《最高人民法院司法责任制实施意见（试行）》，载中国法院网 http：//courtapp. chinacourt. org/fabu - xiangqing - 40582. html，访问时间：2020年3月25日。

算标准等。2019年1月，美国通过了《公共、公开、电子与必要性政府数据法案》（又称为《开放政府数据法案》），推进政府数据的公开与应用。我国可在审查数据的流程、人员组成、评估机制等方面借鉴美国经验，推进政府信息资源管理规范化，建立健全数据治理立法体系。同时，应充分发挥软法的作用，以适应当代数据问题的普遍性与复杂性，[①] 更好地推进政府数据的公开、应用与管理。

2. 丰富数据收集

“只有具备足够的数据源才可以挖掘出数据背后的价值。”[②] 完备的数据收集是充分进行人工智能参与司法审判的基础。而在强调“司法数据共享”的同时，拓宽思路，拓展数据收集的渠道与数据来源也同样重要。

一方面，在保护国家秘密、商业秘密与个人隐私的前提下，可以选择与科研机构和互联网公司进行数据共享上的战略合作。这不仅可以利用合作方的技术优势，将已有的数据进行补全与细化分析，同时，通过发挥其服务性与其研究结果的参考性，还可以进一步保障司法数据的真实性与数据应用的准确性、科学性。人民法院与科技企业进行战略合作的模式在实践中已有推行，如浙江省高级人民法院与阿里巴巴集团于2015年12月宣布战略合作，最高人民法院联合中国电子科技集团公司等单位共同成立了“天平司法大数据有限公司”等。基于“科技理性”与“法律理性”深度融合，各地人民法院（尤其是高级人民法院）与科研机构、科技企业的战略合作有效推动着司法数据的收集与分析，推动着“智慧法院”的深化建设。

另一方面，扩大司法数据的收集范围、来源与渠道，及时进行数据更新。传统的司法数据收集范围有限。以单个案件审判为例，聚焦在最终判决书的归档收录，高度依赖于法院的裁判文书发布。实际上，除判决书外，其他诉讼文书或材料，如庭前会议笔录、庭审笔录、案卷材料等在数据收集、数据库建立的工作中都不可或缺。除最终的审判环节，做出法律决策过程中的大量程序，如检察院的起诉、合议庭内部讨论，甚至前期侦查过程，都是影响司法裁判生成的重要因素，都可以纳入司法数据的收集范围。

---

① 沈岿：《数据治理与软法》，《财经法学》2020年第1期。

② 刘鹏：《大数据》，电子工业出版社2017年版，第4页。

3. 依据立法动向实时调整数据

我国法律规则更新迭代速度较快，裁判的尺度和立法的价值追求也会随社会的高速发展而变化。人工智能存在算法歧视问题，在网络结构中只要某一事项的重新定义出现过失，就有可能成倍放大误差。[①] 如果作为人工智能审判"燃料"的数据库严重滞后，基于此训练产生的模型与算法可能遭遇精确性的质问，使得判决的准确性与时效性大打折扣。因此，一方面，数据库建设有必要随立法与司法实践的动向，实时变更、补充新生成的法律法规与案例，强化新型、指导性案例分析，保障数据库收录的及时性。目前，最高人民法院数据集中管理平台收录了1.33亿件案件数据，每5分钟自动更新全国各级法院的收案和结案情况，[②] 为数据库的时效性奠定了良好基础。另一方面，要通过"清洗"技术及时剔除和变更过时、错误的司法数据，包括在过时法律法规或司法理念指导下形成的司法数据与错误的司法裁判文书等，[③] 保持法律数据的活性，实现人工智能审判的与时俱进。

4. 推动法律数据的标签化，构建法律知识图谱

基于目前的技术水平，无论是主要运用人工神经网络技术的机器深度学习方法还是强化学习方法，标签数据都是人工智能学习的重要前提，[④] 也是人工智能在司法领域的应用程度能否发生质变的关键所在。司法案例以自然语言和专业的法律术语进行表述，大量抽象法律词汇、同近义词、多义词、歧义句等的存在使得理解判决书成为具有高度复杂性的思维活动，人工智能尚不具有直接阅读理解人类语言的能力。需要投入大量兼备法律知识的技术人员对法律数据库中分词、句法结构、裁判要素、逻辑关系等"打标签"，形成较为完善的法律知识图谱大数据，以供人工智能训练。以简单的、要件事实型的民事案件为例，其具体流程为：标注原告的事实主张及诉讼请求，将所适用的法律规则拆分为各个构成要件进行标注，之后结合法律背景知识对证明责任分配与证明

---

① 季卫东：《人工智能时代的司法权之变》，《东方法学》2018年第1期。

② 李林、田禾：《中国法院信息化发展报告 No.2（2018）》，社会科学文献出版社2018年版，第117页。

③ 崔馨予：《论人工智能在我国法院办案系统中的应用实践问题》，吉林大学2019年硕士学位论文，第32页。

④ 洪凌啸：《误区与正道：法律人工智能算法问题的困境、成因与改进》，《四川师范大学学报》（社会科学版）2020年第1期。

标准进行标注，对证明方式与证据种类进行标注，最后标注裁判结果。[①] 总之，需要技术人员结合具体的上下文语境以及一定的法律背景知识，分阶段对各分词、各裁判要素进行标注，以便作为人工智能数据训练时的信息提取点，[②] 最终实现人工智能自主审判的知识积累。目前法律领域的数据标注尚不完善，但在语音识别、机器翻译等领域，自然语言处理已经取得了一定成就，以谷歌为例，在机器翻译的研发过程中组织了由语言学家与程序员组成的专业团队对数据进行标注，[③] 已经积累了海量日常生活用语的标签数据，可以为法律知识图谱的构建提供借鉴。

除标注数据外，司法人员也可以在文书写作中尽量统一用语、规范用语，避免歧义句的出现与多种同近义词的切换使用，降低法律知识图谱构建的难度，提高人工智能裁判模型的精准度，有助于其最大限度模仿人类的裁判结果。

（三）确保公开、公正性，建立相应的监督体系

鉴于人工智能的技术性与司法审判的专业性，司法人工智能的“技术垄断”“算法黑箱”等问题引起公众的关注。新模式下，保障司法审判的透明性与公正性不仅基于审判者本身对公平公正理念的遵循，更需要公开透明的监督体系与归责制度。

1. 建立制度规范与监督体系

司法人工智能的透明化和公正性，首先需要明确具体的工作制度、操作规范等。从如何规范应用司法数据库、如何分析被采用数据，到具体算法模型的建立，都需要详细进行规范。

在此基础上，可建立配套的监督制度，组建技术监督团队，及时审核与发现问题、改正工作错误，从而促进司法人工智能系统的不断完善与人工智能参与下司法决策机制的不断优化。由此充分保障算法制度化、操作规范化、决策透明化，确保人工智能参与司法审判工作过程的公开透明、公平公正，维护“智慧司法”模式下司法审判的公正性与公信力。

---

① 高翔：《人工智能民事司法应用的法律知识图谱构建——以要件事实型民事裁判论为基础》，《法制与社会发展》2018 年第 6 期。

② 谢慧：《“智能 +”模式下裁判形成的过程分析》，《济南大学学报》（社会科学版）2019 年第 4 期。

③ 洪凌啸：《误区与正道：法律人工智能算法问题的困境、成因与改进》，《四川师范大学学报》（社会科学版）2020 年第 1 期。

2. 明确归责制度

将人工智能引入司法实践，归责制度同样重要。司法中出现的失误将对社会公共利益带来最为直接的不利影响，技术参与带来的风险不可避免，司法工作者所负的义务与责任也不会由此消灭。责任归属的明确划分不仅有助于防止失误出现时各主体之间相互推卸责任，还可促进司法工作者通过归责制度更好地找准角色定位，加强自身素质，更好地完成工作。

（四）发展高校复合型人才培养模式

司法领域对智能技术应用的特殊需求，要求在现有法律人才队伍外，亟须加入更多的技术型人才，增强司法与智能技术间的互动。高素质的复合型人才将是最核心的力量支持。

传统的教育模式与学科培养体系，技术人才往往欠缺司法专业认知，法律人才对统计学、计算机科学等学科极为陌生，这不仅使智能技术开发与智能系统设计受限，而且使法律从业者对智能系统的后续使用存在能力缺陷。需要对现有的法学教育体系、人才培养体制进行变革，融入“交叉学科”的培养理念，大力培养兼备法律素养和计算机素养的复合型人才。

1. 丰富法学教育理念

高校法学教育可以丰富课程设置，增设有关计算机科学、统计学、社会学、伦理学等领域基础核心课程，鼓励学生跨专业选课，并强化学生的实践技能。高校的法学招生可在本科阶段促进文科生、理科生的均衡，在研究生阶段适当吸收计算机科学、网络伦理学等领域的“非法本”优秀人才，扩大招生范围，丰富学科人才来源，促进生源“多学科化”。① 目前，多所院校已开展新模式的教学实验，如清华大学法学院设立了计算法学研究生项目、西南政法大学成立了人工智能法学院，强化学生的跨学科思维，培养多元技能，实现复合型人才的塑造。

2. 推动人才培养多元力量的战略合作

目前，高等院校与科研机构、科技公司间的合作也在不断推进。例如，西南政法大学、北京大学已率先与科大讯飞、北大英华等人工智能公司以及最高

① 高鲁嘉：《人工智能时代我国司法智慧化的机遇、挑战及发展路径》，《山东大学学报》（哲学社会科学版）2019年第3期。

人民检察院检察技术信息研究中心、最高人民法院信息中心等部门合作，分别于2017年12月与2018年1月先后成立了人工智能法学院，联合培养复合型法治人才，为人工智能时代背景下的法治建设服务。[①] 同时，越来越多的法律与人工智能研究基地也陆续建立起来，如中国人民大学的“未来法治研究院”、北京大学的“法律人工智能实验室”、清华大学的“智能法治研究院”、东南大学的“人民法院司法大数据研究基地”等。

（五）推动司法机关与法律服务机构改革

人工智能在法律领域的应用，律师等法律服务行业也将受到严重冲击。技术成熟后，传统法律工作中的绝大部分相对简单、重复性的工作都可由人工智能完成，法律行业竞争更为残酷。司法机关与法律服务机构都有必要及时革新，提升从业人员的核心竞争力。

1. 硬件设施建设

司法机关应及时建立并共享案例数据库，逐步让人工智能参与司法活动，可先构建智能检索系统与类案推送系统，推进法庭记录、文书自动化生成、证据自动化认定等辅助应用，然后建设裁判预测系统，让人工智能分析案件并预测裁判结果，作为审判人员的参考，最后审慎地让人工智能独立审理部分简单案件，赋予其结论以法律效力。法律服务机构的硬件建设要逐步进行，法律服务机构可以建立网络智能法律服务平台，在简易的法律咨询、书状制作等方面为当事人提供自动服务。我国第一款人工智能法律机器人“法小淘”的研发目标即是如此。[②] 硬件设施建设是人工智能在法律实务领域应用的基础，很大程度决定着未来司法机关能否保证裁判质量以及法律服务机构能否在市场中脱颖而出，有必要循序渐进地、积极地推进硬件设施建设。

2. 从业人员竞争力提升

人工智能时代，法律实务领域的从业人员面临全新的工作模式与更为激烈的竞争。为更好地适应新时代，司法机关与法律服务机构可以给从业人员增加人工智能方面的培训，从业人员也应当主动提升不易被人工智能取代的高层次能力，以增强核心竞争力。

---

① 程凡卿：《我国司法人工智能建设的问题与应对》，《东方法学》2018年第3期。

② 刘甦、张瑶：《AI变革法律行业尚处前夜：大数据、人文关怀和技术水平都是痛点》，载36氪网 https：//36kr. com/p/5124396，访问时间：2020年3月25日。

如前所述，目前部分法律从业者较抵触使用人工智能，更倾向于保持传统工作模式，为法律实务领域逐步引入人工智能技术带来了一定的阻力。对此，一方面，司法机关与法律服务机构有必要对广大从业人员进行系统培训，正确引导其对人工智能的认知，强化其正确、熟练应用人工智能系统的能力，充分发挥人工智能的技术价值，从而保障法律从业人员应用人工智能系统的自主性与高效性。另一方面，可以成立人工智能工作组，选拔合适的法律人才参与法律人工智能系统的设计与研发，使法律人工智能系统更具有科学性和实用性，也由此防止技术外包、机构合作等过程中出现的“技术垄断”“审判黑箱”等问题。

此外，为更好地增强个人竞争力，法律工作者应当把握住人工智能难以取代的高层次能力，比如，作为人类所固有的价值判断能力与逻辑思维能力，提升自己对法学理论的深入认知，进行法律问题研究与法律价值分析的训练，从而胜任对疑难案件的分析与处理。律师等法律服务人才还可以着眼于提升自身的沟通相处能力与法庭辩论能力，以更好地适应人工智能时代下的职业需求。总之，法律从业人员需要保证自身建设与司法系统智能化建设或法律服务新模式开发的同步衔接，争取与法律实务领域的“智慧化”建设展开对话与合作。

讲　座

Economic Law Review

也谈“竞争中立”

也谈“竞争中立”*

史际春**

目 次

引言：从中国在贸易战中“息事宁人”遭遇尴尬谈起

各位同事、各位同学、各位来宾：

大家中午好！很高兴有这个机会，再次跟大家做一个交流。

“竞争中立”也称“竞争中性”，英文都是 competition neutrality，没分别。这个话题不是很新。2009 年开始，经济合作与发展组织（OECD）在美国主导下推动“竞争中立”规则的建立，2011 年搞了一个报告，叫《竞争中立：维持国有企业与私人企业公平竞争的环境》。从题目可知，它是说国有企业天然具有

---

* 中国人民大学法学院第 102 届教授沙龙主题演讲，明德法学楼 601 报告厅，韩立余教授主持，2019 年 6 月 5 日。根据录音整理，已经作者审阅。

** 中国人民大学法学院教授、安徽大学讲席教授、安徽师范大学“法治中国建设研究院”特聘教授。

不正当竞争优势，因为国企有国家、政府做后台并予支持，所以要“中立”，要把国企的优势打掉。实际上这是针对中国的，因为OECD里国有经济占国民经济的比重相当或不亚于中国的国家并非个例，比如法国、挪威，但从未见以“竞争中立”对这些国家说三道四或指责的。此次贸易战中，美国给中国扣了顶“强制技术转让”的帽子，搞得我们有口难辩，“竞争中立”也是这样，硬是给中国的国企和政府与企业、政府与市场的关系安上了个原罪。遗憾的是，2011年以来，国人对“竞争中立”的关注和研究越来越多，包括人大法学院硕士学位论文都有好几篇，却毫无保留地接受了这个概念，对照它来找中国的不足和差距。2017年《“十三五”市场监管规划》中说要实行“竞争中立”制度；今年“两会”上，总理在政府工作报告中也说要“竞争中性”，央行行长、市场监管总局局长都反复说要“竞争中立”“竞争中性”，形成了一股不容反对的气势，令人痛心。

为什么会这样子？一是因为“竞争中立”有它的迷惑性，外表很美丽；二是希望接受这个莫须有标准，“与国际接轨”，有则改之、无则加勉，就能让人家别再以“竞争中立”指责我们，不就消停了嘛。可是从“强制技术转让”来看，这是一厢情愿。贸易战开打，人民日报当即反驳：“强制技术转让说”站不住脚。可是没多久，不容分说要在《外商投资法》中写上“不得利用行政手段强制技术转让”条款，而在之后的经贸磋商中，美方仍喋喋不休中国“强制技术转让”，以至在11轮磋商破裂后，中方不得不通过《关于中美经贸磋商的中方立场》白皮书、人民日报文章和高级官员重申“强制技术转让”是伪命题，没有实际案例，所谓“强制技术转让”都是商业行为，然而美国没有事实依据的指责已被中国自己写进法律，好不尴尬。刘志军主持铁道部引进高铁技术，不转让技术就不跟其合作，这是行政强制还是商业条件？何况技术是不可能强制转让的，桌上这个茶杯是可以强制转让的，我夺过来再强塞几块钱给你即可，可是技术是无形的，你把刀架在他脖子上、拿枪顶着他的脑袋，他不把技术说出来、教给你，你也拿不到。总之，即使把“欲加之罪”写进法律，美国也不可能善甘罢休，霸凌是不需要讲道理的，想以此息事宁人，没辙。

“竞争中立”跟特朗普发起的贸易战异曲同工，都是要让中国跟美国主导的国际经贸体系、规则体系脱钩，把中国踢出去。奥巴马、希拉里当时是说不能让中国人写规则、参与规则制定，如今美国智库再公开说脱钩了，只不过特朗普更野蛮一点，“竞争中立”显得文明、漂亮一点。国资委负责人这两天还辩称，中国的国企是市场主体，是独立法人，可是说这种话完全没有用。企业法人在交易中确是独立市场主体，可是企业都是有老板的，法人在组织关系中都是不独立的，它的老板是谁？企业法人不能不听老板的。所以我就想到1972年毛主席接见尼克松时说的：我喜欢右派、喜欢共和党。道理很简单，共和党是真小人，反而好打交道；民主党是伪君子，欺骗性太大。如果特朗普不上台，我们跟着奥巴马、希拉里的圈套一步步往里钻，后果简直不堪设想：美国一定要以“竞争中立”逼中国修改宪法、法律了。现在特朗普这么蛮干，反而让中国人看得更清楚一点，更团结一点，这是好事。

所以，今天的讲座就是要剥掉“竞争中立”的漂亮外衣，加以否定。我讲四个大问题。

一、“竞争中立”的由来及其含义

“竞争中立”本来是中性的，跟中国没啥关系。大家知道，20世纪70年代末80年代初，里根和撒切尔发起了新自由主义改革，包括两个方面：一是Privatization，即国有企业的公司制（股份化）、市场化，为什么不直接翻译成私有化？因为它不是私有化，澳大利亚邮政Privatization后，到现在还是政府百分百持股的。二是De－regulation，即去规制或缓和规制，这跟今天的议题没有关系。澳大利亚落后一点，20世纪80年代末90年代初Privatization运动波及那里，澳大利亚教授到人民大学说，我们从偏远地方来到了繁华的世界中心，确实他们的国企改革比中国还晚，中国的国企改革是从1979年开始的，澳大利亚1989年才开始。国有企业原来是政府附属物，邮政、电信、铁路等，都把它改成公司；另外把它推向市场，到市场当中去竞争，跟私人企业一样优胜劣汰，搞不好就倒闭、被私人收购等，政府不直接过问它的经营了。但是国有企业承担着一定的公共性、公益性、公用性、政策性职能，比方说邮政、电信的普遍服务，是需要补贴的，在偏远地方经营邮政、电信要跟在繁华都市的价格和质量相同，成本可能高十倍都不止，不补贴没法干，所以Privatization后对国企还是要补贴。为了防止国企把政府给的政策倾斜和补贴用于竞争性业务，澳大利亚在1992年提出了“竞争中立”的概念，以区分政策性亏损与经营性亏损、政策性业务与竞争性业务，不许交叉补贴，仅此而已。澳大利亚的“竞争中立”既没有一般地对国有企业作负面评价，也不否定政府与企业可以正常发生关系；而且还提出一点，只有在实行“竞争中立”的收益超过其成本时，才适用“竞争中立”，否则竞争可以不“中立”。这个没问题，挺好的，跟中国也没有关系。中国的情况正相反，中国从来没有发生过澳大利亚这种情况，反而我们的邮政、电信、电力等普遍服务的成本要用企业自己的利润去填补。原来的铁道部，现在的国铁集团也是如此，要用商业运营的利润投入铁路建设，还要自己贷款、发债券去修铁路。我们人大一位访问学者原来在铁路上干，就在刘志军说铁路“不惜牺牲一代人”也要大干快上时，苦于低工资、高强度工作，关键时辞职不干了。中国不存在澳大利亚的情形，它的“竞争中立”我们不反对、没有意见。

问题是美国在2009年接手了两个小case，澳大利亚的“竞争中立”和新西兰、新加坡、智利、文莱的TPP（跨太平洋伙伴关系协定），借题发挥，矛头直指中国。所谓“竞争中立”，简而言之，就是说国企不能拥有不正当竞争优势、私企不能具有不正当的竞争劣势，暗含着国有企业在市场当中天然具有竞争优势，所以说它是针对国有企业的。韩老师刚才提到了，OECD的竞争中立报告给国有企业提出八项要求，称为“八大基石”，包括四个方面。第一是国企应尽可能实行公司制改造，这对中国来说完全不是问题。第二是分别核算国企的公共服务和公用服务、政策性业务和竞争性业务的成本，防止交叉补贴，这个问题在中国不存在，而且情况刚好相反。第三是减少政府对国企的隐性或显性的补贴，最近有关部门也抗辩说，中国不存在针对所有制的补贴，可是说了没用，因为你都接受“竞争中立”的概念了，就像我们承认中国存在侵犯知识产权的行为，它就说中国是靠盗窃知识产权发展起来的，不跟你讲道理。第四是确保政府采购的竞争性和非歧视性，这也不存在问题，我国2005年政府采购第一案就是一家美国公司提起的，它还胜诉了，它质疑的中标企业也不是国有企业。美国要把“竞争中立”上升为国际规则，实际上按市场经济的标准和要求，它仍是国内法范畴，不符合OECD标准的国有企业，能不让它在国际市场中活动吗？任何主体包括政府都可以作为市场主体，参与市场的交易和公平竞争；交易都是具体的，谁觉得与国企的某项交易（包括投资）不划算，不跟它成交就是了，不同国家、民族的企业之间的交易最平等，国企不可能强买强卖，也不应对国企强不买强不卖。更重要的是，OECD并不向法国、北欧等国有企业比重高的国家推销“八大基石”之类，只配合美国拿中国说事儿。中国国有企业的比重在国民经济当中约占25%，私企加外企是75%，我告诉你们，法国这个比重是28%，最夸张的是，法国国有企业资产占全国各类企业总资产的70%，中国哪有这么高啊。挪威国有企业占比72%、芬兰国有企业占比56%，挪威主权财富基金在世界上火着呢，“竞争中立”肯定不是针对它们的，就是针对中国的。2011年OECD“竞争中立”报告发布的同时，美国国务院以一位副国务卿的名义发表了《竞争中立：保证全球竞争的合理基础》一文，把中国定义为国家资本主义，就是说中国是通过国企和产业政策在国际上竞争的，因而违背“竞争中立”，这就把“竞争中立”的意图彻底暴露出来了。搞笑的是CGTN主播刘欣与美国FOX电视台主播翠西的所谓辩论，这位美国“翠花”上来就劈头盖脸说你中国搞国家资本主义！刘欣哪懂这个，专家们都说不清楚的事，把她打得一头雾水。2017年美国又抛出一个概念，在这一年的例行《国家安全战略报告》中，称中国是修正主义国家，真会制造说辞，什么叫“修正主义”国家？就是不满足现状、要挑战国际秩序的国家。奥巴马、希拉里推动TPP的时候，两人都讲得非常明确，就是不能让中国来写国际规则，这是奥巴马讲的，希拉里说的是不能让美国人的子孙后代生活在中国人写的国际规则的世界里。怎么把中国排除出既定的国际规则体系呢？就是大谈特谈中国的国有企业和“国家资本主义”，将其妖魔化。2017年美国又发布《中国的非市场经济地位备忘录》，什么叫非市场经济地位？无非是政府对经济、企业掺和太多，国有企业天然具有不正当竞争优势，且对国有企业以及企业与政府的关系先验地作负面评价，不光是国有企业，非国有企业与政府发生关系也不对，政府成为天然之恶，华为并不是国有企业，想打非国有企业就扯它与政府的关系，还有与党的关系，整天说华为跟军队有关系，因为任正非当过兵，还说政府肯定让华为在设备中开后门以及企业中有党组织等，就像“强制技术转让”一样，以霸凌方式给你扣上帽子，根本不需要摆事实、讲道理。特别可怕的是，2018年美墨加新贸易协定，取代原来的北美自由贸易协定，规定美国和墨西哥之间的国际投资仲裁不保护非市场经济国家的国民所有或控制的企业。哪个非市场经济国家？当然就是中国，傻子都知道。所以说“竞争中立”跟特朗普发动贸易战以及打压中兴、华为殊途同归，目的就是要把中国排斥、隔离在美国主导的国际体系之外。

最近微信里传黄奇帆在复旦的一个讲座，他讲了非常重要的一点，是说国际贸易中制成品贸易的比重已经从原来的70%降到了30%，中间品贸易从过去的30%升到了70%。什么意思呢？买卖一台电脑是制成品买卖，那么电脑的CPU、内存、屏幕、键盘、外壳等的买卖是中间品买卖。中间品贸易要求“三零”，零关税、零壁垒、零补贴。为什么？道理很简单，你对一台电脑、一件制成品收5%的关税，问题不大，但是在经济全球化分工、产业链全球布局的条件下，你对电脑各个配件的交易都收5%的税，电脑的生产和贸易就没办法进行了。如今的世界上，很难找出某产品的产业链是在一国境内的。国际上近年掀起FTA（自由贸易协定）热潮，就是“三零”的客观要求，奥巴马、希拉里和特朗普都是要把中国排除到他们拟搞的“三零”之外，所以我们现在指责美国打贸易战破坏产业链，没错，它就是要破坏产业链，然后构造一个新的“三零”产业链体系，不带你中国玩“三零”，它自己受到一些损失也在所不惜。有人说美国打压华为，它自己的高通、谷歌不也跟着受害吗？有个专家讲得特别到位：如果它牺牲这几个企业就能打压、遏制住中国，那特朗普就干对了，这就把美国包括“竞争中立”、贸易战等所作所为的本质给点出来了。

二、“竞争中立”与我国的基本政经体制

第一个大问题是从美国的主观方面讲的，那么第二个大问题就讲讲“竞争中立”与我国体制的关系。第一点是宪法，韩老师开头就讲这个问题跟宪法有关。宪法明确规定我国实行社会主义市场经济，什么叫社会主义市场经济、它与资本主义市场经济有何不同？我觉得就是两条：一是公有制，二是政府不讳言要通过积极的作为来组织管理、统筹、平衡协调国民经济。西方国家也这么做，但是它不说或不承认。社会主义的最低要求是全部生产资料归社会所有，这是马克思主义基本原理。但是要做到这一点谈何容易，要有一个过渡时期，将生产资料逐步收回国有，然后消灭国家，还要通过合作制来组织、改造小农，使农业实现社会化、现代化大生产。按照这个标准，现在世界上没有社会主义，什么时候生产资料才能全部归社会所有？我在课堂上常常讲还要5万年。按照马恩的社会主义定义，曾经出现过两种失败的社会主义模式：一种是苏联式的

计划经济，消灭市场；还有一种是南斯拉夫的联合劳动制，消灭国家，但是联合劳动组织即公有制主体在市场的基础上从事活动，实行市场经济。社会太复杂，消费者的偏好五花八门、千变万化，计划捉襟见肘，到最后就是生产越多越亏损，短缺经济、什么都短缺，满足不了老百姓基本温饱之外的需求，计划经济走进了死胡同。南斯拉夫的做法看上去很美好，但在民族国家林立的世界上，消灭了 state，你这个 country、nation 的利益谁来维护？消灭了国家，国家的调控管理监督没有了，你的市场怎么运行？加上南斯拉夫的技术和生产力比西方国家差远了，在完全的市场竞争中，南斯拉夫的企业逐渐被西方的企业所打垮。又因为没了国家，导致民族和宗教的世仇凸显，这种世世代代的矛盾和仇恨本来在社会主义制度下不断削弱，快没有了，却又死灰复燃，伊斯兰与东正教、天主教，塞尔维亚人与克罗地亚人、阿尔巴尼亚人等冲突，导致内乱、国家分裂，南斯拉夫式的“社会主义市场经济”就这么完了。对美国来说，它不把社会主义及其“危害”彻底打掉是不会罢休的。中国好歹摸着石头过河，走出了一条符合国情民情的通向社会主义的道路，毕竟实践是检验真理的唯一标准嘛。也就是宪法规定的社会主义市场经济，以公有制为主体，国有经济为主导，多种所有制经济共同发展。实践中，在国有制和合作制中引进资本关系，不同所有制的资本和企业在市场中平等、公平竞争。《宪法》第十五条还规定，国家加强经济立法，完善宏观调控。国家通过规划和计划、宏观调控及授权的国家机构对市场和经济进行管理监督，维护经济的平衡协调和稳定有序发展。从宪法的规定来说，竞争是不中立的。除了公有制是主体、国有经济为主导外，还有公有财产神圣不可侵犯，这些都是宪法的规定。相应的是私有制、民营经济和私有财产，法律地位就没那么高。另外从理论上说，市场是交易关系的总和，交易关系是主体之间的关系，对主体而言是外部关系。到人民大学去买东西，交易关系对人民大学而言是一个外部关系，跟人民大学的组织管理没有任何关系。公有制属于主体的性质和组织关系，与交易关系没有必然联系。苏联搞公有制可以消灭市场，南斯拉夫也可以把公有制建立在市场的基础之上。政府也可以作为交易关系的主体，古今中外概莫能外，国家之间也可以做买卖，不管这个国家是民主的还是专制的。所以公有制与市场经济不矛盾、完全可以兼容，社会主义市场经济的命题是成立的。美国人是战略高手，相比之下中国人没什么战略眼光，你看要不是它没命地打压华为，中国有谁知道 5G 的战略价值?“竞争中立”以规则约束、排斥的方式遏制中国，从削弱和消灭中国的国有企业、否定中国的市场经济性质入手，以改变中国的社会主义政权，可谓切中要害。

第二点是政府与市场之间正常、正当的关系不容扭曲和否定。澳大利亚版的“竞争中立”没有这个问题。美国接手“竞争中立”后，表面上是关注国有企业与私人企业之间的公平竞争，背后隐含的法理则是政府与市场的关系，是政府之于市场应该扮演哪些积极的角色和起到什么样的作用这样一个问题。政府与市场的关系、与企业的关系具有普世性，无论在中国还是美国，其情形、逻辑和道理都是一样的，美国也有国有企业、产业政策，美国政府要求电子产品留有后门、其军工民用融合度比中国高得多，等等，却天天以此对中国进行指责。

第一，政府是社会的代表，也是市场的代表，政府和市场都是社会的组成部分。政府为民有、民治、民享，要听人民的，按照人民的利益和意志来服务社会、市场和企业。这里面的一个基本原则就是：凡是社会不能自治、市场不能调节，或者社会不能有效自治、市场不能有效调节的，政府就要积极作为，采取各种措施，去应对、解决社会和市场自身不能解决的任何问题，这也是马克思主义基本观点。政府、国家就是为了解决社会自身不能解决的矛盾冲突，防止其在矛盾冲突中毁于一旦而产生的。没有社会、市场自身解决不了的矛盾冲突，就不需要国家和政府，否则就需要，而矛盾冲突是绝对的，所以国家、政府对社会和市场的管理、调节是必须的。北京大学的文一教授有个进一步的观点，是说政府还要创造市场，重商主义时代西欧国家的政府为商人开拓世界市场，中国政府今天也是到处修高速公路、铁路、开发中西部、振兴老工业基地等，创造、拓展出新的市场和机会，让老百姓去赚钱。所以，一国政府的治理能力和影响力，还决定着该国市场的范围和深度，政府可以通过拓展开发疆土、良好的治理、人口、教育、外交通商等政策创造市场，反之则可能损害、缩小或浅化市场。借用来自我国台湾地区的一个概念——市场或经济“浅碟化”，政府不作为或不当作为，就可能把市场搞浅了。第二，政府负有维护市场秩序和市场机制的义务，这个不用展开讲。古代的度量衡和市场管理，现在的质量技术监督管理、反垄断、反不当竞争，都属于这个范畴。第三，市场优胜劣汰的副作用和市场力所不能及、人民又有需要的产品和服务，政府也义不容辞要承担起提供的义务，包括社会保障、教育、医疗、军工、航天等。第四，政府也是市场的深度参与者，通过发行货币、制定度量衡和质量等标准、投资办企业、采购和发包、特许经营等，成为市场的重要主体之一。这与上面三点是交织在一起的。

美国是有国有企业和产业政策的。美国联邦铁路客运公司就是一个国企，NASA 也可以算一个。2009 年美国政府拯救通用汽车公司，联邦给它注资 494 亿美元，持有其 60.8% 的股份，把它变成国有企业，然后 2013 年又亏钱 105 亿美元把股份卖掉，这件事，既涉及国有企业，又涉及产业政策问题。美国还有著名的农业产业政策、互联网产业政策。美利坚刚独立时，其第一任财政部长汉密尔顿就提出要用产业政策来保护和培育幼稚产业；近期美国更是连续推出产业政策，比如重振先进制造业的 2012 年《先进制造业国家战略计划》、2018 年《美国先进制造业领导战略》等“再工业化”政策。最近的这次经济暨金融危机，通过 2009 年《美国复兴与再投资法》推出著名的 7870 亿美元“救市”计划，也是地地道道的产业政策。

刚才讲了，政府和市场、和企业的关系对任何国家都是适用的，中国、中国共产党一贯实事求是、光明磊落，不需要掩饰什么，就应该这么看、这样干。崇尚自由主义的国家、信奉自由市场的学者可以无视事实，或者只做不说，但是你说中国人这么干了就不对，以此指责中国，就没有什么道理。更糟糕的是，这次打贸易战，美国用国家、政府的力量破坏市场，打压企业，侵犯企业的权利和财产，非常不应该、太不道德，当然也是不合法的。今晨看到人民日报发的一篇文章：《美国“留下玫瑰，授人荆棘”，是地球村公害》，早该这么说了，息事宁人不管用，它那么赤裸裸的，我们说它两句还不行吗？

第三点，我想说的是，中国的国有企业天然不具有不正当竞争优势。由美国掌握着话语权的“竞争中立”是说，只要是国有企业尤其是中国“国家资本主义”背景下的国企，就当然具有不正当竞争优势，然而事实正好相反。第一，相对于私人企业，国有企业的信用水平一般而言更高，在纳税、社会保障缴费、环保和清洁生产、守约还贷等方面做得更好，因而承担着更高的经营和制度成本，反而是竞争劣势。第二，国有企业如果竞争不利就倒闭、破产，不存在针对所有制的扶持或补贴，这是国资委领导针对贸易战刚讲的。第三，民营企业在中国反而具有某种不正当竞争优势，这是我上一次沙龙着重讲的，因为中国的法治仍差强人意，主要是民营企业偷逃税款和社保缴费、偷排和“无组织排放（污染）”较为普遍，还有不动产、股份拼命抵押或质押拉高杠杆，老板“跑路”等。特朗普打贸易战，对民营企业产生不利影响，本来以为减税降费就可以帮助其渡过难关，孰料反而加重其负担，因为小微企业本来不缴或基本不缴税费，名义上降了一点税率、费率但只要依法征收，其负担就会急剧加重，反而受不了、不行了，所以国务院和税务总局要紧急喊停对民营企业社保欠费的集中清缴，税也大抵如此。第四，国有企业多为大中型企业，非国有企业多为小微企业，需要扶持和优惠的是小微企业，而不是大中型企业。按照国际惯例的通行做法，有所谓的中小企业政策、中小企业法，我国也不例外，换言之，从各种税收和金融优惠包括财政补贴中获益的大多是非国有企业。第五，国有企业比私人企业承担着更大、更多的社会责任，因为国有企业天然承担社会责任。什么叫社会责任？它是一种道义责任，在遵纪守法的基础上满足社会、社区的更高期待和需求。跟法律不同，道义责任是通过舆论褒贬和良心谴责来实现的，由于我们每一个人都是全民或者国家所有权主体的一分子，所以哪怕国有企业遵纪守法了，人们还是可以对它指手画脚、说三道四，要求它这样那样。而私人企业只要遵纪守法，我们就没有权利要求它这样那样了，所以私人企业天然不承担社会责任。承担社会责任也是一种负担。第六，国有企业如果以其规模效应、技术、管理和较高的信用获得市场竞争力，这是完全合法的，但不是天然的。20世纪90年代国有企业曾经大规模、大面积倒闭，一夜之间一个县市里一个（地方）国有企业都没了，只剩下邮政、银行在那儿硬撑着，也就是说国有企业的竞争力不是与生俱来的。它不好好经营管理，或者市场形势发生变化，无法在市场中生存，就要与私人企业一样依法退市，没什么可说的。

三、“竞争中立”与竞争法治

竞争法的专家学者和老师可能更崇尚“竞争中立”，然而竞争法和竞争政策体系的宗旨或基本原则是公平竞争，还要追求效率、消费者福祉、社会公共利益和国家安全，“竞争中立”就不可能公平竞争。比方说对于扭曲和损害市场机制的主体及其行为，就不能中立，必须加以矫正；为了防止私人资本过度壮大可能造成的实质不公平，也不能中立。

我国宪法规定公有制主体、国有制主导，所以《反垄断法》第七条明确规定，国有经济占控制地位的关系国民经济命脉和国家安全的行业以及依法实行专营专卖的行业，其组织和经营的垄断是合法的。这也是孙中山“三民主义”的民生主义所要求的，即节制资本，就是说垄断行业一定要由国家、政府来经营，以免私人舒舒服服靠垄断赚大钱，导致贫富差距失控、私人资本控制国家政权。一个行业是否垄断与所有制没有关系，比方说电信，政府经营是垄断的，私人经营也是垄断的，墨西哥电信大亨卡洛斯就曾多年荣登福布斯富豪榜第一名。我国台湾地区大法官赖英照探讨中华民国是姓资还是姓社，说中华民国本应姓社，民生主义就是社会主义，都具体写入中华民国宪法了，但是国民党和民进党早就让台湾地区姓资了，只有共产党把“三民主义”在大陆给实现了。这是从宗旨和原则的层面讲的，而且不仅在这个层面不能“竞争中立”，在规则适用的层面，竞争法和竞争政策与“竞争中立”也是不相通的。

公平竞争要求政府的非中立规制是绝对的，中立是相对的。《反垄断法》第十五条规定了可以豁免的垄断协议，第五十六条规定了农民搞横向卡特尔不适用反垄断法；国家安全审查制度和公平竞争审查制度涉及国家安全、文化安全、国防建设、扶贫开发、节约资源能源、生态环境保护以及救灾救助等时，都不中立也不能中立；扶持、保护中小企业的法和政策，就竞争而言也是不中立的。其实澳大利亚也好，欧盟也好，美国也好，他们自己的规制就是不中立的，比方说政府采购法的本国产品条款、扶助中小企业和弱势群体的条款等，却对中国推销“竞争中立”。

此外，竞争法和竞争政策规则体系是目的导向的，判断一个行为合法或不法，不能仅依据行为外观和法条，更要考虑行为主体的市场影响力、相关市场结构、社会经济运行的整体状况等因素，以结果是否合理作为合法性判断标准，而不是行为和组织导向。“竞争中立”则是所有制性质、行为和组织导向的，比如 OECD 的“竞争中立”，似乎只要满足“八大基石”的要求就行了，无需作合理性分析，也不必考虑结果，这样肯定是无法达到竞争法和竞争政策所追求的公平竞争和社会公共利益目标的。国有企业和民营企业的公平竞争其实不是竞争法问题，而是要从国家体制层面、企业的性质和特点、运行机制等各方面进行权衡，而不是靠先入为主的负面价值判断和条件拼凑所能实现的。比方说腐败，会影响企业的不正当竞争优势或劣势，但是国有企业和私人企业腐败的机制和表现形式是不一样的，私人企业腐败主要是行贿，会形成竞争优势，国有企业的腐败主要是损公肥私，则会导致竞争劣势，简单地说国有企业和私人企业哪个更腐败是没有意义的，需要的是切合实际的、并非中立的、针对性的措施和治理。

官方现在把“竞争中立”拿过来，核心是“所有制中立”，并扩张解释为对各种所有制、内外资和大中小微企业等各类市场主体“一视同仁”，这也是一种有待厘清的说法，其意义不限于所有制方面，还涉及法治的规律性层面。

就政策法律而言，不同情形不同对待、相同情形不同对待是必须的，规定本身就不是中立的，刚才举了宪法的例子，此外，对大中小企业肯定不能相同对待，内外资市场准入则需要不同的负面清单。在很多场合，也需要相同情形相同对待、不同情形相同对待，比如信用面前人人平等，不能说人穷、企业实力差就可以不诚信，或者获得与其信用不相称的贷款。《反垄断法》和公平竞争审查制度所要求的公平竞争，则要确保“不同情形不同对待”“相同情形相同对待”尤其是“相同情形不同对待”“不同情形相同对待”是公平、公正的，这是在认可政府规制、参与市场具有正当、合法性，政府可以“不中立”的基础上，优化政府的规制和市场行为。

在末端适用层面，在既定的“不中立”的宪法法律、政策法规之下，法律面前人人平等是基本原则，但无例外不规则，例如在经济下行的压力下给小微企业、民营企业以法外关照，其标准是公平正义，也不是什么一视同仁、“竞争中立”。

四、“竞争中立”与国际交往基本准则

对于国际规则体系，中国不应被动地接受，而须通过积极参与和努力，使之有利于中国的利益，且具有足够的正当性。以美国为主导，要把“竞争中立”纳入国际规则体系，否定我国的社会主义制度、市场经济地位、国有企业以及中国式“政商关系”，反而是不中立的，具有明显的“制度非中性”。我这里举的几个原则都是国家公开倡导的。

每个国家都应遵循国际交往、国际关系的基本准则，根据国际法承担国际义务和责任，但是每个国家都有自身的国情、体制，发展阶段和发展水平各不

相同，我们的国际承诺、国际义务要跟国情相匹配，在国际交往中维护自身的体制和利益，不受打压，不接受强压。

自由开放是全球经济一体化的客观要求。刚才我讲了国际经贸合作新形势，客观上要求“三零”，但这要建立在以规则为基础的国际秩序之上，而不是用强权推行单边主义，排斥中国，肆意破坏世贸组织及其基本规则。公平非歧视是国际经贸合作的基本准则、可持续发展的基本前提。中国一方面要积极主动地倡导自由开放、公平非歧视，也要坚决、坚定地反对任何违反、破坏这一规律和原则的行为。

平等、对等是国家主权和尊严的基本要求。中美十一轮经贸磋商为什么破裂了？美国要求有权随时单方面加征关税、单方面要求中国修改好多部法律，还要像对伊核和朝核设施那样随时可派员到中国来核查、监督协议落实情况，如此种种单方面、无理、霸凌的要求，是对中国的冒犯，中国当然不能接受。

五、结语

最后简短总结一下：对中国来说，“竞争中立”是一个伪命题。中国的国有企业从不存在将政府的政策倾斜和补贴用于竞争性业务的问题，不存在天然的不正当竞争优势，反而因为政策和社会责任以及私企的守法和信用状况，而具有竞争劣势。更重要的是，“竞争中立”有违我国宪法和基本政经体制、经济法治及法治的基本规律和要求，与竞争法和竞争政策所追求的公平竞争和效率、安全等也不兼容。反而只有必要的不中立，才能够实现公平正义和效率、社会公共利益、国家安全等。

就国际规则而言，“竞争中立”是遏制、排斥中国的产物，是针对中国的莫须有的标准和无理指责，如果接受的话，我们的国企以及国家、政府与企业间的正当关系就成了中国的原罪，成为美国可用来随时敲打、打压中国的一个由头。

所以我们要理直气壮地反对和否定“竞争中立”。

谢谢各位，我就讲这么多，下面乐意跟大家讨论、交流任何问题。

交流互动

韩立余教授：感谢史老师用了两堂课时间发表他的观点，大家可能注意到了，就像我们小时候写作文时说静得连掉根针也听得见，我观察了一下，大概就是这个样子，在座的都聚精会神在听。感觉史老师把我研究的一些领域都讲了，而且从历史沿革的角度、理论和实践的角度、内外的角度、不同法律部门和政策的角度，讲得非常全面，好多方面让我进一步反思，比方说史老师非常清晰的逻辑线条，实际上我也想过，但是没能像史老师这么概括出来，作出这么一个结论。实际上自2017年美欧日发布六个联合声明，以所谓非市场经济、“市场导向”的条件，在国有企业、产业政策、“强制技术转让”等方面不点名但十分明显地针对中国，与“竞争中立”和中美贸易战确实一脉相承，那么史老师是从“竞争中立”的角度作了一个全面的分析评论，我相信大家也是受益匪浅。现在就进入提问环节，大家抓住这个机会，请史老师再给我们进一步地答疑解惑，好吧？

丁晓东副教授：感谢史老师这么精彩的讲演，其实我们这些有美国留学经验的，我也跟史老师私下汇报过，反而会对诸如“竞争中立”等美国制造或阐发的概念有所保留。“中立”不只在竞争法领域，在其他领域也常见，譬如很多美国企业会说其招聘政策是中立的，不考虑种族、性别等因素。其实从学者、学术的角度看，有一个词叫表面中立，意思是实际上不中立，或者像史老师讲的，反而是不公平。“竞争中立”放在中国的环境下恰好是这样的。国有企业有其正面价值，承担着像刚才史老师说的创造市场的功能，很大程度上属于民族国家再造的过程，是特别必要的。正如卡尔·波兰尼的理论，认为市场并不是一个天然的存在，它实际上是需要组织的，比如市场需要基础设施体系，这要国家、政府包括国有企业去创造，否则市场本身无法运行，也创造不出基础设施体系来。所以从学术上说，“竞争中立”确实存在着很大的问题，而且刚才史老师已经作了大家都感同身受的分析，它对我们国家其实是有很大伤害的。

我提的问题，或者是想跟史老师说一个自己的困惑，就是对于“竞争中立”这种话语及其体系，我们虽然能看出它的问题，但有没有可能创造出一种替代性的话语去跟他们开展竞争？这样的替代性话语，一方面能够维护中国的正当权益，另一方面在话语层面能够提供一个替代性的选择。

史际春教授：谢谢晓东。我2006年到美国去了一学期，也是感慨美国的话语权太强势了，相对而言、相比之下，我们一点都没有。短期内会不会有呢？非常遗憾，答案应该是否定的。前两天外交部举行记者招待会，一个CNN记者气势汹汹地提问，说美国让加拿大抓了孟晚舟，现在美国人都不敢到中国去，生怕被抓，感觉人身安全受到威胁，外交部对此有何评论？你看他是反着讲的，这就是典型的美国话语，霸道且颠倒黑白，你怎么反驳他？外交部发言人不管怎么回答，都好像是中国在侵害美国公民的人身安全。联邦快递把华为从国外寄往国内的包裹偷偷送到美国去，国内外舆论哗然，美国的主流媒体就是不报道；我在美国的时候亲眼看到，对于经常发生的示威游行，有些规模相当大，主流媒体都视而不见，完全当它没有发生。所以我觉得，应对之道可能还是按照现在的一种说法，就是先把我们自己的事情做好，包括在国际上做该做的事、坚持正确和正义，以此逐渐获得世人越来越多的认同。在这个基础上，我们讲的一些话也会传播出去，且被接受，靠自己发声、用针锋相对的话语去跟它抗衡，好像一百年都难。

王宗玉副教授：今天听史老师一讲，确实受益匪浅。就您刚才所讲，同等条件、同等情况的不同安排，想跟您请教一下。市场经济就是要公平竞争，对吧，那么同等条件同等安排是可以的，相同情形不同对待确实也是现代法治的一种常态，消费者跟经营者同样的情况不同对待、内外资负面清单不同，刚才您举例说农民可以搞横向垄断协议、其他人不可以搞等，好多这样的情况。但是在中国，反正制定法律的时候，大家都是在那举手，然后通过，国外的情况可能更复杂一些，你给一些人的待遇好，有利害关系的另一些人就不干了。那在中国该怎么掌握，使同等条件不同对待不会被滥用，或者说不会被权力、腐败等裹挟和劫持，您怎么看这个问题？

史际春教授：要使相同情况不同对待不至于偏颇，是否可以从两个方面考虑、着手：一是政策法规层面，在表决、通过之前，应该广泛听取各方面尤其是利害关系方的意见，专家、精英和普通民众的声音都要听，充分地讨论、争辩、议论，最大限度地达成共识；二是个案分析，比如最高人民法院要对台胞违法网开一面，那行不行、应不应该？对此须以大局为重、公平正义为标准，仔细权衡利害作出判断。

石佳友教授： 我确实是来学习的，很多东西没听过，也没来得及展开思考。史老师您在报告里反复提到，西方国家也有国有企业，我在法国学习，也知道最起码在法国，国有企业占有特殊重要的地位，左派执政的时候是这样，右派执政也是一样（史际春教授：我插一句，法国企业十强都是国有企业），其中的原因是什么？至少我知道的，法国的大学都是公立的，他们邀请我去讲课或开会，如果给我买机票，肯定就是买法航。咱们要是用中国的财政预算去外国出差，也要优先买国航的机票，好像很多国家都有类似的规定，您觉得这样好不好？另一个问题就是您讲的社会责任问题，国有企业确实应该承担更大的社会责任，因为毕竟它是共和国长子，但我们也看到很多媒体指责一些国有企业承担社会责任不够，还不如私立部门，比如三桶油、高铁，那又该怎么看？不过您说的有一点我非常同意，就是垄断行业跟所有制性质没关系。还有您说我国《外商投资法》不该写"不得用行政手段强制技术转让"，可是话说回来，如果确实是两个企业之间自主谈判，是市场行为，那没有问题，但如果政府强力去介入、去干预，也是强制技术转让吧？高铁技术就是刘志军强制由铁道部的名义去引进的。所以跟您请教，谢谢史老师。

史际春教授： 法国的国有企业著名且发达，我觉得很重要的一个原因就是法国的社会主义思想很严重，这不是偶然的，马克思主义的科学社会主义就源自法国。社会主义的传统和思想严重的话，舆论和社会就不会去说什么"与民争利"，有人拿此说事儿也没人会响应。没有意识形态或观念的压力，则法国根据自己国家、社会和形势的需要，该怎么发展国有企业就怎么发展国有企业。OECD不是搞了"八大基石"吗，我之前查了一下，真没发现OECD对法国说过什么，其实要说的话，应该多少能说点什么的，法国的国企也不可能十全十美嘛。

政府采购"中立"的话，怎么中立？应该是以产品和服务的性价比为标准，才算得上中立。但是当今国际社会，还是以民族国家为单位，英国都要脱欧了，在这种情况下，一国维护自己民族、国家的利益是理所当然的，哪个国家都不可能说政府采购对全世界开放、不考虑国别，所以开放政府采购可能在相当历史时期内是一个伪命题。民族国家这个东西是很厉害的，也是非常必要的，否则人民对国家没有认同，社会一盘散沙，国将不国。"三民主义"第一条就是民族主义，至今仍有现实意义，比如贸易战大敌当前，汉奸言论还是很多的，就说明民族主义还不够强，国家的根基还不够牢固。

国企承担社会责任肯定是更普遍、更多的，私企可能也就阿里等承担了一点，其他都很难说，更多的是负外部效应。三桶油、高铁当然承担了社会责任，石油完全市场化的话，我国石油储量少、油品差，百姓开车加油就要出问题了，日韩未雨绸缪，两国政府几十年前就布局中东石油，才在本国无油的情况下确保了汽柴油供应；高铁票价跟其他国家和地区相比简直太低了，服务也不差，而且高铁赚的钱还要拿到其他不赚钱的地方去修高铁和铁路。

高铁技术引进，虽然铁道部行政强制一致对外，政府出面与外资谈，但我前面说了，政府也是可以作为市场主体的，政府参与市场活动——交易、投资，不等于它提的商业条件就是行政强制，在交易关系中，一方不可能强制另一方，尤其铁道部的对手西门子、阿尔斯通、川崎重工等都是大跨国公司，一方面，不同国家、民族之间的交往最平等；另一方面，人家对你一发展中国家的区区一政府部门还客大欺店呢，何况技术就其性质而言是无法强制转让的。

戚庆余博士生：史老师透过“竞争中立”的表象，揭示它的本质，这么美丽的外衣之下居然包藏着祸心，反映了美国的话语权确实十分强大。我想到一个故事，值得我们反思。我一个同学在财政部的税则部门工作，有一次在瑞士举行一个关于香港税则的国际会议，财政部一位处长头天跟他讲，我们明天去瑞士开这个会，当晚他俩简单看了下会议相关材料，第二天就去参会了。到了会上发现，美国参会的人当中有一个60名律师组成的小组，用了半年时间收集资料，所以美国人在会上提出的不光是自己的主张，还有背后的一整套逻辑和支撑的资料，相比之下中国的参会准备非常之弱。通过这个事儿，可见美国在国际规则制定及掌控话语权方面非常用功、用心，中国今后在国际交往、博弈中如果仍像我同学参加的这次国际会议那样漫不经心，还是会中人奸计、要吃亏的。

张世明教授：我觉得史老师讲的确实有很多令人深思的地方。从竞争方面来说，可能同一件事情小企业可以做、大企业不能做，老百姓可以干、政府不能干，反垄断就是要矫正依附关系。竞争法体系建立的基础是市场，而对市场有不同的界定方法，现在一说市场就是英美理解的那种，你说国有企业也是市场主体、公有制也可以是市场经济，人家就不认同。其实法国、德国、意大利很多都有国有企业，它们在国民经济中起着“平整场地”的作用。美国“二战”后确立了“老大”地位，德国跟日本起来以后，它就开始打这打那，今天的贸易战其实是沿着那条线走过来的。“竞争中立”是美国的一个战略包装，做的一个局，很厉害的。但是如果咱们要批判它，可能也确实存在一些问题，史老师刚才说应该是公平竞争，不能“竞争中立”，但能否这样认为，公平竞争是实质，“竞争中立”是形式?

史际春教授：谢谢世明，我简单回应一下，已经超时了。第一我想说的是，“竞争中立”并不是竞争法问题，从澳大利亚到OECD到TPP到美墨加贸易协定，都是从国企上升到国家、政府层面，但是我们搞竞争法的专家一看到竞争二字就两眼放光，不假思索望文生义拿过来，就容易发生问题。第二涉及法——law到底是什么?law就是公平正义，这是最高准则，再落实到竞争法，那就是公平竞争，当然也要顾及效率、消费者福祉、社会公共利益等，“竞争中立”与公平竞争其实是不兼容、不相干的。那么怎么来判断公平正义、公平竞争，实际上是两个层面：一是政策法律法规制定层面，二是个案判断、将公平正义和公平竞争落实到每一个个案中去，归根到底是利益权衡问题，利害各方的利益权衡，再加上公共利益、整体利益的权衡。刚才宗玉也讲到我们国家缺少利益集团及其游说人，都说被利益集团绑架，其实是拾人牙慧，中国的问题其实是缺乏利益集团之间的博弈。各种博弈不充分的话，局部就容易出问题。

韩立余教授：好，谢谢史老师，实际上还有好多话想跟史老师讲。最后还有一个环节，感谢史老师主讲第102届教授沙龙，我代表法学院把此次沙龙纪念牌颁给史老师。沙龙到此圆满结束!

他山之石

Economic Law Review

上市公司永久双层股权结构的不合理性

上市公司永久双层股权结构的不合理性*

Lucian A. Bebchuk & Kobi Kastiel ** 著　罗伟恒*** 译

目　次

一、引言

1990 年，著名媒体公司 Viacom Inc.（以下简称 Viacom）采用了双层股权结构，包括两类不同投票权的股票。这种结构使得 Viacom 的控股股东 Sumner

---

* "The Untenable Case for Perpetual Dual - class Stock", Virginia Law Review, Vol. 103, (2017), pp. 585—631.

** Lucian A. Bebchuk，哈佛大学法学院 James Barr Ames 法律、经济和金融学教授，公司治理项目主任；Kobi Kastiel，哈佛大学法学院公司治理之控股股东项目研究主任。

*** 中国人民大学法学院博士研究生。

Redstone（以下简称 Redstone）能够在只持有一小部分权益资本的情况下，对公司保持完全控制。[①] 当时，Redstone 已经是好莱坞最有权势、最成功的人物之一。[②] 事实上，三年前，他通过敌意收购购买了 Viacom，在这个过程中展示了一系列精明和大胆的商业策略，这些能力随后帮助他把 Viacom 转变成一个囊括 Paramount 电影公司、哥伦比亚广播公司（CBS）、MTV 和 Showtime 电视网络的 400 亿美元的娱乐帝国。[③] 20 世纪 90 年代的投资者本可以合理地预期，Redstone 安稳地掌舵会让他们感到满意。

2016 年，93 岁的 Redstone 面临 Viacom 前首席执行官兼长期董事提起的诉讼，被指控患有“严重的身体和精神疾病”；“将近一年没有公开露面了，再也不能站、走、阅读、写作或连贯地说话了……不能吞咽，需要喂食管才能进食和喝水”。[④] 的确，在一份证词中，当被问及他的原名时，Redstone 没有作出回应。[⑤] 一些观察者表示担心，“自争议爆发以来，该公司一直处于不确定状态”[⑥]。然而拥有 Viacom 约 90% 权益资本的公众投资者仍然无能为力，无法对该公司及其控制权争夺施加影响。最终，双方在 2016 年 8 月达成和解协议，结束了棘手的法律纠纷，为 Viacom 的前首席执行官兼长期董事提供了可观的私人利益，并将控制权留给了 Redstone。[⑦] 值得注意的是，尽管指控和证据浮出水

---

① Redstone 通过 National Amusements, Inc.（简称 NAI）间接控制着 Viacom，但只直接持有 Viacom 8% 的权益资本。2016 年 12 月 16 日，Viacom 股东签署的委托书（DEF 14 a）解释说，NAI 拥有 Viacom 大约 79.8% 的投票权和 10% 的股权，而 NAI 由 Redstone 通过 Sumner M. Redstone 国家娱乐基金控制，其拥有的股份合计在 NAI 中享有 80% 的投票权。

② Michael J. de la Merced, How Sumner Redstone Went from Army Cryptographer to Media Mogul, https: //www. nytimes. com/2016/02/07/business/media/how - sumner - redstone - went - from - army - cryptographer - to - media - mogul. html. N. Y. Times, May 5, 2016.

③ Id.; Sydney Ember, “He Can’t Speak”, Lawyer Says as Redstone Word War Rages, N. Y. Times, July 1, 2016, at B3.

④ Emily Steel, Viacom Chiefs Take Trust Battle to Court, N. Y. Times, May 24, 2016, at B1; see also Ember, supra note 3, at B3（提到 Viacom 首席执行官的律师表示，Redstone“精神上无行为能力，且受到了 Shari Redstone 的过度影响”）。

⑤ Peter Elkind, Did Sumner Redstone’s Testimony Help Him?, http: //fortune. com/2016/05/06/did - sumner - redstones - testimony - help - him/ [https: //perma. cc/GM38 - KGQV]（在简短的证词进行到一半时，翻译转向让 Redstone 指着展示给他的各个字母拼出自己的答案，但他似乎做不到）。

⑥ Emily Steel, Redstone’s Busy October: 3 Cases in 3 Courts in 3 States, N. Y. Times, July 30, 2016, at B2; see also James B. Stewart, How Dauman Lost the Battle for Viacom, N. Y. Times, Aug. 26, 2016, at B1（鉴于这种不确定性，公司不想与 Viacom 达成交易，一些关键员工威胁要离开。Viacom 的股价遭受重创，在过去两年中下跌了 46%）。

⑦ See Viacom Inc., Current Report (Form 8 - K) 2 - 5 (Aug. 18, 2016).

面，但和解阻止了法庭就 Redstone 是否具备行为能力作出裁决。[①] 即使是行为能力的具备也很难让公众投资者放心，因为行为能力本身并不意味着一个人有资格为一家大型公司作出关键决策。[②] 而且，一旦 Redstone 去世或者被宣告丧失行为能力，现有的法律安排将要求控制权在不可撤销的信托中保留数十年，导致公司由一群受托人管理，其中多数人在领导大型上市公司方面没有可靠的商业经验。[③] 因此，即使假设 Viacom 的治理结构在 20 年前完全为公众投资者所接受，这种结构对他们来说显然也存在很大的问题。

现在让我们将关注点从 Viacom 转向 Snap Inc.（以下简称 Snap）。这家拥有很受欢迎的"阅后即焚"应用程序的公司最近采用双层股权结构上市了，这将使该公司的联合创始人 Evan Spiegel（以下简称 Spiegel）和 Robert Murphy（以下简称 Murphy）对 Snap 拥有终身控制权。[④] 鉴于他们现在分别只有 26 岁和 28 岁，可以合理预计他们的控制将会持续 50 年或以上。[⑤]

在 Snap 首次公开发行（以下简称 IPO）之后的几年里，公众投资者可能对 Spiegel 和 Murphy 牢牢掌控公司感到满意。毕竟，在投资者看来，Spiegel 和 Murphy 或许对这家估值近 240 亿美元的上市公司的创立和成功负有责任。[⑥] 然而，即使 Snap 的联合创始人拥有独特的才能和远见，使他们成为 2017 年乃至未来几年领导公司的最佳人选，也很难说他们将来是否还能继续担任合适的领导者。科技环境是高度动态的，具有颠覆性创新和快速变化的节奏，曾经成功的创始人很可能在领导公司多年后失去他们的"金手指"。因此，一个在 2017 年成为优秀领导者的人，在 2037 年、2047 年或 2057 年作出关键决策时，可能

---

① 在马萨诸塞州和加利福尼亚州，Redstone 的能力问题都是法庭辩论的主题。See Ember, supra note 3, at B3; Emily Steel, Redstone Removes Viacom Chief from Trust and Parent Board, N. Y. Times, May 21, 2016, at B1.

② Steven Davidoff Solomon, Hearing Shows Little Is Known on Who Controls Viacom, N. Y. Times: DealBook (June 24, 2016), http: //www. nytimes. com/2016/06/25/business/dealbook/hearing - shows - little - is - known - on - who - controls - viacom. html（"即使他'能胜任'，但 Redstone 的身体状况似乎并不好"）。

③ See Steel, supra note 8, at B1.

④ Steven Davidoff Solomon, Snap's Plan Is Most Unfriendly to Outsiders, N. Y. Times: DealBook (Feb. 3, 2017), https: //www. nytimes. com/2017/02/03/business/dealbook/snap - ipoplan - evan - spiegel. html? _ r =0（"只有当创始人去世时，他们的控制权才会消失"）。

⑤ Snap Inc., Amendment No. 2 to Form S - 1 Registration Statement 130 (Feb. 16, 2017) [hereinafter Snap Registration Statement].

⑥ Michael J. de la Merced, Snap Prices I. P. O. at $17 per Share, Valuing Company at $24 Billion, N. Y. Times, Mar. 2, 2017, at B1.

会作出一个不合适甚至是灾难性的选择。因此，随着Snap上市存续时间的延长，Snap的资本结构以及联合创始人锁定控制权的风险也在增加，这将产生代价高昂的治理问题。

Viacom和Snap的例子凸显了一个至今未得到足够重视的重要方面——一家公司上市后的“时间维度”。本文试图全面、系统地分析双层股权结构的潜在成本和收益，以及这种结构的总体效率如何随时间而变化。

我们的分析表明，随着时间的推移，双层股权结构的潜在成本往往会增加，而潜在的收益往往会减少。因此，即使这种结构在IPO时是有效的，也会存在一个巨大的风险，那就是多年后这种有效性不会继续存在，而且风险会随着时间的推移而不断增加。此外，我们还证明，即使双层股权结构随着时间的推移变得效率低下，控制者仍然具有保持双层股权结构的强烈动机。因此，即便是那些认为双层股权结构在IPO时通常是有效的人，也应该认识到给创始人提供无期限甚至终身控制权的风险。

在有关双层股权结构的讨论中，我们的立场是反对双层股权结构公司IPO。这场讨论的焦点是，企业是否以及何时适宜以双层股权结构上市。[①] 我们对双层股权结构重要风险的分析强调了这种结构的巨大成本。这一成本在双层股权结构公司IPO中是有分量的，在评估它们的价值时应该考虑到这一点。[②]

本文的主要贡献在于证明，即使是双层股权结构公司上市的支持者也应该同意放弃一个选择——永久的双层股权结构。今后的讨论应限于以下两种选择：（1）完全排除双层股权结构；（2）允许双层股权结构在一段固定时间（如10年或15年）后失效，除非它们的原控制结构得到与控制者无关的股东的批准。

---

① 我们中的一位最近发表了一篇文章，对一家知名公司在IPO中采用双层股权结构表达了担忧，see Lucian Bebchuk, Alibaba's Governance Leaves Investors at a Disadvantage, http://dealbook.nytimes.com/2014/09/16/alibabas - governance - leaves - investors - at - adisadvantage/ [https://perma.cc/BFN9 - 8CNP], N. Y. Times, Sept. 16, 2014.

② 双层结构的成本和收益长期以来一直是学术界研究的主题。See, e. g., the well - known surveys of theoretical and empirical work by Mike Burkart & Samuel Lee, One Share - One Vote: The Theory, 12. Rev. Fin. 1 (2008), and Renée Adams & Daniel Ferreira, One Share - One Vote: The Empirical Evidence, 12 Rev. Fin. 51 (2008). 然而，关于这一主题的大量文献并没有集中在时间维度上，而时间维度正是本文的中心关注点。

我们认为，支持永久的双层股权结构的观点是无法立足的。①

我们的分析结构如下：第一部分解释了我们试图重新构建的政策讨论中的重大利害关系。我们首先讨论双层股权结构的公司在美国和世界各地的重要性。许多美国上市公司——包括著名的哥伦比亚广播公司、Comcast、Facebook、福特、谷歌、News Corp. 和耐克——都有双层股权结构。② 此外，自从谷歌决定在 2004 年的 IPO 中采用双层股权结构以来，大量热门科技公司纷纷效仿。③ 这一部分还讨论了关于双层股权结构是否可取的长期争论。20 世纪 80 年代中期以前，纽约证券交易所（以下简称 NYSE）在大约 60 年的时间里禁止双层股权结构。在英国和我国香港等一些司法管辖区，双层股权结构仍然被禁止或极为罕见。④ 然而，目前在美国以及世界其他一些司法管辖区占据优势的规则允许使用双层股权结构。⑤ 此外，关于这一问题的讨论仍在继续——无论是在禁止双层股权结构的司法管辖区，还是在允许双层股权结构的司法管辖区。

第二部分分析了双层股权结构的潜在成本如何随时间变化。这些成本的增加有两个主要原因。首先，在一个动态的商业环境中，即使是一个在 IPO

---

① 尽管一些投资者表示支持双层股权结构公司设置日落条款，see，e. g.，Canadian Coal. for Good Governance，Dual Class Share Policy 10 - 12（Sept. 2013）[hereinafter The CCGG Policy]，http：//www. ccgg. ca/site/ccgg/assets/pdf/dual_ class_ share_ policy. pdf [https：//perma. cc/9AZE - 3PCS]，我们的工作对日落条款和不使用日落条款的双层结构的不合理性提供了第一个全面的分析。我们在其他公司法文章中完成了对日落条款表示支持的早期研究工作，see Lucian Arye Bebchuk，Why Firms Adopt Antitakeover Arrangements，152U. Pa. L. Rev. 713，751 - 52（2003），and John C. Coates IV，Ownership，Takeovers and EU Law：How Contestable Should EU Corporations Be? in Reforming Company and TakeoverLaw in Europe 677，704（Guido Ferrarini et al. eds. 2004）.

② See Edward Kamonjoh，Investor Responsibility Research Ctr. Inst.，Controlled Companies in the Standard & Poor's 1500：A Follow - up Review of Performance & Risk 84 - 87（Mar. 2016），https：//irrcinstitute. org/wp - content/uploads/2016/03/Controlled - Companies - IRRCI - 2015 - FINAL - 3 - 16 - 16. pdf [https：//perma. cc/M5LU - Y64M]. In 2015，Google announced a corporate reorganization that created a holding company，Alphabet Inc.，with Google as a subsidiary. Julia D'Onfro，Google is Now Alphabet，Bus. Insider：Tech Insider（Oct. 2，2015，10：56 AM），http：//www. businessinsider. com/google - officially - becomesalphabet - today - 2015 - 10 [https：//perma. cc/NB2J - DU6Y]. 但由于企业在很大程度上仍然被称为谷歌，所以本文将使用这个名称。

③ 参见本书第 234 页脚注①、②。

④ 美国过去对于是否禁止公司以双层股权结构上市的讨论，参见本书第 234 页脚注①—⑤，第 236 页脚注①—③。其他司法管辖区对双层股权结构的限制，参见本书第 238 页脚注②—⑥，第 239 页脚注①—⑤。

⑤ 参见本书第 234 页脚注④—⑤，第 236 页脚注③。

时是适合的领袖的创始人可能最终由于年老或商业环境的变化成为一个劣质领导人，这种风险增加了为创始人提供终身控制权的预期成本。事实上，如果创始人在IPO时是年轻人，甚至是中年人，那么终身控制的预期成本可能会特别高。随着时间的推移，当双层股权结构上市公司将创始人的控制权转交给可能不适合领导公司的继承人时，人们对劣质领导的担忧进一步加剧。其次，许多双层股权结构使控制者能够在不放弃控制权的情况下，随着时间的推移大幅减少他们在股本中所占的比例，而且控制者这样做通常是为了分散他们的持股或为其他投资或资产融资。当控制者的利益与公众投资者的利益之间的鸿沟随着时间的推移而扩大时，可以合理预计双层股权结构的代理成本也会增加。

第三部分分析了双层股权结构的潜在收益如何随着时间的推移而改变。双层股权结构通常是合理的，因为一家上市公司的创始人拥有独特的技能、能力或愿景，使他适合掌舵。然而，许多年后，创始人作为公司领导者的优势，以及由此带来的让创始人牢牢掌握控制权的预期价值，可能会被削弱，甚至完全消失。双层股权结构的另一个潜在收益是，它使管理层免受短期市场压力的影响。当控制者是公司合适的领导者时，这种隔离的预期收益可能会更大，然而，当时间的推移使控制者不适合领导角色时，预期收益可能会下降。另外，不受市场力量的影响可能有利于那些刚刚进入公开市场的公司，但随着IPO时间的推移，预计这些潜在的好处将再次减少，最终消失。

第四部分解释了为什么政府官员和投资者不能依靠公司意思自治来消除随着时间推移变得低效的双层股权结构。我们的研究表明，控股股东，尤其是那些持有一小部分权益资本的控股股东，有明显的动机去保留已经变得低效的双层股权结构，即使当通过转换为一股一权结构或出售公司来废除这种结构时会产生巨大的效率收益。原因是，控制者只会获得上述效率收益的一小部分（所有股东都将分享这些收益），但将完全承担放弃与双层股权结构相关的控制权带来的私人收益的成本。①

① 我们其中一人之前的研究分析了控制者的私人利益如何导致他们在重要事项上做出低效的决策，see Lucian Arye Bebchuk, Efficient and Inefficient Sales of Corporate Control, 109 Q. J. Econ. 957, 964 - 68, 974 - 80 (1994), and Lucian Arye Bebchuk & Mark J. Roe, A Theory of Path Dependence in Corporate Ownership and Governance, 52 Stan. L. Rev. 127, 142 - 49 (1999).

为了防止在双层股权结构变得非常低效时控制权人保留双层股权结构，公司 IPO 时在双层股权结构中可以包括一个“日落条款”，规定该结构在一段固定时间（如 10 年或 15 年）后消灭。

第五部分论述了此类日落条款规定的优点和具体设计。为了保持结构的有效性，如果得到与控制权人无关的大多数股东的批准，则双层股权结构的最初规定期限可以被延长。我们还回应了潜在的对排除或阻止永久双层股权结构安排的反对意见。我们主要对以下反对意见作出了回应：（1）永久双层股权结构应被认为是有效的，如果它们是由市场参与者选择的；（2）允许永久双层股权结构是诱使创始人上市的必要条件。

最后，第六部分说明了我们的分析对政策制定、投资者和公司治理研究的影响。政府官员和机构投资者应考虑排除或阻止设立永久性双层股权结构的公司 IPO。他们还应该注意到，长期采用双层股权结构上市的公司所造成的代理问题日益严重。研究人员在分析双层股权结构时应考虑时间维度，并检验第六部分提出的几个实证预测。我们希望，我们在本文中确定的问题和提出的分析框架将有助于今后对双层股权结构的评估。

二、问题的提出

这一部分的内容是我们所讨论问题的制度和政策背景。第（一）节解释了双层股权结构公司在美国和世界各地的重要性。第（二）节描述了关于公司是否应该被允许以双层股权结构上市的长期和持续的讨论。第（三）节解释了如何通过认识到评估双层股权结构的一个关键维度的重要性来推进这场讨论。

（一）双层股权结构公司的重要性

双层股权结构公司在美国经济中发挥着重要作用。如表 1 所示，截至 2016 年 7 月，这些公司在主要股指中占有重要地位，总市值超过 3 万亿美元。[①]

① 数据来源于彭博社数据库，截至 2016 年 7 月 11 日。与之前的研究一致，我们将房地产投资信托基金排除在双层股权结构公司的名单之外。

表1 主要指数中的双层股权结构公司(2016年)

	标普100	标普500	罗素1000	罗素3000
数量	9	32	83	245
比例	9%	6.4%	8.4%	8.2%
总市值（单位：万亿美元）	2.26	2.79	3.18	3.35

此外，自谷歌于2004年以双层股权结构上市以来，双层股权结构的使用一直呈上升趋势，紧随其后的是知名科技公司，如Facebook、Groupon、LinkedIn、Snap、Trip Advisor和Zynga。① 事实上，根据数据提供商Dealogic的数据，“2015年在美国证券交易所上市的133家公司中，有13.5%以上建立了双层股权结构……与此相比的2005年只有1%”②。

双层股权结构的使用并不仅限于科技行业。在其他行业拥有双层股权结构的大公司包括AMC、Berkshire Hathaway、Cablevision、哥伦比亚广播公司、Comcast、Estee Lauder、福特、Hershey、新闻集团（News Corp.）、耐克、Ralph Lauren、Tyson Foods和Viacom。③ 双层股权结构公司在世界各地的许多司法管辖区也相当普遍。④ 2007年，机构股东服务公司（ISS）对16个欧洲国家的464家公司进行了一项著名的调查，结果显示24%的样本公司拥有双层股权

① Maureen Farrell, In Snap IPO, New Investors to Get Zero Votes, While Founders Keep Control, Wall St. J., http://www.wsj.com/articles/in-snap-ipo-newinvestors-to-get-zero-votes-while-founders-keep-control-1484568034 (Jan. 16, 2017) (presenting evidence that "[b]etween 2012 and 2016, roughly 19% of U.S. tech firms that went public did so withdual-class structures—more than double the share over the prior five-year period"). 我们的研究使用Compustat来识别近年来以双层股权结构IPO的公司，表明Facebook、Groupon、LinkedIn、Trip Advisor和Zynga在上市时均采用了这种结构。有关Snap双层股权结构的信息，参见本书第229页脚注⑤—⑦。

② See Steven Davidoff Solomon, Shareholders Vote with Their Dollars to Have Less of a Say, N.Y. Times: DealBook (Nov. 4, 2015), http://www.nytimes.com/2015/11/05/business/dealbook/shareholders-vote-with-their-dollars-to-have-less-of-a-say.html [https://perma.cc/T86Z-CHAY].

③ 参见本书第231页脚注②。

④ 关于双层股权结构的全球使用数据，see Hong Kong Exchs. & Clearing Ltd., Concept Paper, Weighted Voting Rights, at III-1 to III-17 (Aug. 2014) [hereinafter HKEX Report] and Shearman & Sterling LLP, Institutional S'holder Servs. & European Corp. Governance Inst., Report on the Proportionality Principle in the European Union 15, 26-27 (May 18, 2007) [hereinafter Report on the Proportionality Principle], http://www.ecgi.org/osov/documents/final_report_en.pdf [https://perma.cc/4HDK-AFPU].

结构。[①] 中国电子商务巨头阿里巴巴（Alibaba）和瑞典电信公司爱立信（Ericsson）等拥有双层股权结构的大型外国公司就是典型的例子。因此，这种结构在全球的普遍存在，使得本文的主题和研究结果对美国和全世界的政策制定者都很重要。

（二）政策讨论

本节描述了在美国和其他司法管辖区，支持和反对限制上市公司使用双层股权结构的人士之间展开的激烈政策讨论。无论是在目前存在此类限制的司法管辖区，还是在不存在此类限制的司法管辖区，这场讨论都在进行之中，而且相当活跃。

1. 美国范围内的讨论

1926 年，NYSE 决定不将拥有无投票权普通股或投票权不平等公司的股票上市。[②] 这一决定是对公众强烈抗议的回应。公众最初是受到哈佛大学经济学家 William Ripley 的启发，反对包括道奇兄弟（Dodge Brothers）在内的几家知名公司发行无投票权普通股。[③] NYSE 解释称，其“一股一权”政策的基础是，NYSE“长期致力于鼓励高标准的企业民主……对股东负责”[④]。20 世纪 60 年来，NYSE 一直坚持一股一权的原则。

1985 年，由于面临来自其他交易所（这些交易所提出让拥有双层股权结构的公司上市）的日益激烈的竞争，在通用汽车（General Motors）威胁要离开 NYSE 前往纳斯达克（以下简称 NASDAQ）之后，NYSE 提议修改上市要求，允

---

① See Report on the Proportionality Principle，参见本书第 234 页脚注④。Bennedsen 和 Nielsen 使用了包含 14 个西欧国家 4000 多家公司的更大的样本，报告得出了类似的结果。See Morten Bennedsen & Kasper Meisner Nielsen，Incentive and Entrenchment Effects in European Ownership，34 J. Banking & Fin. 2212，2214 (2010).

② 关于美国双层股权结构历史的详细数据，see NYSE's Proposed Rule Changes on Disparate Voting Rights，18 Sec. Reg. & L. Rep.（BNA）No. 37，at 1389（Sept. 19，1986）[hereinafter NYSE's Proposed Rule Changes]；Louis Lowenstein，Shareholder Voting Rights：A Response to SEC Rule 19c－4 and to Professor Gilson，89 Colum. L. Rev. 979，979－85（1989）；and Joel Seligman，Equal Protection in Shareholder Voting Rights：The One Common Share，One Vote Controversy，54 Geo. Wash. L. Rev. 687，693－707（1986）.

③ Seligman，supra note 28，at 694.

④ Id. at 699.

许上市公司使用双层股权结构。① 作为回应，美国证券交易委员会（SEC）在1988年通过了“19c－4”规则，限制现有的一股一权结构公司向双层股权结构转型。② 尽管哥伦比亚特区上诉法院以SEC缺乏采纳这一规定的权力为由宣布这一规定无效，③ 但SEC说服了各主要证交所。④ 由此看来，尽管美国公司在引入双层股权结构时仍面临限制，但在过去30年左右的时间里，它们基本上可以自由地以双层股权结构上市。⑤

美国监管机构和证券交易所决定允许IPO公司使用双层股权结构，但这并没有结束围绕这种做法是否可取的争论。在谷歌于2004年上市时采用这种结构之后，一波双层股权结构上市浪潮再次点燃了公众和学术界对它的讨论。机构投资者、他们的顾问和著名的治理思想领袖都对使用二元结构表示强烈反对。机构投资者委员会（以下简称CII）——一个由140多个公共、工会和企业养老基金组成的组织——请求证券交易所采用一股一权的政策。⑥ 2013年6月，参

---

① See NYSE's Proposed Rule Changes, s，参见本书第235页脚注①。拟议中的修正案既允许以双层股权结构发新股，也允许以重大资本重组的方式进行双层股权结构的设置，但要求后者得到与控制者无关的多数独立董事和公众股东的批准。Id. At 1392; see also Ronald J. Gilson, Evaluating Dual Class Common Stock: The Relevance of Substitutes, 73 Va. L. Rev. 807, 807 n. 1 (1987)（讨论促使纽交所改变政策的压力）; Alison Smith et al., Exchanges Divided by Dual-Class Shares, https: //www. ft. com/content/e18a6138 - 2b49 - 11e3 - a1b7 - 00144feab7de.

② Voting Rights Listing Standards; Disenfranchisement Rule, 53 Fed. Reg. 26, 376 (July 12, 1988) (codified as amended at 17 C. F. R. § 240. 19c - 4 (2009)), invalidated by Bus. Roundtable v. SEC, 905 F. 2d 406, 417 (D. C. Cir. 1990).

③ Bus. Roundtable, 905 F. 2d at 417.

④ Order Granting Approval to Rule Changes Relating to the Exchanges' and Association's Rules Regarding Shareholder Voting Rights, 59 Fed. Reg. 66, 570 (Dec. 27, 1994).

⑤ 例如，NYSE上市公司手册§313.00（1992）禁止上市公司进行双层股权结构的资本重组，但对双层股权结构公司的上市提供了一些例外，上市前发行的多种投票权的股票，在公司上市后仍保持不变。See also NASDAQ Stock Market Rules, at r. 5640 (restricting the reduction of voting rights of common-stock shareholders but permitting companies to issue additional shares of already "existing super voting stock"), http: //nasdaq. cchwallstreet. com/NASDAQTools/PlatformViewer. asp? selectednode = chp%5F1%5F1%5F4%5F3&manual = %2Fnasdaq%2Fmain%2Fnasdaq%2Dequityrules%2F [https: //perma. cc/Y5V3 - LMCT].

⑥ Letter from the Council of Institutional Investors to Edward S. Knight, Executive Vice President and General Counsel, NASDAQ OMX Group, http: //www. cii. org/ files/issues_ and_ advocacy/correspondence/2014/03_ 27_ 14_ CII_ letter_ to_ nasdaq_ one_ share_ one_ vote. pdf [https: //perma. cc/KG32 - DGL8]; Letter from the Council of Institutional Investors to John Carey, Vice President - Legal, NYSE Regulation, Inc. and NYSE Euronext, http: //www. cii. org/files/issues_ and_ advocacy/correspondence/2014/03_ 27_ 14_ CII_ letter_ to_ NYSE_ one_ share_ one_ vote. pdf [https: //perma. cc/J59F - 2QKM].

议员 Elizabeth Warren 加入 CII 的行列，敦促美国交易所限制双层股权结构的使用。① 先锋（Vanguard）、富达（Fidelity）和普莱斯（T. Rowe Price）等领先共同基金普遍反对双层股权结构。② 著名的养老基金，包括加州教师退休系统（CalSTRS）、加州公务员退休系统（CalPERS）和佛罗里达州行政管理委员会（Florida SBA）也表达了类似的反对意见。③ 最近的一项调查显示，许多机构投资者都认同这一观点。主要股东咨询集团也对双层股权结构表示了强烈反对。④ 例如，ISS 谴责它是“一种专制的治理模式”。⑤ 同样，GMI 评级公司警告称，采用双层股权结构“可能对公司的股东构成严重风险”⑥。

对双层股权结构的反对意见已经被广泛接受，以至于它们被纳入了最近的公开文件中，这些文件试图确定可接受的公司治理实践的最低标准和共识标准。

---

① Letter from Elizabeth Warren, U. S. Senator, to John Carey, Vice President – Legal, NYSE Regulation, Inc. and NYSE Euronext & Edward Knight, Executive Vice President and General Counsel, NASDAQ OMX, http: //www. warren. senate. gov/files/documents/Senator% 20Warren% 20letter% 20to% 20NYSE,% 20Nasdaq% 20 – %206 – 5 – 2013. pdf [https: //perma. cc/SH7H – 56MM].

② 对于反映这些共同基金反对双层股权结构的声明，see Fid. Invs. , Corporate Governance and Proxy Guidelines § VI. C, https: //www. fidelity. com/about – fidelity/fidelity – by – numbers/fmr/proxy – guidelines [https: //perma. cc/C9JE – 39M2]; T. Rowe Price, Proxy Voting Policies, https: //www3. troweprice. com/usis/content/trowecorp/en/utility/policies/_ jcr_ content/maincontent/polices_ row_ 1/para – mid/thiscontent/pdf_ link/pdffile [https: //perma. cc/24TQ – V2NL]; and Vanguard, Vanguard's Proxy Voting Guidelines, at pt. IV. G https: //about. vanguard. com/vanguard – proxy – voting/voting – guidelines [https: //perma. cc/93TH – XNVW].

③ 关于在这些公共退休基金的委托投票准则或年度报告中反对双层股权结构的声明，see Cal. Pub. Emps.' Ret. Sys. , Statement of Investment Policy for Global Governance 12, https: //www. calpers. ca. gov/docs/policy – global – governance. pdf [https: //perma. cc/48GZ – 8K64]; Cal. State Teachers' Ret. Sys. , Corporate Government Principles 15, http: //www. calstrs. com/sites/main/files/file – attachments/corporate_ governance_ principles_ 1. pdf [https: //perma. cc/W3QV – 74GA]; and Fla. State Bd. of Admin. , Corporate Governance Principles: Proxy VotingGuidelines 37 – 38 (2016), https: //www. sbafla. com/fsb/Portals/FSB/Content/CorporateGovernance/ProxyVoting/2016_ SBACorpGovPrinciplesProxyVotingGuidelines. pdf? ver = 2016 – 08 – 08 – 144634 – 157 [https: //perma. cc/58ZS – WPHL].

④ ISS 的调查得到了 120 个机构投资者的回复。57% 的投资者支持对双重股权结构上市公司董事的消极建议。Marc Goldstein, 2016 – 2017 Annual Benchmark Voting Policy Survey, Harv. L. Sch. F. on Corp. Governance & Fin. Reg. , https: //corpgov. law. harvard. edu/2016/10/05/2016 – 2017 – annual – benchmark – voting – policy – survey/ [https: //perma. cc/3SEC – YCZ3].

⑤ Institutional S'holder Servs. , The Tragedy of the Dual Class Commons 1, 3, http: //online. wsj. com/public/resources/documents/facebook0214. pdf [https: //perma. cc/RUG8 – RN23] (also noting that " [t] he adverse implications of Balkanized ownership interestscan linger for years, producing unintended consequences").

⑥ Kimberly Gladman, The Dangers of Dual Share Classes, Harv. L. Sch. F. on Corp. Governance & Fin. Reg. , https: //corpgov. law. harvard. edu/2012/05/21/thedangers – of – dual – share – classes/ [https: //perma. cc/6USD – A9ZV].

这些反对意见包括在一套公司治理原则中，这些原则是由一群主要高管提出的，这些高管不仅包括资产管理公司的首席执行官，还包括大型上市公司的首席执行官。[①] 这些反对意见后来也被纳入一个管理着总计17万亿美元的机构投资者联盟所通过的一套协商一致的治理原则。[②]

2. 世界其他地区的讨论

在世界各地的许多司法管辖区，双层股权结构公司是被允许的，也是常见的。这些司法管辖区包括加拿大、丹麦、芬兰、荷兰、瑞典和瑞士。[③] 与此同时，其他重要司法管辖区的规则或惯例禁止或阻止公司以双层股权结构上市。自1987年以来，香港证券交易所（HKSE）一直禁止这种做法。[④] 在英国，机构投资者的普遍反对实际上排除了双层股权结构的使用。[⑤] 2012年，英国著名足球俱乐部曼联为了采用双层股权结构，在NYSE而非伦敦证交所上市。[⑥] 在巴西，圣保罗证券交易所内的一个重要部门——新市场（Novo Mercado）强制要求一股一权。[⑦] 此外，欧洲大陆的其他一些国家，包括比利时、德国、卢森堡、

① Margaret Popper et al., Commonsense Principles of Corporate Governance, Harv. L. Sch. F. on Corp. Governance & Fin. Reg., https://corpgov.law.harvard.edu/2016/07/22/commonsense-principles-of-corporategovernance/ [https://perma.cc/P7J3-824V].

② Inv'r Stewardship Grp., Corporate Governance and Stewardship Principles, Harv. L. Sch. F. on Corp. Governance & Fin. Reg., https://corpgov.law.harvard.edu/2017/02/07/corporate-governance-and-stewardship-principles/ [https://perma.cc/GHV4-5WRN].

③ 参见本书第234页脚注④—⑤。

④ 香港交易所的上市规则原则上不允许那些股票与附着在股票上的权益没有合理关系的公司上市。此类上市仅在“特殊情况下”才被允许，但迄今为止，香港交易所还没有利用这一例外让一家公司上市。参见本书第234页脚注③—⑤，第235页脚注①。

⑤ Id. at III-12 to III-13（注意到机构股东通常对这些结构怀有敌意）；Fabio Braggion & Mariassunta Giannetti, At the Origins of the Non-Voting Shares' Discount: Investor Preferences vs. Fundamentals 1 (unpublished manuscript) http://cn.ckgsb.com/Userfiles/doc/bg%20At%20the%20Origins%20of%20the%20NonVoting%20Shares%E2%80%99%20Discount%20december%2019%202012.pdf [https://perma.cc/N3U7-KP37]（描述英国双层股权结构的历史）；参见本书第235页脚注④（引用London Business School金融学教授Julian Franks的话称：“英国市场信奉‘一股一票’原则，即使这一原则高于效率”）。

⑥ Steven Davidoff Solomon, In Manchester United's I.P.O., a Preference for American Rules, N.Y. Times: DealBook, http://dealbook.nytimes.com/2012/07/10/in-manchester-uniteds-i-p-o-a-preference-for-u-s-rules [https://perma.cc/FK2A-72TW].

⑦ Ronald J. Gilson et al., Regulatory Dualism as a Development Strategy: Corporate Reform in Brazil, the United States, and the European Union, 63 Stan. L. Rev. 475, 488-91 (2011).

波兰和西班牙，目前限制使用双层股权结构。[①]

关于使用双层股权结构的激烈讨论仍在继续。在一些限制双层股权结构的司法管辖区，人们一直在推动放宽对双层股权结构公司上市的限制。例如，在香港，证券交易所面临着巨大的压力，要求它修改其一股一权原则，以阻止阿里巴巴在其他地方上市。[②] 港交所进行了全面研究，并就可能发生的规则变化（即允许双层股权结构公司上市）进行了公众咨询。[③] 伦敦金融城的市场监管机构和大型机构投资者反对此类改革，在本文付梓之际，伦敦证交所仍保留着自己的政策。[④] 在英国，金融市场行为监管局（FCA）最近发布了一份讨论文件，寻求有关提高英国资本市场吸引力的可能改革的反馈意见，包括让双层股权结构的公司更容易上市。[⑤] 与此同时，在一些允许双层股权结构的司法管辖区，机构投资者主张对此类结构加以限制。例如，在加拿大，一个由大型机构股东

---

① OECD Steering Grp. on Corp. Governance, Lack of Proportionality Between Ownership and Control: Overview and Issues for Discussion 14 - 17 (2007), http: //www. oecd. org/daf/ca/corporategovernanceprinciples/40038351. pdf [https: //perma. cc/P5ZX - 2GY7]（列出了禁止这种做法的国家）。但是请注意，在这些国家中，例如德国，发行具有优先分红权（以补偿没有投票权）的无投票权股票是允许的，有时甚至是普遍的。Report on the Proportionality Principle, supra note 26, at 7. 欧盟也曾试图限制单边使用高投票权股票来阻止收购，并在 2004 年颁布了一项突破性规定。Directive 2004/25/EC of the European Parliament and of the Council of 21 April 2004 on Takeover Bids, Official J. Eur. Union L142/12. 然而，在实践中，这一指令收效甚微，因为它只将“突破规则”设定为违约，而成员国可以选择不违约。See Guido Ferrarini, “One Share - One Vote: A European Rule?,” 3 Eur. Company Fin. L. Rev. 147, 166 - 68 (2006).

② See Neil Gough, Hong Kong I. P. O. Structure Is Fine as Is, Investor Survey Finds, N. Y. Times: DealBook, http: //dealbook. nytimes. com/2014/04/15/hongkong - i - p - o - structure - is - fine - as - is - investor - survey - finds/ [https: //perma. cc/9CFT - 2S77]（援引阿里巴巴高管和监管机构的话称，他们担心“香港可能永远失去巨大的特许经营权”“世界其他地区将会忽视它”）。关于研究监管竞争压力可取性的文章，see, for example, William L. Cary, Federalism and Corporate Law: Reflections upon Delaware, 83 Yale L. J. 663 (1974); Lucian Arye Bebchuk, Federalism and the Corporation: The Desirable Limits on State Competition in Corporate Law, 105 Harv. L. Rev. 1435 (1992); Roberta Romano, Empowering Investors: A Market Approach to Securities Regulation, 107 Yale L. J. 2359 (1998); Oren Bar - Gill et al., The Market for Corporate Law, 162 J. Institutional & TheoreticalEcon. 134 (2006).

③ 参见本书第 234 页脚注④，第 239 页脚注①。（指出，人们普遍预测港交所“将就香港上市规则的潜在变化进行公开咨询……就允许非传统股权结构获得正式反馈”）。

④ See Jacky Wong, Hong Kong Stock Exchange Kills Dual - Class Share Plan, Wall St. J., http: //www. wsj. com/articles/hong - kong - stock - exchange - kills - dualclass - share - plan - 1444042360（指出，“香港证券交易所表示已终止允许双层股票的计划”，并描述了监管机构对该计划的反对）。此外，2014 年对香港 70 家机构投资者进行的一项调查显示，“几乎所有受访者都反对双层股权结构”。

⑤ Fin. Conduct Auth., Discussion Paper, Review of the Effectiveness of Primary Markets: The UK Primary Markets Landscape 7 - 8, 20 - 23 (Feb. 2017).

组成的联盟呼吁限制双层股权结构的使用。[①]

（三）讨论焦点的重构

前几节描述了在美国和世界各地关于使用双层股权结构的长期和正在进行的讨论。这场讨论的焦点是，上市公司在上市时是否应被允许采用双层股权结构。因此，这场讨论的参与者关注的焦点是，在该公司 IPO 时，双层股权结构是否可能有效。

然而，在本文中，我们试图通过强调双层股权结构评估的一个关键维度来重新定位这场讨论：IPO 之后的时间维度。我们关注的是，随着 IPO 时间的推移，双层股权结构的效率可能会发生怎样的变化。我们的分析表明，即使双层股权结构在 IPO 时是有效的，在未来很多年后也可能变得低效。因此，我们希望通过取消一个选项——永久的双层股权结构——来重构这场讨论。展望未来，讨论应该只围绕是否允许公司以有限年限的双层股权结构上市展开。也就是说，除非延期得到与控制者无关的股东的批准，否则在一段固定时间（如 10 年或 15 年）之后，该结构将会失效。

三、潜在成本与时间维度

这一部分分析了使用双层股权结构的潜在成本将如何随着时间的推移而变化。第（一）节讨论了双层股权结构的潜在成本，第（二）节介绍了时间维度并考虑了时间维度对这些成本的影响。

（一）潜在成本

双层股权结构的使用产生了两个根本问题：控制权固化和低股权持有量。控制权固化使得控制者与公司控制权市场的惩戒力量相互隔离，而这种惩戒力量可能会限制表现不佳的控制者继续领导公司的能力。与此同时，持股比例较低的控制者只承担了其行为对公司价值的负面影响的一小部分，同时获得了全部私人利益。因此，控制者对某些问题的激励可能会被扭曲，与公众投资者的

---

① 参见本书第 231 页脚注①。

偏好不一致。①

控制权固化与低股权持有量的结合产生了严重的问题。对于一家持股广泛、持股比例较低，但没有控制权固化的公司来说，公司控制权市场对经理人表现不佳或以违背公众投资者利益的方式行事的能力施加了一定的限制。相反，虽然公司控制权的市场无法取代受控制公司的大股东从而约束其行为，但他在受控制公司的大量股权为其提供了强大的财务激励以使公司价值最大化。在此情况下，大股东为自己的行为承担了大部分成本，并从中获得了大部分好处。如果没有市场纪律和强有力的财务激励，一个拥有少数股权的控制者可能会倾向于选择那些能够增加控制权的私人利益的方案，即使这些选择与其他公众股东的选择存在重大分歧，而且不存在撤资的威胁以阻止他追求这些利益。当双层股权结构公司的控制者持有公司股本的比例更小时，这种激励扭曲就会变得更加严重。②

一系列扭曲的选择可能源于控制权固化和低激励水平。这种扭曲的选择可能包括控制者的任命或保留家庭成员作为行政官员，而不是一个更好的外部候选人；与隶属于控制者的交易实体进行低效交易以假公济私；篡夺对公司而不是控制者更有价值的商业机会；或其他以牺牲其他股东利益为代价，旨在增加控制权的私人利益的选择。

概括而言，经验证据表明控制权固化和低股权持有量的结合降低了公司价值，扭曲了控制者的激励，并增加了控制者私人利益的获取。Paul Gompers，Joy Ishii 和 Andrew Metrick 在 1995 年至 2002 年研究了美国的双层公司，发现有证据表明这些公司表现出代理成本增加和价值降低的现象。③ 研究还表明，“楔子”越大，即控制者的投票权和他持有的权益资本之间的差距越大，公司价值的缩水就越严重。④

Ronald Masulis、Cong Wang 和 Fei Xie 等人使用与 Gompers 等人相同的样本，研究了双层股权结构公司内部投票权和权益资本之间的差异如何影响控制权的

---

① See Lucian Arye Bebchuk et al., Stock Pyramids, Cross – Ownership, and Dual Class Equity: The Mechanisms and Agency Costs of Separating Control from Cash – Flow Rights, in Concentrated Corporate Ownership 295, 298 - 301 (Randall K. Morck ed., 2000)（详细描述了双层股权结构及其造成的扭曲）。

② For an analysis demonstrating this point, see id.

③ See Paul A. Gompers et al., Extreme Governance: An Analysis of Dual – Class Firms in the United States, 23 Rev. Fin. Stud. 1051, 1051 - 54 (2010).

④ Id. at 1084 - 85.

私人利益的获取。他们报告称，随着这种差异的扩大，企业现金储备对外部股东的价值越来越低，首席执行官的薪酬水平越来越高，经理人更有可能进行破坏公司价值的收购，而资本支出对股东价值的贡献也越来越小。①

（二）时间维度

双层股权结构的成本可能会随着时间的推移而增加，主要原因有两个：一是控制者在IPO时可能拥有的任何优越技能可能会随时间而消逝；二是控制者在权益资本中所占比例可能会下降。

1. 控制者卓越能力的消逝

在任何具体时间点，为创始人提供控制权锁定的成本取决于控制者不再是最适合这个角色的人的可能性。在IPO时，公司的创始人可能拥有特定行业和业务的特殊技能和深厚知识，使他特别适合掌舵。② 因此，双层股权结构的支持者经常辩称，让这样一位有才华的控制者在IPO后长期控制公司是更好的选择。③

但是，这个论点并没有为永久的双层股权结构提供良好的基础。尽管这样的论点可能会证明在IPO阶段使用双层股权结构是合理的，但随着时间的推移，它将失去大部分合理性。例如Snap的联合创始人等才华横溢、成功的企业家，

---

① Ronald W. Masulis et al., Agency Problems at Dual - Class Companies, 64 J. Fin. 1697, 1722 (2009). 有关实证证据的调查，参见本书第230页脚注②。我们注意到，尽管有大量的实证证据表明双层股权结构的负面影响，但一些实证研究表明，这种结构也可能产生积极的影响。See, e. g., Scott W. Bauguess et al., Large Shareholder Diversification, Corporate Risk Taking, and the Benefits of Changing to Differential Voting Rights, 36 J. Banking & Fin. 1244, 1244 - 46 (2012); Valentin Dimitrov & Prem C. Jain, Recapitalization of One Class of Common Stock into Dual - Class: Growth and Long - Run Stock Returns, 12 J. Corp. Fin. 342, 346 - 47 (2006). 我们对这些论文的发现存有疑问。然而，即使假定这些调查结果得到接受，它们也不会与我们在下面提出的要点相矛盾：无论采用双层股权结构上市时的成本是多少，随着时间的推移，这些成本预计会增加；无论采用这种结构上市时的收益是多少，这些收益都将随着时间的推移而减少。

② See, e. g., Ronald J. Gilson & Alan Schwartz, Constraints on Private Benefits of Control: Ex Ante Control Mechanisms Versus Ex Post Transaction Review, 169 J. Institutional &Theoretical Econ. 160, 168 - 69 (2013)（指出创始人可以充当“高性能的绩效监测器”）。

③ 当谷歌在2004年上市时，创始人表达了他们的信心：“所有与谷歌相关的人——包括新投资者——都将从这种结构中受益。” James Kristie, Dual - Class Stock: Governance at the Edge, 36 Directors & Boards 37, http://sites. udel. edu/wccg/files/2012/10/Dual - Shares - Q3 - 20121. pdf [https://perma. cc/J2AK - NLNZ]; see also Scott Kupor, Sorry CalPERS, Dual Class Shares Are a Founder's Best Friend, Forbes, http://www. forbes. com/sites/ciocentral/2013/05/14/sorry - calpers - dual - class - shares - are - afounders - best - friend/#48931b3d7016 [https://perma. cc/E5R2 - T94Q]（“想象一下，如果不是Steve Jobs、Larry Page和Mark Zuckerberg在领导各自公司在产品生命周期内进行创新，而是加州公务员退休基金在发号施令……在这个充满机遇与挑战的新世界，以创始人为首的科技公司……将无法充分发挥他们的潜力”）。

即使他们现在能比其他人更好地领导自己的公司，但能说30年后他们仍然是最适合自己公司的领导人吗?

在IPO多年之后，创始人作为公司领导者的优势很可能会被削弱，甚至消失。随着时间的推移，曾经成功的创始人的优势可能会在快速发展的技术或商业环境中面临自然的限制，他也可能失去他的“金手指”。① 如果创始人不再是最合适的领导者（甚至不再是合适的领导者），他对控制权的掌控可能会带来巨大的预期成本。对于一个年轻的创始人来说，这些预期成本尤其高：他对控制权的掌控时间越长，他成为一个不合适的领导者的风险就越大。

此外，双层股权结构公司的控制者可能会将锁定的控制权转让给其继承人，而后者可能不像他的前任那样有才能、有技能或有干劲。这在经济学文献中被称为“白痴继承人”问题。② 有证据表明，由后代经营的公司往往表现不如由创始人或外部聘请的经理管理的其他家族公司。③ 一种为创始人家族提供永久控制权的结构，放弃了创始人离开时控制权最佳继承方案的收益。

与此相关的是，私募股权基金的标准设计隐含了一种理解，即卓越领导技能的优势往往会随着时间的推移而消失。在此类基金中，普通合伙人对基金资产的管理拥有完全控制权。但控制权的存续有期限，通常在10年左右。④ 这种结构设

---

① See Steven M. Davidoff, Thorny Side Effects in Silicon Valley Tactic to Keep Control, N. Y. Times（“即使创始人留下来，结果也并不总是令人满意”）；Jeffrey Goldfarb, Monster Truck, Bus. Standard: The Smart Investor, http://smartinvestor. business - standard. com/market/Marketnews - 310863 - Marketnewsdet - Monster _ truck. htm#. V5td3vkrLIU（“一些年轻的领导人……也许值得让他们任性一段时间。然而，不可避免的是，他们的选择越来越倾向于与更大的公司利益发生冲突”）；参见本书第228—229页脚注。

② See, e. g. , Antoin E. Murphy, Corporate Ownership in France: The Importance of History, in A History of Corporate Governance Around the World: Family Business Groups to Professional Managers 185, 187（Randall K. Morck ed. 2005）.

③ 关于支持这一观点的实证研究，see Ronald C. Anderson & David M. Reeb, Founding - Family Ownership and Firm Performance: Evidence from the S&P 500, 58 J. Fin. 1301, 1316 - 17, 1321 (2003); Morten Bennedsen et al. , Inside the Family Firm: The Role of Families in Succession Decisions and Performance, 122 Q. J. Econ. 647, 669 - 70 (2007); Nicholas Bloom & John Van Reenen, Why Do Management Practices Differ Across Firms and Countries?, 24 J. Econ. Persp. 203, 205, 217 - 18 (2010); Francisco Pérez - González, Inherited Control and Firm Performance, 96 Am. Econ. Rev. 1559, 1574 - 78 (2006); and Belen Villalonga & Raphael Amit, How Do Family Ownership, Control and Management Affect Firm Value?, 80 J. Fin. Econ. 385, 402 - 03 (2006) .

④ See Andrew Metrick & Ayako Yasuda, The Economics of Private Equity Funds, 23 Rev. Fin. Stud. 2303, 2309 (2010)（“典型的基金寿命为10年”）；Jennifer Bollen, Average Private Equity Fund Life Span Exceeds 13 Years, Wall St. J. , http: //blogs. wsj. com/privateequity/2015/03/31/average - private - equityfund - life - span - exceeds - 13 - years/（援引一位业内专家的话称：“（私募股权）基金的普遍寿命为10年，最长可延长3年”）。

置了一种默认条款：如果普通合伙人的过往记录（或其他信息）表明，他不再是管理基金的最佳人选，那么基金的投资者就可以撤回资金而不至于被他困住。①当然，普通合伙人经常会说服投资者把资产转到一只新基金中，从而就能把资金继续置于自己的管理之下。但要求把投资者的同意作为普通合伙人继续管理资产的一个中间步骤，这可以控制特定普通合伙人的卓越能力可能随着时间的推移而削弱的风险。

总而言之，在评估双层股权结构时，不仅要关注创始人在IPO时领导能力的优劣；监管机构和投资者还应考虑这样一种风险，即多年以后，创始人（或他的继承人）可能不会持续拥有高超的领导技能，甚至可能拥有较差的领导技能。因此，永久的双层股权结构的成本可能会随着时间的推移而增加。

2. 控制者权益资本的减少

除了担心控制者的卓越能力最终可能被削弱甚至消失，随着时间的推移，控制者权益资本的减少也会增加控制权锁定产生的代理成本。许多双层股权结构公司使控制者能够在不失去控制的情况下抛售他们的持股，而且控制者经常这样做是为了使他们的投资组合多样化，减少他们的特有风险。② 在IPO阶段（或之后不久），控制者通常会通过将广泛的投票权分配给他们所持有的股票，或通过在被控制公司持有大量初始股份，来维持超过半数的投票权。例如，如果一名控制者最初持有80%的投票权，他可以在不低于50%的门槛和失去控制权的情况下，出售相当大比例的股份。此外，一些双层股权结构的公司在上市时采用了一种结构，这种结构增强了控制者在不放弃控制权的情况下抛售所持股份的能力。例如，双层股权结构公司的治理文件可能包括一项规定，规定将

---

① Addison D. Braendel & Seth Chertok, Closed – End Private Equity Funds: A Detailed Overview of Fund Business Terms, Part II, 13 J. Priv. Equity 57, 68 (2010)（讨论私募股权基金的解散）。近年来，一些常青基金已经开始出现，但它们仍是“私募股权生态系统中的一个利基部分（即市场补缺者，而非主流产品，译者注）”。See Sonja Cheung, Should Asian Private Equity Think About Evergreen Funds?, Wall St. J. , http://blogs. wsj. com/privateequity/2014/01/30/should – asian – private – equity – think – about – evergreen – funds/. 此外，虽然常青基金的正式期限是不确定的，但“每隔几年——通常是四年——（它们的投资者）就有能力退出或改变其投资”。Billy Fink, What Is an Evergreen Fund Structure?, Axial F. , http://www. axial. net/forum/evergreen – fund – structure/ [https://perma. cc/L4J7 – NB7T] (internal quotation marks omitted).

② See the data provided in Table 2. 关于双层股权结构在增强控制者分散风险动机方面的作用的讨论，see George W. Dent, Jr. , Dual Class Capitalization: A Reply to Professor Seligman, 54 Geo. Wash. L. Rev. 725, 749 (1986), and Gilson, 参见本书第235页脚注④。

固定比例的投票权分配给控股股东，而不考虑控制者的股权数量。[①] 这样一项硬性规定使控股股东能够出售任意数量的股票，同时仍保留对这家双层股权结构公司的控制权。

为了说明控制权人多年来减持的趋势，我们考察了截至2015年的十大双层股权结构公司（基于市值）的所有权权益变化。表2记录了自每家公司上市以来，控制者股本的变化（如果IPO的数据无法公开获得，则自该公司首次公开提交有关SEC电子数据收集、分析和检索的文件以来）。[②] 正如我们所预测的，在调查期间，这10家双层股权结构的公司中，控制者持有的每一家公司的股权都大幅下降，从最初的平均30%降至2015年的平均11.6%。

表2　控制者在十大双层股权结构公司的持股比例

公司名称	首次存档年份	最初持股	2015年持股
Berkshire Hathaway Inc.	1999	32%	20%
Facebook，Inc.	2012	28%	15%
Google Inc.	2004	28%	12%
Comcast Corporation	1978	42%	0.4%
NIKE，Inc.	1984	68%	31%
Ford Motor Company	1969	7.1%	1.8%
Regeneron Pharmaceuticals，Inc.	1991	7%	5%
Twenty－First Century Fox，Inc.	2005	16%	15%
CBS Corporation	1995	26%	8%
Broadcom Corporation	1999	45%	8%
平均		30%	11.6%

这一数据与我们的主张相一致，即双层股权结构公司的控制者倾向于在不失去控制的情况下，随着时间的推移而减少其持股比例。因此，他们与公司公众投资者之间的利益冲突越来越大，双层股权结构的代理成本也越来越高。事实上，控制者股本的下降通常会导致相关代理成本的不成比例的增加。[③] 例如，

---

① 福特公司有一项硬性规定，规定控股家族拥有该公司40%的投票权，而不考虑该家族持有的股权。Ford Motor Co.，Proxy Statement for the 2016 Annual Meeting（Schedule 14A）72，76.

② 这些数据是从SEC EDGAR上提交的表格S－1和相关公司的投票委托书中手工收集的。

③ 参见本书第240页脚注①。

在两个双层股权结构的公司中，其中一个公司的一个控制者拥有公司20%的权益资本，而另一个公司的一个控制者只拥有15%的权益资本，除此以外两者无差别。那么后者的代理成本预计将是前者的两倍多。[①] 这一关切具有重大的意义。正如第三部分第（一）节所讨论的，实证证据表明，控制权固化和低股权持有量的结合降低了企业价值，并产生了显著的代理成本。

此外，下文第四部分的分析表明，当控股股东的股权随着时间的推移而减少，使得双层股权结构特别低效时，控制者保持控制权锁定的动机反而会增强。

四、潜在收益与时间维度

本部分分析了双层股权结构的潜在收益，以及随着时间的推移，这些收益将如何变化。双层股权结构的公平性往往是由创始人在IPO时的卓越领导能力或将管理层隔离于短期市场压力的需要来证明的。但正如本部分所示，这些论点都不能支持使用具有无限期的双层股权结构。

（一）卓越的领导才能

如前所述，双层股权结构的支持者经常辩称，由于一位才华横溢的创始人拥有高超的商业技能，让他牢牢掌握控制权，很可能会提高公司的价值。根据这一观点，对控制权的锁定使有才能的创始人能够自由地实施他的战略，并利用他的技能创造更高的回报。这些高回报反过来不仅会让创始人受益，也会让所有其他投资者受益。[②]

然而，这种潜在收益在很大程度上取决于控制者是公司最优秀的，或至少是合适的领导者。即使假设在IPO阶段是这样，由于第三部分第（二）节所讨论的因素，随着时间的推移，控制者的卓越才能也可能发生变化。首先，在一个动态的商业环境中，随着时间的推移，即使创始人在IPO时是一位优秀的领导者，也可能因为年龄的增长或环境的变化而变得不合适。[③] 其次，随着时间的推移，拥有卓越领导技能的创始人可能会将控制权转移给缺乏这种技能的继

---

① See id. at 298 - 301.

② See, e. g. , Zohar Goshen & Assaf Hamdani, Corporate Control and Idiosyncratic Vision, 125 Yale L. J. 560, 567 (2016).

③ 参见本书第242页脚注③。

承人。最后，随着时间的推移，控制者可能会减少他所持有的权益资本的比例，而这一比例的减少可能会反过来扭曲控制者的激励。当由于一个或多个这些因素使得控制者被证明是一个不适合公司的领导，以“卓越的控制者”的论点来维护其控制权的合理性则被削弱，甚至消失。让不合适的控制者决定商业决策及其回报将无法达到公司与投资者的预期目标。

尽管私募股权基金有时被誉为能够实现长期专注的结构，但它们通常只向普通合伙人提供一段固定时间的控制权（10 年左右），而不是永久性的。[①] 这种结构很可能表明人们已经认识到，普通合伙人的技能在多年以后可能不再优越，甚至不再合格。同样，任何“卓越的控制者”在 IPO 时可能带来的收益的期望值，都可能在 IPO 多年后下降甚至消失。

（二）长期发展

支持者认为双层股权结构的另一个好处是，它使企业决策者免受短期市场压力的影响，并使他们能够专注于企业的长期发展。[②] 例如，Snap 的 IPO 文件表明，该公司的结构旨在“允许我们继续优先考虑长期目标，而不是短期结果”。[③] 根据这种观点，如果没有对控制权的锁定，创始人可能会担心，如果他们的短期业绩不佳，他们可能会被扫地出门，这会导致他们可能会以牺牲长期价值为代价，寻求提高短期价格。这种观点认为，有了双层股权结构提供的长期控制权锁定，创始人就可以专注于长期发展，做出提升长期价值的决策，而不受短期压力和不断被驱逐的风险的影响。[④]

我们注意到，这种认为双层股权结构有利于公司长期发展的观点缺乏实证经验的支持。例如，最近的一项学术研究发现，与单层股权结构公司相比，双

---

① 参见本书第 243 页脚注③—④。

② 关于早期的研究提出双层股权结构有利于长期规划和减少收购威胁造成的分心，see Dent, supra note 68, at 748, and Daniel R. Fischel, Organized Exchanges and the Regulation of Dual Class Common Stock, 54 U. Chi. L. Rev. 119, 137 - 38 (1987). See also Solomon, supra note 24（“许多人支持双层股权结构，因为它可能使一家公司免受股东要求其采取短期行动的压力”）; The CCGG Policy, supra note 16, at 3（陈述双层股权结构的长期优势）。

③ 参见本书第 229 页脚注⑥。

④ Id.（注意到该公司的三层股权结构也意在阻止已经发生或潜在的收购 Snap 的交易）。有关评述长期发展观点的文献，see Lucian A. Bebchuk, The Myth that Insulating Boards Serves Long - Term Value, 113 Colum. L. Rev. 1637 (2013)。

层股权结构公司在整体或研发方面的投资都没有增加。[①] 无论如何，即使双层股权结构在IPO时能带来一些有利于长期发展的潜在收益，随着时间的推移，这些收益预计也会消退甚至消失。

只有当控制者是公司合适的领导者时，长期隔离于短期市场压力的预期效益才可能是巨大且积极的。当控制者不合适时，“长期发展”论点就失去了作用。一个不合适的控制者可能会做出糟糕的决策，不论短期或长期。[②] 当控制者不合适时，让他远离市场规则（控制权市场）可能会适得其反。正如上一节所讨论的，随着时间的推移，控制者不太可能成为公司最合适的领导者，因此长期隔离的预期收益也可能随着时间的推移而下降。

最后，有人可能会说，对那些在IPO后几年市值波动较大的年轻公司来说，不受市场力量影响尤其重要。尽管这一观点支持允许公司以双层股权结构上市，但它并没有为无限期地拥有这种结构提供基础。[③] 这种观点只支持在IPO之后的几年里保持双层股权，并且完全符合在公司成熟时取消双层股权结构。

（三）监督收益

另一个通常归因于控制人的潜在收益是监督方面的收益。双层股权结构将权力从职业经理人转移到控制者，控制者有能力也有动机监督经理人，并限制他们的代理问题。[④] 通过这样做，控制者“可能更好地帮助被控制的公司以比市场更低的代理成本重新实现专业管理的收益”。[⑤] 当持有大部分权益资本不可行或将巨大的风险承担成本强加给控制者时，双层股权结构将有助于保留控制权，从而使控制者能够监督经理人和限制经理人的权力。

---

① Onur Arugaslan et al., On the Decision to Go Public with Dual Class Stock, 16 J. Corp. Fin. 170, 171, 174 (2010).

② Thomas J. Chemmanur & Yawen Jiao, Dual Class IPOs: A Theoretical Analysis, 36 J. Banking & Fin. 305, 305 - 06 (2012)（构建了一个模型，表明双层股权结构在高能力管理者手中可能带来公司价值提升，但在低能力管理者手中可能适得其反。

③ See, e. g., Bebchuk, supra note 16, at 751 - 52（文中指出，“对于一家刚刚上市的上市公司来说是最佳安排……对于一家成熟的大型上市公司来说，这很有可能并非最优方案”）; William C. Johnson et al., The Lifecycle of Firm Takeover Defenses 1, 6 (unpublished manuscript) https: //ssrn. com/abstract = 2808208 [https: //perma. cc/76GT - GCBW]（报告称，“公司价值与收购防御手段的使用之间的关系对公司首次公开发行是积极的，并随着公司的成熟而稳步下降，在首次公开发行大约5年后变为反相关关系”）。

④ 参见本书第242页脚注①，认为由控股股东（包括那些依赖双层股权结构进行控制的股东）进行监督，可能优于市场规律。

⑤ Id.

然而，监督收益的多少可能取决于控制者在多大程度上是公司合适的领导者，并拥有适当的激励。当情况不再如此时，将权力从经理人转移到控制者的收益可能会下降甚至消失。如第三部分第（二）节所述，随着IPO时间的推移，由于控制者的卓越才能可能会消失，以及控制者在权益资本中所占比例可能会下降，预计控制者的领导技能和激励质量都会下降。其结果是，随着时间的推移，控制者提供监督的能力和动机也会减弱，这是一种不断增加的风险。[①]与此同时，由于控制者的存在，专注于分散投资的积极投资者的监督积极性可能会受到打击。总而言之，随着时间的推移，预计双层股权结构在IPO时可能带来的监督收益将会减少，甚至逆转。

五、低效结构的顽固性

我们已经证明，随着时间的推移，双层股权结构的效率往往会降低，这种效率的降低使得我们应当在IPO阶段选择期限有限的双层股权结构。然而，有人可能会说，如果双层股权结构随着时间的推移变得低效，可以预期它会被事后的私人行动所消除。这一部分分析了这一论点，并解释了为什么政府官员和投资者不能依靠私人命令来消除随着时间的推移变得低效的双层股权结构。

下面我们描述了消除双层股权结构的两条主要途径：（1）将整个双层股权结构的公司出售给外部买家；（2）由现有的控制者自愿统一双层股权结构。正如我们所展示的，在这两种途径中，控制者都将放弃与双层股权结构相关联的控制的全部私人收益，而只获得其消除低效结构所产生的效率好处的一小部分。因此，控制者的结构性激励可能导致他们维持一个变得低效的双层股权结构。

（一）出售的阻力

通过将整个公司或其全部资产出售给第三方，可以消除双层股权结构。当双层股权结构的公司管理效率低下时，公司的股价很可能低于其全部潜在价值。

---

① 回顾Sumner Redstone的案例，已年届93岁且健康状况不断恶化的人，很难让人相信其能够有效监督公司管理绩效。

在这种情况下，有人可能会说，可能会出现一个外部买家，出价收购整个公司，其价格相对于公司的市值有很大溢价。从这个角度来看，出售股份将有望结束使得该公司效率低下并压低了该公司市值的双层股权结构。

然而，正如我们在下面所解释的，控制者可能不愿意接受这样一种提升价值的出售。控制者，尤其是那些只持有一小部分权益资本的控制者，有强烈的反向动机来保留双层股权结构，即使通过出售公司来消除这种结构会为公司股东带来显著的效率收益。鉴于出售将消除控制者的私人控制利益，但控制者将与所有股东按比例分享这些效率收益导致其只获得其中的一小部分。

要说明控制者的这种激励扭曲，请考虑下面的简单示例。假设一个双层股权结构使得一个持有10%权益资本的控制者能够对控制权进行锁定，该公司的市值为10亿美元，由于双层股权结构，该公司目前的管理效率不高，而外部买家，愿意以远高于10亿美元的价格收购该公司。这样的买卖会发生吗？不一定。控制者不仅会考虑所提供的溢价，还会考虑此次出售将终止他的控制权，以及与之相关的私人利益。假设控制者获得了公司当前价值的5%的私人收益（5000万美元）。在这种情况下，控制者目前持有10亿美元市值的10%和5000万美元的私人收益（总价值1.5亿美元）。在出售的情况下，控制者将获得销售价格P的10%，但将失去他所有的私人控制利益。①

因此，只要P的10%不超过1.5亿美元，也就是说，只要P不超过15亿美元，该笔交易就不符合控制者的私人利益。如果外部买家的出价低于15亿美元（因为它估计潜在价值最多可增加5亿美元），那么就不会出现提升公司价值的出售。因此，在许多情况下，本可以通过消除效率低下的双层股权结构而获利的出售将不会发生。②

---

① 我们的分析假设收购价格将按比例分配给股东。当然，如果控制者能够获得比其他公众投资者更高的每股价格，他可能愿意出售整个公司。但是，特拉华州法院限制了控制者通过将受控公司出售给第三方以换取其他股东无法分享的利益的能力，方法是对交易进行全面的公平审查。See, e. g. , In re John Q. Hammons Hotels Inc. S'holder Litig. , No. CIV. A. 758 - CC, 2009 WL 3165613, at *12; In re Tele - Commc'ns, Inc. S'holders Litig. , No. CIV. A. 16470, 2005 WL 3642727, at *7; In re LNR Prop. Corp. S'holders Litig. , 896 A. 2d 169, 178. 其他某些交易所，如多伦多证券交易所，也禁止在控制权发生变化时对不同股东进行差别对待。参见本书第231页脚注①，虽然这些限制很可能是合理的，但它们的意外后果是，即使双层股权结构变得低效，控制者也可能往往更愿意保留它。

② 在讨论统一时，我们假设现有的反自我交易规则保护了双层股权结构公司的公众股东，使控制人不能获得满足自己的更大比例的公司价值（例如，以较低的价格冻结少数股东）。

现在让我们用更一般的方式来考虑这个问题。假设一个控制者拥有公司权益资本的 α，并通过控制获得 B 的私人利益，并且控制公司的市值为 V。假设当前的结构效率低下，因此外部买家应该能够增加价值 ΔV，出售将消除控制者的私人利益 B。[①] 因为外部买家愿意支付最高价格（P）是 $V+\Delta V$，该交易可能不符合控制者的个人利益。用公式表达则为不可能预期在下列情况下进行：$\alpha V + B > \alpha (V+\Delta V)$，即 $\Delta V < B/\alpha$ 时。

因此，当控制者享有控制的重大私人利益时，控制者普遍有动机在一系列出售可能有效率的情况下保持双层股权结构。值得注意的是，当控制者持有的一部分权益资本（α）更小的时候，这个范围扩大且控制者的不正当动机增强。因此，当随着时间的推移 α 下降，会增加一个双层股权结构的低效率和增强控制者保留双层股权结构的激励。

当然，上述激励扭曲并不意味着这样的出售永远不会发生。分析显示，如果预期获得（ΔV）是足够大的，那么出售会发生。然而关键的是，在效率低下到一定程度的情况下，预计不会出现结束效率低下的双层股权结构的出售。

（二）统一的阻力

消除效率低下的双层股权结构的另一种方法是由控制者自动转换为单层结构。然而，一个控制者有结构性的动机来避免这种统一，即使这样做会带来巨大的效率收益。影响控制者选择是否进行增值性统一的扭曲类似于影响他是否选择进行增值性出售，在这两种情况下，控制者将按持股比例获得一小部分的效率收益而完全损失控制权锁定的私人利益。

让我们再次考虑一个控制者拥有公司权益资本的 α，并拥有 B 作为控制的私人利益，并假设受控公司的市值是 V。[②] 进一步假设当前的结构是低效的，统一将增加大量的市值 ΔV 并将消除控制者的私人利益 B。如果发生转换，控制者的收益将变成 $\alpha (V+\Delta V)$。仍然，在上文确定的相同条件下，即 $\alpha V + B > \alpha (V+\Delta V)$ 时，该种转换不会照顾到控制者的私人利益。因此，只要 $\Delta V < B/\alpha$，控制者将保留双层股权结构。和之前一样，享有的股权份额（α）越小和控制

---

① We assume that ΔV exceeds B and that the sale would thus clearly be efficient.

② 我们假设 ΔV 超过 B 并且销售因此将显然是有效的。

的私人利益（B）越大，那么控制者不执行有效统一的动机越大。[①]

在此，我们的分析依然不表明有效的自发的双层股权结构的统一将永远不会发生。尽管结构性激励会使控制者保持双层股权结构，当统一带来的 ΔV 足够大时，控制者会有激励将双层股权结构转换为统一的单层股权结构。我们的观点是，能够结束一个效率低下的双层股权结构的统一，在大多数情况下可能不会发生。这一理论分析得到了最近一项关于欧洲双层股权结构统一的实证研究的证据支持。[②] 该研究表明，低持股和高私人利益的控制者不太可能自发进行双层股权结构的统一。同样，提议废除美国公司的双层股权结构的委托股东提案中的证据表明，即使不隶属于控制者的绝大多数股东投票赞成这些提议，控制者也往往无视结果。[③]

综上所述，即使双层股权结构变得低效，控制者仍有大量的私人动机来维持这种结构。这种对低效双层股权结构顽固性的分析与 ISS 最近的一项研究中记录的模式是一致的。研究发现，双层股权结构的公司比没有双层股权结构的公司寿命更长。[④] 这些双层股权结构公司的平均年龄（31 岁）“是拥有单一股票类别和控股方的公司平均年龄（15 岁）的两倍多”[⑤]。

---

① 如果控制者从公众投资者那里得到一笔相当大的额外报酬，以补偿他们失去对控制权的私人利益，他们可能会同意统一双层股权结构。然而，特拉华州法院通过对这类交易进行全面公平审查，限制了控制者参与附带财务补偿的双层股权结构之统一的能力。See, e. g. , Levco Alt. Fund Ltd. v. Reader's Digest Ass'n, 803 A. 2d 428 (Table), 2002 WL 1859064, at *2. 事实上，我们无法确定在美国或欧洲国家有多少通过自愿的统一来换取大量的财务补偿的案例。See also Benjamin Maury & Anete Pajuste, Private Benefits of Control and Dual - Class Share Unifications, 32 Managerial & Decision Econ. 355, 365 (2011)（研究了7个西欧国家的案例，发现在493家公司中，只有9家公司用额外的股票或现金补偿控制者的控制权损失）。

② 参见本书第251页脚注②，文章发现“控制者损公肥私可能性较低的公司更有可能统一它们的股份类别。这类公司控制者所持投票权与股权之间的‘楔子’一般较低，或者拥有金融投资者或在美国交叉上市”。

③ 我们研究了 SharkRepellent 的数据。2005年至2014年，该公司向25家罗素3000指数成分股公司提交了53份股东提议，要求取消双层股权结构。当一个消除双层股权结构的提案被多次提交给同一家公司时，我们的研究获得了最高支持率的提案。平均而言，这些提议在与控制人无关的股东中获得了71%的支持率。然而，在所有上述情况下，控制者都选择不执行提议。

④ 参见本书第231页脚注②。

⑤ Id.

六、附有日落条款的双层股权结构

第三部分、第四部分表明，随着 IPO 后时间的推移，双层股权结构的成本预计会增加，而收益会下降。因此，随着时间的推移，双层股权结构将不再是一种有效的资本结构的风险越来越大。此外，正如第五部分所示，从股东财富的角度来看，无论双层股权结构的效率如何，控制者都有相当大的私人动机来维持这种结构。

正如在引言中所指出的，我们原本完全不赞成使用双层股权结构。然而，即便允许公司以双层股权结构上市，我们分析的结果是其应当包括一个适当的日落条款。如果没有日落条款，双层股权结构的生命周期是永久的，而这种永久存续很可能会随着时间的推移产生越来越大的风险和成本。本部分的第（一）节讨论了日落条款的最佳设计，第（二）节讨论了对这类条款的潜在异议。

（一）日落条款的设计

下面我们将讨论日落条款的几种可能设计，特别是日落的触发条件：定时日落、特定事件日落和持股百分比日落。我们解释了为什么我们在延长双层股权结构持续时间是有效的情况下倾向于使用定时日落，并讨论了一个额外的试图规避日落条款的设计问题。

1. 定时日落

具有时间限制的日落条款在预定日期触发。比如说，上市 10 年之后。该条款生效后，具有优先投票权的股份自动转换为普通股。为保留仍然有效的结构，本条可规定，如果非控制者所属的大多数股份批准延长转换期限，则转换可每次延长不超过 10 年。这种日落条款确保公司只能保留有效的双层股权结构。由于非关联股东决定了结构的未来，控制者不太可能延长以牺牲企业价值为代价、为其私人利益服务的低效结构。

我们已经确定了几家公司，包括 Fitbit、Groupon、Kayak 和 Yelp，他们最近在 IPO 阶段采用了一个固定时限的日落条款。[①] 在这些情况下，双层股权结构

---

① 我们回顾了在 2009 年至 2015 年上市的 50 家最大的双层股权结构公司的 Forms S－1。在这些公司中，我们发现了 12 家以附有定时日落条款的双层股权结构上市的公司。

的期限从5年到20年不等。例如，Groupon在2011年IPO时就采用了一项为期5年的日落条款，并因此在2016年转型为一家单一股权结构公司。① 然而，采用这类条款的公司仍占以双层股权结构IPO公司的少数。②

2. 特定事件日落

第二种类型的日落是特定事件日落，它要求在特定事件（如创始人的残疾、死亡或达到退休年龄）发生时转换为单一结构。③ 这种日落安排防止创始人在年老或残疾时保留控制权，并防止将控制权转让给继承人。然而，这样的日落为创始人提供了对他剩余工作生涯的控制权。④ 对于一个年轻或中年的创始人来说，这样的日落可以让他锁定一个持续时间过长的控制权。比如一位40岁的创始人，他所在的上市公司的日落条款意味着在他70岁时双层股权结构才会结束。这一特定事件的日落可能会让这位创始人掌权30年。考虑到第三部分、第四部分中关于双层股权结构的效率随着时间的推移而降低的分析，30年期限造成了巨大的风险和预期成本。

如果一位创始人拥有几十年的职业生涯，那么他在整个职业生涯中不会一直是一位合适的公司领导者，这构成了巨大的风险。因此，一个为创始人提供他的剩余职业生涯里对公司权力的标准触发事件日落条款，远远不如10年或15年的时间限制。

3. 持股比例日落

包括LinkedIn和Zynga在内的一些公司最近采纳了一项日落条款，该条款

---

① Groupon, Inc., Amendment No. 7 to Registration Statement (Form S-1) 6, 98; Groupon, Inc., Current Report (Form 8-K).

② 此外，对标准普尔1500指数中所有受控制的双层股权结构公司的相关文件进行的审查表明，这些公司中没有一家设置定时日落条款。

③ Google, Groupon, LinkedIn和Zynga在上市时就采用了这样一种特定事件日落的方式。参见本书第234页脚注④。

④ 例如，Couche-Tard是一家经营大型连锁便利店的加拿大公司。该公司以双层股权结构上市且设置有一个日落条款，当最年轻的创始人年满65岁或去世时，就会触发这个条款。尽管控制者有意延长双层结构，但股东在2015年拒绝了一项为此目的提出的管理层提议，公司不得不统一双层结构。See Press Release, Alimentation Couche-Tard Inc., Alimentation Couche-Tard Inc. Files Management Proxy Circular, http://www.prnewswire.com/news-releases/alimentationcouche-tard-inc-files-management-proxy-circular-518408281.html [https://perma.cc/4CGAFKBN]; Nicolas Van Praet & Bertrand Marotte, Couche-Tard Chairman Says Bay Street Investors Blocking Founders' Control, Globe & Mail, http://www.theglobeandmail.com/report-on-business/couche-tard-chairman-says-bay-street-investors-blockingfounders-control/article29699072/.

是由突破一定的持股比例限制触发的。[①] 当创始人所持有的超级投票权股份在所有已发行普通股总数中所占的比例低于某个预先确定的百分比时，持股比例日落条款将其转换为普通股。这样做的理由是，持有大量股权可以让控股权人与公众投资者的利益保持一致，从而可能减轻与创始人控制权锁定相关的担忧。然而，虽然这样一项日落规定可能诱使控制者在控制期间至少保留指定的股份，但不太可能有效地解决控制持续时间过长的问题。

我们注意到，最近在双层股权结构首发上市的公司中采用的持股比例日落往往具有较低的持股门槛。事实上，我们收集的美国双层股权结构公司的数据表明，大多数公司的持股门槛不超过10%，这意味着，尽管控制者的投票权和现金流请求权之间存在很大的分歧，但他仍然可以牢牢掌握控制权。当控制者拥有公司股本的十分之一（或更少）时，投票权与现金流请求权之间的差距就会很大，这种激励扭曲导致的风险和潜在成本也会很大。最重要的是，拥有持股比例日落条款不太可能导致双层股权结构的终止。控制者可以而且很可能通过将他的股权比例保持在指定的下限以上来避免这种日落。[②] 当与控制相关的私人利益显著时，可以合理预计控制者将保持在触发比例之上以保留这些私人利益。

需要明确的是，与对减少控制者的股权没有限制的永久双层股权结构相比，引入此类持股比例日落可能会带来一些好处。这样一项规定可能诱使控制者保留更多的股权份额，从而限制他的投票权和现金流请求权之间的差距，以及这种差距可能造成的激励扭曲。但是，这样一项日落规定没有充分解决无限期保留权力的问题，即便双层股权结构已经变得效率低下。相反，定时日落可以直接有效地解决这个问题。

4. 规避行为的解决

当然，与每一项监管安排一样，那些考虑要求双层股权结构上市必须包括日落时间的政策制定者，应该研究创始人是否能够规避这一要求。例如，创始人可

---

① 参见本书第234页脚注④。我们查阅了标准普尔1500指数中截至2015年的全部78家双层股权结构公司的组织文件，其中25家公司采用了日落条款，设定了持股比例门槛。我们还回顾了2009年至2015年规模最大的50宗双层股权结构公司IPO，其中54%采用了持股比例日落条款。

② 在标准普尔1500指数中，80%的双层股权结构公司采用了持股比例日落条款，且这些公司的持股比例门槛不超过10%。类似地，在最近规模最大的采用这种日落模式的双层股权结构公司IPO案例中，63%的公司将最低持股比例设定在10%或更低。

能会试图绕过这一要求，以无投票权的优先股而非投票权较低的普通股上市。

这种回避问题出现在任何限制使用双层股权结构的规则的情况下。事实上，包括比利时、爱沙尼亚、德国、希腊、卢森堡和西班牙在内的许多禁止双层股权结构公司上市的司法管辖区已经处理过此类问题。在这些司法管辖区，无投票权优先股在公司流通股中所占比例不得超过一定的百分比（通常不超过50%）。[①] 此外，这些司法管辖区通常要求优先股享有优先分红的权利，这阻碍了它们被用作双层股权结构禁止的规避手段。[②] 最后，一般而言，控制者规避强制性日落条款的动机，要比他们规避双层股权结构禁令的动机弱得多。

（二）对潜在异议的回应

本节考虑并回应了几个可能反对要求设置日落条款的理由。我们特别研究了乐观主义的异议、“一刀切不合理”的异议、对日落条款的设置将阻碍IPO的担忧以及期末投机问题。我们的结论是：这些反对意见无论单独还是整体都没有为反对设置日落条款提供良好的基础。

1. 乐观主义的异议

我们从一个我们称之为乐观主义的异议开始。[③] 根据这一异议，市场力量能确保公司总是采用最佳的治理安排。将公司上市的创始人有强烈的动机去采用一套价值最大化的安排，乐观主义者因此认为，这些创始人在能提高价值的时候会采用日落条款。[④] 因此，在这种观点下，当控制者在没有设置日落条款的情况下以双层股权机构上市时，一定会造成股价降低。

有几个理由对这种异议提出质疑。首先，要接受这种过于乐观的观点，我们不仅必须相信市场能够准确地为双层股权结构和单层结构之间的差异定价，而且必须相信市场价格准确地区分了有和没有日落条款的双层股权结构之间的

① 上限的高低因管辖区而异。在比利时和爱沙尼亚这一比例为33%，在希腊为40%，在德国、卢森堡和西班牙为50%。参见本书第234页脚注④。

② Id.

③ We use this term in the sense that it was used in Lucian Arye Bebchuk, The Case for Increasing Shareholder Power, 118 Harv. L. Rev. 833, 888 (2005), and Lucian A. Bebchuk, Reply, Letting Shareholders Set the Rules, 119 Harv. L. Rev. 1784, 1805 - 06 (2006). 这个词是以伏尔泰小说里的主人公潘格罗斯博士的名字命名的，他认为我们的世界是“所有可能的世界中最好的”。See Voltaire, Candide, or Optimism 17 (Burton Raffel trans., Yale Univ. Press 2005) (1759).

④ 关于IPO定价反映上市公司治理质量这一论点的一般表述，参见本书第247页脚注②，第239页脚注①。

差异。要达到上述“相信”中的后者必须假设市场效率非常高。IPO 时的投资者可能会关注并定价是否为双层股权结构等突出特征，但他们可能不会给更为微妙的特征进行定价，比如日落条款的存在与否及其具体内容。①

其次，要接受这种乐观主义的观点，我们必须承认，对于双层股权结构来说，拥有一个永久存续期限通常是价值最大化的安排。由于以双层股权结构上市的创始人通常不设置任何日落条款，乐观主义者必须相信，在所有这些情况下，任何时间限制都会导致整体价值下降。② 然而，正如我们的分析所显示的，双层股权结构的潜在收益往往随时间而减少，其潜在成本往往随时间而增加，而且控制者有私人的动机，这可能导致他们维持双层股权结构，即使这种结构变得低效。因此，虽然对双层股权结构的最佳存续时间可能存在合理的分歧，但我们认为，永久存续时间通常是最佳的看法是不可信的。

当然，一些乐观主义者可能会认为，作为原则问题，他们反对对上市时控制者可能选择设置的条款进行任何强制性限制。然而，我们分析的主要是对确定哪些安排可能会降低公司价值感兴趣的读者，因为他们可能会对降低价值的限制或悲观主义的术语持开放态度。这样的读者应该会对我们的观点感兴趣，即永久的双层股权结构不太可能提高公司价值。

2. “一刀切不合理”的异议

一个相关的异议是“一刀切不合理”。对某些公司来说可能是最优的治理安排，对其他公司来说可能不是最优的。因此，有人可能认为，在 IPO 之后的几年甚至几十年里，一些双层股权结构可能仍然是可取的。

但是，日落条款的设置不一定会导致在一段时间后取消最佳的双层股权结构。这样的规定只会阻止控制者在投资者反对双层股权结构降低公司价值之时，单方面延长双层股权结构的使用。如果控制者表现良好，并且扩大他的控制权似乎能提高价值，股东将能够投票决定将控制者的权力再延长一段时间。

以 Fairfax 为例，这是一家拥有双层股权结构的加拿大大型公司。2015 年夏，Fairfax 的控制者将其扩大投票权的治理结构变更议案提交股东大会投票表

---

① 参见本书第 234 页脚注④。讨论了治理条款的定价。

② 参见本书第 253 页脚注①—③。

决，这些变更在与控制者无关的股东投票表决中获得68.4%的通过。① 这个例子说明，如果那些资金处于风险之中的投资者认为这样的扩权是为了提高公司价值，那么投资者——包括至关重要的机构投资者——可以被说服维持双层股权结构并扩大控制者权力。

3. 对日落条款将阻碍IPO的担忧

另一个反对限制双层股权结构使用的理由是，这种限制会阻碍创始人将公司上市。因此，有人可能认为，这种限制将剥夺公众投资者的有利投资机会。然而我们认为，这种担忧不能成为支持永久的双层股权结构的理由。

包括我国香港地区和英国在内的几个发达市场地区禁止或强烈反对使用双层股权结构，但它们的资本市场仍然十分发达，有大量上市公司。② 这些司法管辖区的经验，以及美国主要证券交易所禁止双层股权结构的几十年里美国资本市场的历史，都表明，即使完全禁止双层股权结构，创始人上市的意愿也很强烈。③ 而要求此类结构包括日落条款，预计对上市意愿的影响将小于直接禁止。对于个人财富有限的创始人来说，在某种程度上，进入公开市场对扩大公司规模并为自己和早期投资者创造流动性通常是至关重要的。

一些人可能认为，在当前环境下，创始人可以从风险投资基金和其他投资者那里获得外部权益资本，从而避免上市。然而，这些外部股权投资者提供融资，往往基于他们的一种预期，即公司最终将通过IPO或出售为他们提供“退出渠道”。这样的投资者不太可能愿意成为一家将永远保持私有、由创始人控制的公司的投资者。④

4. 期末投机问题

另一个可能的担忧是，采用日落条款将导致控制者在双层股权结构即将到

---

① http：//www. marketwired. com/press－release/fairfax－calls－special－shareholders－meetingconsider－amendment－terms－multiple－voting－tsx－ffh－2029345. htm［https：//perma. cc/G5N4－C43F］；http：//www. marketwired. com/press－release/fairfax－announces－approval－of－amendments－to－multiple－votingshare－terms－tsx－ffh－2049809. htm［https：//perma. cc/6E29－TP7J］.

② 参见本书第238页脚注②—⑥。

③ 参见本书第235页脚注①—⑤，第236页脚注①—③。诚然，创始人仍然可以选择在美国以外的地方上市，但在海外上市会带来沉重的监管成本。此外，如前所述，美国作为国际金融中心的主要竞争对手不允许使用双层股权结构，因此，美国的创始人不太可能将他们的公司在其他地方上市。

④ 即使假设创始人可以找到其他私人资金来源，上市仍有一定的优势。关键在于，上市可以利用大量潜在投资者的资源，使交易能够在流动性很强的市场进行，并为员工薪酬和收购所需的资金提供便利。

期前采取投机行为。根据这一观点，处于失去巨大权力边缘的控制者可能会选择在最后阶段采取积极行动，在公司存续期间滥用他对公司的权力。然而，这种担忧并不能成为支持永久的双层股权结构的理由。

首先，现有的公司法对控制者的规定将对控制者在最后期限内通过关联交易等行为进行利益输送的程度设置一些限制。① 此外，如果控制者能够在最后阶段进行重大的利益输送，允许永久控制是一种适得其反的应对措施。因为股东不得不无限期地承担这种利益输送的成本，可能比在最后阶段承担某种程度上增加的利益输送成本更糟糕。其次，允许不隶属于控制者的股东延长原定的双层股权结构的日落期限，将抑制期末发生机会主义行为。只要有机会获得延期，这种预期就会激励控制者好好表现，并避免可能阻止股东投票反对延期的投机行为。②

七、展望

这部分讨论了我们分析的重要影响。我们特别讨论了这一分析对政府人员、机构投资者及其顾问和研究人员的影响。

（一）本文对政府人员的影响

我们的分析对允许使用双层股权结构的司法管辖区的政府人员具有相当大的影响。在讨论这些影响时，有必要区分并分别考虑未来的以双层股权结构IPO的公司和已经上市并采用永久的双层股权结构的公司。

政府人员应该考虑要求采用双层股权结构上市的公司包括日落条款。特别是，我们建议10年或15年的日落期限，并通过与控制者无关的股东的肯定投票，选择延长这个期限。正如第四部分所解释的，我们合理地认为即使双层股权结构变得低效，而且其他公众股东反对继续使用这种结构，但控制者的私人利益可能会导致他们选择维持这种结构。这些原因使我们希望在双层股权结构

---

① 例如，特拉华州的法律（通过司法审查这些交易）限制了控股股东通过关联方交易获得控制权的私人利益的程度。See, e.g., In re Ezcorp Inc. Consulting Agreement Derivative Litig., No. CV 9962 - VCL, 2016 WL 301245, at *29 - 30 (Del. Ch. Jan. 25, 2016)（考察了特拉华州对此类交易进行司法审查的案件）。

② 如果担心一次性日落过于激进，可以考虑使用一个“渐进的”日落。在这样的设计下，经过一段时间，比如10年或15年，高投票权的股份将在几年的时间里逐渐转换为低投票权的股份。大部分发行者可能更喜欢沿着这些思路逐步转换。

中内置有延期选项的日落条款。

要求设置日落条款仍将使控制者能够以双层股权结构上市，并在 IPO 后的相当长一段时间内拥有牢靠的控制权。此外，如果双层股权结构在日落时仍然有效率，则嵌入到日落条款中的延期选项将使双层股权结构保持不变。如果控制者在最初 10 年或 15 年使公司的市盈率表现良好，并且保留双层股权结构似乎有利于股东财富的增加，其他股东可能会投票赞成延长持股期限。

一方面，对那些已经以双层股权结构上市但没有日落条款的公司而言，这样的政策将引发其他值得关注的问题，我们有必要对此简要说明。我们的分析表明，无限期地保留永久的双层股权结构可能会导致治理问题和效率损失。这一分析还表明，在没有公权力干预的情况下，这类企业可能会在很长一段时间内“困”在一个效率低下的双层股权结构中。另一方面，要求已经以双层股权结构上市的公司在之后增加额外的日落条款，可以被视为将价值从控制权人转移给公众投资者。如果政府人员不愿以引起分配问题的方式行事，他们可能会考虑在引入日落条款的同时，对失去超级投票权的控制者进行经济补偿。在 20 世纪 90 年代，以色列政府人员采用了一种规则，鼓励控制者接受双层股权结构的统一，同时允许控制者因放弃其优越的投票地位而获得额外普通股形式的补偿。[①] 将日落条款与对控制者的补偿结合起来，可以让公众投资者和控制者都受益，尤其是在公司长期陷于效率低下的双层股权结构的情况下。

如果政府人员让一些现有公司在没有日落条款的情况下保留双层股权结构，他们应该认识到，这些公司特别容易出现治理问题和代理成本。因此，这些公司将是严格审查控制者或加强对公众投资者保护的合适对象。[②] 例如，最近的一篇文章提出了一种可能性，即通过让公众股东影响独立董事的选择，加强对受控公司的公众投资者的保护。[③] 实际上，这种加强的保护措施对治理问题风险加大的受控公司可能特别有价值，也具有很好的可操作性。

---

① Shmuel Hauser & Beni Lauterbach, The Value of Voting Rights to Majority Shareholders: Evidence from Dual - Class Stock Unifications, 17 Rev. Fin. Stud. 1167, 1169 (2004).

② 评述在保障公众投资者免受控制者机会主义影响方面有效及无效的安排的文献, see Lucian A. Bebchuk & Assaf Hamdani, The Elusive Quest For Global Governance Standards, 157 U. Pa. L. Rev. 1263 (2009).

③ Lucian A. Bebchuk & Assaf Hamdani, Making Independent Directors Work, 165 U. Pa. L. Rev. (forthcoming May 2017).

（二）本文对投资者及其顾问的影响

主要机构投资者已表示反对使用双层股权，并已寻求停止使用双层股权的办法。① 我们都对双层股权结构持怀疑态度，并欢迎普遍回归单一股权结构。然而，在机构投资者认为终止使用双层股权结构不可行的司法管辖区，他们至少应考虑敦促所有双层股权结构公司采用适当的日落条款。这种日落条款的普遍采用将解决双层股权结构所引起的一个主要问题：随着时间的推移双层股权结构变得越来越成本高昂且效率低下。

ISS 最近朝着我们倡导的方向前进，修改了投票政策，表明它打算对双层股权结构公司的董事提名人提出消极建议，除非他们的双层股权结构内包括“合理的日落条款”。② 我们对这一变化感到高兴，并认为我们的分析为今后评估日落条款的合理性提供了一个有用的框架。这一分析表明：（1）合理的日落条款应该有一个固定的期限，而不仅仅是触发事件或持股比例临界点；（2）固定期限可以为 10 年、15 年；（3）合理的日落条款应包括一项选择，即在不隶属于控制者的股东以绝对多数批准的情况下，延长双层股权结构。

我们注意到，“抵制”活动（即投资者不支持永久双层股权结构上市公司的董事）本身不太可能有效地阻止这种结构。正如我们所解释的，一旦一家公司以永久的双层股权结构上市，控制者将不愿意放弃自己的控制权。由于控制者有权选举董事，机构投资者象征性地不支持不太可能施加足够的压力，促使现有双层股权结构公司的控制者采用日落条款。机构投资者可以通过不参与不包含适当日落条款的双层股权结构公司 IPO，最有效地阻止永久性双层股权结构的使用。机构投资者是否有能力以这种方式行事，这超出了本文的讨论范围。就我们的目的而言，重要的是如果机构投资者不普遍认识到支持永久双层股权结构的理由是站不住脚的，就不能指望机构投资者会采取这样的行动。我们希望这篇文章将有助于这样广泛的认可。

---

① 参见本书第 236—237 页脚注。

② See Institutional S'holder Servs. , Americas：U. S. , Canada, and Latin America Proxy Voting Guidelines Updates：2017 Benchmark Policy Recommendations 4 – 5, https：//www. issgovernance. com/file/policy/2017 – americas – iss – policy – updates. pdf [https：//perma. cc/QE4W – YGTH]；Institutional S'holder Servs. , US Policy – Unilateral BoardActions – Multi Class Capital Structure at IPO (2016), https：//www. issgovernance. com/file/policy/unilateral – board – actions multi – class – capital – structure – at – ipo. pdf [https：//perma. cc/SH9F – JX5F] .

（三）本文对研究人员的影响

我们已经确定并分析了未来研究中值得进一步研究的问题。在其他方面，我们的分析产生的预测将是有价值的经验检验对象。

首先，我们的分析表明，随着时间的推移，与使用双层股权有关的代理费用预计会增加。因此，分析表明在控制其他相关变量的前提下，随着IPO时间的推移，双层股权结构公司的业绩和估值将会下降，代理成本也会变得更加严重。这些都是经验主义的预测，未来的研究能够而且应该加以检验。此外，我们的分析表明，控制者有大量的私人动机，以避免出售一家双层股权结构的公司，即使这样的出售会提高价值。因此，我们的分析表明，在控制其他相关变量的前提下，双层股权结构可能具有相当强烈的顽固性。

概括而言，今后的研究应在任何对双层股权结构的经验或政策分析中考虑到时间因素。我们的工作表明时间维度是至关重要的，因而未来的工作应该重新认识到，双层股权结构的价值和代理成本预计将随着时间的推移而演变，对公司业绩和股东财富产生重大影响。

八、结论

这篇文章旨在对长期以来关于双层股权结构是否可取的讨论作出贡献。我们试图强调双层股权结构评估的一个关键维度的重要性，即双层股权结构上市以来的时间推移。

我们的分析表明，随着时间的推移，可以预期双层股权结构的潜在收益会减少，而潜在成本会增加。我们的分析还表明，即使在双层股权结构变得相当低效的情况下，控制者也有保留这种结构的反常动机。因此，随着IPO时间的推移，双层股权结构价值递减的风险越来越大，公众投资者将发现自己困于一个效率低下的结构中，治理风险和成本都很高。我们的分析确定了双层股权结构的重大成本，在对这种结构的任何全面评估中都应予以考虑。我们的关键贡献在于证明，即便是那些认为双层股权结构在IPO时以及上市后的一段时间内往往是有效的人，也应该对提供永久或终身控制权的双层股权结构产生重大担忧。所有参加讨论的人都应接受不支持这种结构的观点。

接下来，争论的焦点应该放在以下两种选择上：（1）完全禁止双层股权结构公司上市；（2）允许以双层股权结构 IPO 的公司在一段固定期限（比如 10 年或 15 年）后日落，除非延期得到与控制者无关的股东的批准。永久的双层股权结构是不合理的。我们的分析对政府人员、机构投资者和研究人员具有重要的意义。我们希望这将被证明是有价值的，并为今后对双层股权结构的审查提供资料。

征稿启事

《经济法学评论》是中国人民大学经济法学研究中心主办的学术集刊，自2000年创刊每年连续由中国法制出版社出版，2014年入选中文社会科学引文索引来源集刊CSSCI法学类集刊（2014－2016），2017年继续入选中文社会科学引文索引来源集刊CSSCI法学类集刊（2017－2018），成为弘扬中国经济法学的窗口。

《经济法学评论》以学术性为唯一评价标准，热忱欢迎经济法总论、主体制度、规划和产业法、财税法、金融法、竞争法、消费者法、对外贸易法等领域内规范且有创见的力作。来稿字数不限，尤其鼓励精辟的点睛之作以及深入、系统且富有新意的专题研究。

来稿请发至电子邮箱：yaohaifang@ruc.edu.cn、fenghui19832003@aliyun.com。投稿请以Word文档形式，邮件暨文档名均请按“作者＋文章名”的方式标注。一个月内未收到编辑部用稿反馈的，可自行处理。本刊不允许一稿多用，相关责任由作者自负。本刊已按惯例授予数据库电子版权，凡投稿的作者视为同意本刊的授权，本刊支付的稿酬中已包含上述著作权使用费；如不同意请在投稿时注明。

来稿请附中文摘要、关键词、作者简介及联系方式等相关信息。我刊采用文内脚注，每页重新编号。

脚注格式示例如下（非直接引用请标明“参见”或“转引自”）：

著作：作者：《书名》（卷或册或版次），出版社及年，页码。如：史际春、邓峰：《经济法总论》（第2版），法律出版社2009年版，第17页。

论文：作者：《论文名》，载《杂志名》年及期。如：史际春、冯辉：《“问责制”研究》，载《政治与法律》2009年第1期。

译著：［国籍］作者：《书名》（卷或册或版次），译者，出版社及年，页码。如：［英］哈耶克：《立法、法律与自由》（第一卷），邓正来等译，中国大百科全书出版社2000年版，第12页。

文集：作者：《文章名》，编辑作品编者或单位：《编辑作品名称》，出版社及年。如：冯辉：《论“经济国家”：概念、发生及其意义》，史际春主编：《经济法学评论》（第十卷），中国法制出版社2009年版。

报纸：作者（或单位，或无）：《文章名》，《报纸名》，出版时间。如：赵娟等：《预警余额宝类基金》，《经济观察报》2014年2月24日。

网站：作者（或单位，或无）：《文章名》，网址链接，访问时间。如：叶檀：《优先股折射普通股民的可怜》，http：//blog. sina. com. cn/s/blog_ 49818dcb0102fyjf. html，访问时间：2014年3月24日。

外文或其他注释采用通行惯例，标注信息务必充分，本刊统一予以编辑。

中国人民大学经济法学研究中心

《经济法学评论》编辑部